KB081050

군중행동

The Behavior of Crowds

행동

The Behavior of Crowds

군중행동

| 초판 1쇄 인쇄 | 2012년 05월 04일 |
| 초판 1쇄 발행 | 2012년 05월 14일 |

지은이	에버릿 딘 마틴
옮긴이	김성균
펴낸이	신종호

| 디자인 | 인챈트리 _ 02)599-1105 |

펴낸곳	까만양
출판등록	2012년 4월 17일 제 315-2012-000039호
이메일	kkamanyang33@hanmail.net

일원화공급처	북파크
주소	경기도 고양시 일산서구 가좌동 540-22
대표전화	031)912-2018
팩스	031)912-2019

ISBN 978-89-97740-00-0 03300

군중행동

The Behavior of Crowds

에버릿 딘 마틴 지음 / 김성균 옮김

까만양

일러두기

1. 이 번역서의 모든 각주는 번역자가 붙인 것들이다.

2. 단행본은 『 』, 정기간행물은 《 》, 논문·에세이·연설문·강좌제목·기사(記事)·동화(童話)·시(詩)·노래 등은 「 」로 표시했다.

3. 본문에서 독자의 이해를 돕기 위해 번역자가 문장에 삽입한 내용들은 [ ]로 표시했고, 특정 단어나 고유명사에 부기(附記)한 참조용 정보들은 ( )로 표시했다.

4. 영어원문에서 저자가 이탤릭체로 표시하여 강조한 단어들과 문장들은 고딕체로 표시했다.

5. 한국에서 관행적으로 사용되어온 번역어들 가운데 재검토될 필요가 있는 것들은 각주를 통해 설명했다.

■ 저자소개

에버릿 딘 마틴(Everett Dean Martin)은 1880년 7월 5일 미국 일리노이 주 중서부의 소도시 잭슨빌에서 모친 몰리 마틴(Mollie Martin)과 부친 번커 마틴(Bunker E. Martin)의 장남으로 태어났다. 모친은 일찍부터 에버릿 딘 마틴과 많은 편지를 주고받았다고 한다. 담배상인이던 부친은 결핵에 걸려 1915년 이전 어느 날 사망했다.

에버릿 딘 마틴은 24세 때 일리노이 대학을 "수석"으로 졸업했고, 졸업식장에서 졸업생 대표로 「대학의 책임 College Responsibility」이라는 제목의 연설문을 낭독했다. 얼마 후 그는 시카고의 맥코믹 신학대학교에 입학했다. 그곳에서 목사자격을 획득한 그는 1906년부터 1915년까지 일리노이 주와 아이오와 주의 교회들 — 1906~1908년에는 일리노이 주 롬바드의 제1조합교회, 1908~1910년에는 일리노이 주 딕슨의 피플 교회, 1911~1915년에는 아이오와 주 디모인의 제1유니테리언 교회 — 에서 목사로 재직했다. 그는 목사로 재직하는 동안 사상가 겸 연설자로서 지역뿐 아니라 전국적으로도 명성을 얻었다. 1907년에 그는 에스더 커크(Esther W. Kirk)라는 잭슨빌 출신의 여인과 결혼하여 딸 세 명을 낳았다. 1914년부터 그는 디모인에서 발간되는 신문 《레지스터 앤 리더 Register and Leader》의 논설위원으로도 활동하기 시작했다.

제1차 세계대전이 시작된 이듬해인 1915년은 목사로서 각광받던 그에게는 시련의 해였다. 그는 디모인에 남아서 《뉴욕 글로브 New York

Globe》지의 논설위원으로 채용되었다. 하지만 같은 해에 그는 커크와 이혼했고, 이것이 빌미가 되어 구설수에 올라 결국 목사직을 잃고 논설위원직마저 상실했다. 그 후 뉴욕으로 간 그는 퍼시스 로웰(Persis E. Rowell)이라는 여인을 만나서 재혼했고, 아들 한 명을 낳았다. 1915년 한 해 동안 그가 부침을 거듭하면서 견뎌야 했던 정신적 중압감과 심리적 불안은 오랫동안 후유증으로 남아 그를 괴롭혔다.

1916년에 접어들면서 그는 비로소 생활과 심리의 안정을 되찾았고 뉴욕시 쿠퍼유니언 부설 국민연구소[1]에서 극히 만족스럽고 주목할 만한 역할을 맡게 되었다. 그가 야심차게 주도한 현대 심리학에 관한 강좌들 덕분에 그는 국민연구소의 두터운 신임을 얻었고, 1917년 11월에는 그 연구소의 조교수로 임명되었다.

이후 그는 1922년부터 연구소가 폐쇄된 1934년까지 연구소장으로 재직하면서 교육자 겸 사회비판자로서 두각을 드러냈다. 그는 쿠퍼유니언 대강당에서 공개자유토론회와 대중강좌활동들을 주도하면서 성인교육(成人教育, adult education)에 관한 복음을 설파했다. 그의 강좌는 1,000명이 넘는 사람이 참여해 성황을 이루었다. 『군중행동』을 출간한 1920년에 그의 공개강좌들은 더욱 많은 청중들을 끌어 모았다. 그 무렵 포드 홀 공개자유토론회[2]에 초청된 그는 1921년에는 「군중심리 The Psychology of the Crowd Mind」라는 주제로, 1922년에는 「여론의 우상숭배 The Idolatry of Public Opinion」라는 주제로 강연을 하기도 했다. 이후 그는 15년간 『종교의 수수께끼 *The Mystery of Religion*』(1924), 『일반교양교육의 의미 *The Meaning of a Liberal Education*』(1926), 『자유 *Liberty*』(1930), 『개인과 대중의 갈등 *The Conflict of the Individual and the Mass*』(1932), 『혁명에 고하는 작별 *Farewell to Revolution*』(1935)을 포함한 8권이 넘는 저서들을 출간했다. 이 기간에 카네기 재단의 대표이자 교육자 겸 자선가이던 프레더릭 폴 케플과 돈독한 친분을 쌓은 그는 카네기재단의 성인교육계획들을 수립하고 추진하는 데 핵심역할을 담당하면서 성공적 삶을 영위했다.

그러나 1934년 국민연구소가 폐쇄되고 국내외정세도 불안해지면서 그의 오래된 심리적 불안증도 악화되었다. 물론 1931년 대프니 크레인 드레이크(Daphne Crane Drake)라는 여인과 세 번째 결혼을 하면서 그의 불안증이 잠시 완화되기도 했다. 그러나 1936년부터 다시 증세가 악화되면서 건강에 대한 염려도 심해졌다. 그 와중에 그는 미국 캘리포니아 주 남서부의 클레어몬트 대학으로부터 교수직을 제의받았다. 쿠퍼유니언의 사회철학과에서 임시직 학과장을 맡고 있던 그는 곧바로 사표를 내고 캘리포니아로 향했다. 그러나 이 결정도 건강이 악화되면서 곧 실패로 돌아갔고, 1941년 5월 치명적 심장발작으로 세상을 떠났다.

1) 쿠퍼유니언(Cooper Union: The Cooper Union for the Advancement of Science and Art)은 1859년 미국의 산업가 겸 발명가 겸 박애주의자로 미국 대통령 선거후보로 출마하기도 했던 피터 쿠퍼가 '과학과 예술의 발전'을 위해 뉴욕시에 설립한 무료강좌대학이다. 이 대학에서 실시하는 지능검사와 적성검사에 합격한 사람은 누구나 주간 및 야간 교육을 무료로 받을 수 있다. 쿠퍼유니언은 다수의 국립사회복지기관들을 운용하고 있고, 많은 미국 대통령들이 이곳에서 연설을 하기도 했다. 1897년에 개관된 장식미술박물관은 장식미술 디자이너들에게 중요한 자료를 제공한다. 특히 쿠퍼유니언 도서관은 뉴욕 시 최초의 무료공공도서관이다. 국민연구소(People's Institute)는 미국의 시인 겸 교육자 찰스 스프랙 스미스가 카네기 기금을 후원을 받아 1879년 쿠퍼유니언에 부설한 연구와 강의를 겸하는 연구교육기관이다. 1934년에 폐쇄되었다.

2) Ford Hall Forum: 1908년 보스턴 베이컨 힐에서 시작되어 현재까지도 지속되고 있는 미국 최초의 공개자유토론회.

목차

■서문

　프랑스의 심리학자 겸 역사학자 귀스타브 르 봉(Gustave Le Bon, 1841 ~1931)이 『군중심리 *La Psychologie des foules*』(1895)를 출간한 이래 군중행동의 메커니즘에 관한 우리의 지식은 여전히 거의 향상되지 않았다. 군중의 군집습성은 점점 더 강하게 문명을 압박하는 심각한 위협요소가 되어 왔다. 이런 와중에 발생하는 사건들은 경제문제들만큼 심각하게 사회를 위협했다. 그것들은 군중행동의 문제가 심리문제들임을 더욱 뚜렷이 보여주었다.

　사회심리학은 태동한 지 얼마 되지 않아서 여전히 미숙한 학문이지만, 최근의 심리병학[1]은 인간행동의 외부적 원인들과 내면적 원천들을 예전보다 더욱 깊이 이해할 수 있는 방법을 우리에게 알려주었다. 이 사실이 우리로 하여금 사회심리학의 의미를 재고하게 만드는 것이다.

　이 책의 제10장에서 군중사고방식을 치유할 수 있는 처방으로 제시된 인문주의 교육은 군중행동의 문제에 적용해본 것들보다 훨씬 광범하고 다각적인 문제들에까지 적용될 수 있다. 그것은 현대 철학계가 논의해야 할 중대한 문제들 중 하나와도 연관된다. 그러나 이 책은 인문주의 철학까지 다루지는 않았다. 인문주의 철학은 지금까지 각종 철학관련 잡지들과 미국의 심리학자 겸 철학자 윌리엄 제임스(William James, 1842~1910), 영국의 철학자 퍼디낸드 쉴러(Ferdinand C. S. Schiller, 1864~1937), 미국의 철학자 존 듀이(John Dewey, 1859~1952)를 위시한 많은 지식인들의 저술들에서 충분히 반복적으로 다루어졌기 때문이다. 그래서 나는 여기서 '인문주의적 사고방식은 군중심리의 자기방어용 논리들을 극복할 수 있는 교육방법을 우리에게 암시할 수 있다'는 요지만 제시하는 것으로 만족한다.

물론 사회적 질병들을 규명하는 공식이나, 도식화된 이상적 처방전 같은 것을 기대하는 독자들이 볼 때 내가 이 책에서 결론으로 제시한 처방 — 즉, 새로운 인문주의 교육방법 — 은 너무 막연하게 보일 수도 있을 것이다. 그러나 군중은 심리적 사실들과 현실적 관계를 맺고 있다. 따라서 지식주의 철학, 절대주의 철학, 합리주의 철학 같은 여러 가지 전통적 사고체계들이 군중사고방식과 필연적 관계를 맺고 있다는 나의 논지가 옳다면, 군중의 사고습성에 내재한 결정적 문제들을 뚫고 나갈 길은 분명히 존재할 것이다.

---

1) psychiatry: 이 단어는 한국에서 지금까지 "정신병학", "정신병리학", "정신의학", "정신병 치료법" 등으로 번역되어왔지만 여기서는 "심리병학(心理病學)"으로 번역했다. 한국에서 "정신(精神)"과 "심리(心理)"라는 용어들이 관행적으로 혼용되어온 사연에 관해서는 별도의 상세한 연구가 필요하겠지만, 하여튼, 그것은 주로 이 용어가 파생된 "프시케(psyche)"라는 용어의 모호성에 "정신"과 "심리"라는 한국어들의 모호성이 중첩되면서 빚어진 결과로 보인다. 이 "프시케"라는 말에서 파생된 단어들의 번역어들 중에서도 "심리병학"을 위시하여 "심리학(psychology)", 프로이트(Sigmund Freud, 1856~1939)가 발전시킨 — 한국에서는 "정신분석학"으로 번역되어온 — "심리분석(psychoanalysis)", 카를 융(Carl Gustave Jung, 1875~1961)이 발전시킨 "분석심리학(analytic psychology)" 같은 단어들은 "정신"과 "심리"가 번역어로써 혼용되어왔음을 대표적으로 예시하는 것들이다. 물론 한국에서 "정신"은 "육체나 물질에 대립되는 영혼이나 마음, 사물을 느끼고 생각하며 판단하는 능력 또는 그런 작용, 마음의 자세나 태도, (주로 일부 명사 뒤에 쓰여) 사물의 근본적인 의의나 목적 또는 이념이나 사상"을. "심리"는 "마음의 작용과 의식의 상태"를 가리키는 명사로 쓰인다(국립국어원, 「표준국어대사전」 참조)는 점을 감안하면 이런 혼용은 충분히 있을 수 있는 관행처럼 보인다. 더구나 "프시케"가 "심리"뿐 아니라 "심혼(心魂)"이나 "심령(心靈)" 혹은 "마음속에 품고 있는 생각이나 감정"을 통칭하는 "심정(心情)"으로도 번역될 수 있다는 점은 이런 관행을 더욱 부추기기까지 했을 것이다. 이렇듯 한국에서 오랫동안 굳어진 관행이라면 그대로 따라도 무방하겠지만, 그렇다고 이런 관행을 마냥 방치할 수도 없는 이유는 "정신"과 "심리"라는 두 한국어가 유사점뿐 아니라 차이점들도 분명히 겸비한다는 사실에 있다. 물론 그런 차이점들을 이 짤막한 번역자의 각주에서 제대로 해명하기는 불가능하다. 그것은 또다른 방대한 연구가 필요한 작업일 것이다. 따라서 여기서는 이 책에서 "프시케"에서 파생된 용어들은 "심리병학", "심리분석(학)", "심리신경증(노이로제)", "심리병 진료기관(psychiatric clinic)" 등으로 번역되었다는 사실, 그러나 "프시케"는 "심리"로 번역될 경우 "심리 또는 심리학(psychology)" 뿐 아니라 "심리"로도 번역되는 "mind"와도 혼동될 수 있으므로, 오히려 "프시케"의 원뜻에 더 가깝다고 생각되는 "심정"으로 번역되었다는 사실만 밝혀두고자 한다.

제 1장

군중과 현대사회문제

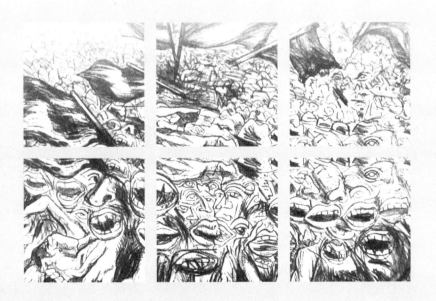

모든 사람은 스스로 제어할 수 없는 사회세력들의 수중에서 놀아난다는 느낌을 받는다. 이 세력들의 확연한 비(非)개인적·비(非)인간적 성격은 각종 기계론적 사회행동이론가들의 사상을 배태했다. 그들 중에는 역사적 사건들을 경제진화의 부산물로 해석하는 이론가들도 있다. 이상주의적이고 결정주의적인 이론가들은 인간적 사건들의 기록에서 예정된 계획이 유발하는 듯한 결과들을 읽어내기도 한다.

개인원칙과 사회원칙은 근본적으로 화해할 수 없다는 대중적 통념은 학자들도 대체로 공감하는 것이다. 이 통념은 개인을 본성상 반(反)사회적 존재로 간주하는 반면에 사회를 개인적·인간적인 모든 것과 원칙적으로 대립하는 것으로 본다. 그리하여 사회요구들, 사회복지, 사회목표들은 마치 자연의지나 심지어 만인의 행복과 무관한 어떤 의지가 모든 개인에게 부과하는 조세 같은 것으로 통념된다. 이것은 이른바 "사물 자체[2]"와 같은 사회가 그것의 집합적 구성요소들인 개인들과 대립하면서도 번영할 수 있다는 생각이나 다름없다.

물론 이런 통념에 따라 개인과 사회 모두를 공허한 추상개념들로 치부할 필요는 없을 것이다. 사실 개인은 사회적 존재이다. 개인의 사회적 관심사들, 재능들, 습관들을 제거해버리면, 그의 자기존재감이나 윌리엄 제임스가 "사회적 나(social me)"라고 말한 바의 감정도 사라져버리고, 플라톤이 말한 이데아와 반사신경(反射神經) 밖에 남지 않을 것이다. 그럴 경우 사회도 개인들이 서로에게 습관적으로 반응하는 매개체에 불과해질 것이다. 개인의 존재와 대립하는 원칙으로 추상화된 사회의 현실성은 루이스 캐럴의 소설 『이상한 나라의 앨리스 *Alice in Wonderland*』(1865)에서 주인공 앨

2) thing-in-itself(Das Ding an sich). 이것은 독일 철학자 칸트가 사용한 철학개념인데, 한국에서는 "물자체(物自體)"로 번역되어왔다. 이것은 인간의 주관적 인식에 대립하는 현상으로서 나타나는 물(物)이 아니라, 주관적 인식과는 별도로 존재하는 독자적 존재이자 현상의 궁극원인으로 생각되는 물의 자체 본질 내지 본체(本體)를 지시하기 위해 칸트가 고안한 개념이기도 하다. 이것은 선험대상(先驗對象)으로도 이해된다. 칸트는 이것을 감각현상의 원인으로 보고 '생각할 수는 있지만 인식할 수는 없는 것'으로 보았다.

리스가 목격한, 체셔고양이(Cheshire cat)가 사라지면서 남기는 비웃음의 현실성과 다를 바 없을 것이다. 체셔고양이는 일반적 군중들이 이해하는 단순한 논리개념 같은 것이고, 그 고양이가 남긴 비웃음은 '구체적 타인들은 우리로부터 완전히 멀어졌다'고 생각하는 순간에도 여전히 우리 곁에 남아있는 현실적인 것이다.

사회적 사고방식의 대부분은 바로 이런 '고양이-비웃음'의 관계에 속한다. 자아생각으로부터 사회적인 모든 것을 추상하고, 사회개념으로부터 구체적 개인들과 관련된 모든 것을 추상하게 되면 우리에게 남는 과제는 순수한 비웃음과 순수한 고양이의 동일성을 고스란히 유지하는 방식으로 서로를 결합시키는 유희만 남을 뿐이다. 물론 서로 배타적인 이 두 추상개념들을 실천으로 결합시키기는 불가능할 것이다. 경험적 사고방식을 동원하더라도 타인들과 우리의 관계를 우리의 의도대로 조정하기란 매우 어렵다. 하물며 체셔고양이 가설에 의거한다면 사회문제는 현실문제가 전혀 아니기 때문에 결코 해결될 수 없다.

따라서 개인은 사회적 존재이고 사회는 집단행동의 매개체에 불과하다고 가정하면 사회문제를 유발하는 것은 개인적 자아와 비개인적 사회원칙의 갈등이 아니다. 갈등들은 사실 특정한 개인들 사이에서 그리고 집단들 사이에서 발생하는 충돌들이기도 하지만, 사회적 투쟁은 개인의 심정 안에서 발생하는 갈등 ― 이것은 사회심리학이 충분히 살펴보지 못한 주제이다 ― 의 일정한 국면들이기도 하다. 따라서 사회행동의 비개인적 요인들의 대부분은 실제로 사회와의 갈등이 아니라 우리 스스로에 대한 비개인적 사고방식의 심리적인 결과들이라고 가정될 수 있다. 모든 심리적 사실은 실제로 누군가의 행위가 반영된 것이다. 개념들도, 비개인적 통념들이나 충동들도, "독존(獨存)하는" 진리들도, 인간의 두뇌 안팎에 존재하는 초월적 원리들도 그것들을 생각하는 개인들

없이는 결코 존재할 수 없다.

개인의견은, 마치 거리의 악사가 내미는 수금용 모자에 구경꾼들이 던져 넣는 동전처럼, 대중의 머리에 던져 넣을 수 있는 단순한 행위의 결과가 아니다. 우리가 타인들로부터 그런 방법을 개인적으로 배울 수는 있을지언정, 여론이나 초개인적 존재의 공론(公論)에 우리의 여러 가지 개인의견들을 통합시킬 수 있는 마술은 존재하지 않고, 그런 공론을 생각하는 집단적 두뇌도 존재하지 않는다. 아무리 많은 사람들이 나처럼 생각하고 행동하더라도 나와 그들 모두는 각자 자신의 생각과 행동만 알 수 있을 뿐이다. 나의 생각은 당신에 관한 것일 수 있고 나의 판단은 당신의 어떤 생각에 대한 판단일 수 있지만, 당신의 생각과 동일할 수는 없다. 개인들 각자에게 사회는, 각자 개인적으로 그것을 경험한다는 사실을 제외하면, '아무것도 아닌 것'으로 보일 수 있지만, 그것을 내부에서 관찰하면 독특한 어떤 것으로 보일 수도 있다. 사회적 정체(正體)의 획일성과 그것에 대한 착각 — 요컨대, 사회적 생각과 활동의 비개인적 측면들은 우리가 사회적 행동을 외부에서 관찰하려고 애쓰는 경우에만 드러난다 — 은 타인들의 행동을 통해 객관적으로 증명되는 것처럼 보일 수 있다.

그렇다면 이런 비개인적 사회관(社會觀)의 비밀은 무엇일까? 우리가 타인들을 비개인적 방식이나 외재적 방식으로 생각할 때와 동일하게 우리 스스로를 사회적 방식으로 생각하는 까닭은 무엇일까? 이 대목에서 우리는 심리병학적 유형의 인간들이 하는 행동들은 흥미로운 유사성을 보인다는 사실을 떠올릴 수 있다. 신경증환자들은 자신이 하는 행동의 어떤 측면들이 사실은 자신의 것들이 아니라 자신 이외의 것들로부터 영향을 받은 행동의 결과들이라는 느낌을 공유한다. 그런 병리현상들은 한 세대 전에 "다중인격" 이론을 구성하려고 노력하던 심리학자들의 연구에 얼마간 이바지하기도 했다. 이런 경우에 비개인적인 것으로 보이는 심리작용을 유발하는 실질적 요인이 무의식 메커니즘들이라는 것은 오늘날 잘 알려져있다. 신경증환자의 '비개인적' 행동은 심리적으로, 더욱 정확하게는, 무의식적으로 결정된다.

그렇다면 사회행동으로 통칭되는 수많은 행동을 결정하는 무의식적 심리요인 같은 것은 존재할 수 없을까? 나의 논지는 바로 그런 요인이 존재할 수 있다는 것, 그리고 무의식의 자극을 받아 특성화되는 사회행동유형들이 존재한다는 것이다. 나는 지금까지 이런 현상들을 드러내는 집단을, 르 봉의 용어를 차용하여, '군중'이라고 지칭해왔다. 그러나 나는 더 정확한 용어를 찾고 싶다. 왜냐면 독자들에게 혼란을 주지 않으면서 심리적 의미로 '군중'이라는 단어를 사용하기란 매우 어렵기 때문이다. 일반적으로 '군중'은 단순히 무리지은 사람들을 가리키는 말로 사용된다. 하지만 르 봉의 저서에서 '군중'이라는 말은, 단순히 무리지은 사람들이 아니라, '군중심리'로 분류되고 설명될 수 있는 심리학적 기준에 따라 특정한 방식으로 행동하는 인간군집을 가리키는 특수한 의미로 사용된다. 따라서 모든 인간군집이 이런 군중심리를 드러내는 것은 아니다. 그것은 특정한 상황들에서만 드러나는 심리적 특성이다. 이런 견지에서 '군중'이라는 용어는 특수한 정신상태나 심리상태를 의미하는 것으로 이해되어야 한다. 그런 특수한 상태는 대체로 인간들이 집단적으로 생각하고 행동할 때 드러나는데, 집단구성원들이 서로 접촉할 수 있을 정도로 가까이 현존할 때는 직접 드러나고, 그들 사이의 간격이 멀더라도 정당이나 정파나 언론사 같은 조직체를 통해서 일정한 방식으로 서로에게 영향을 줄 수 있을 때는 간접적으로 드러나기도 한다.

사회현상으로 나타나는 군중은 다른 사회현상들과는 매우 다르다. 사람들은 생각으로나 행동으로 군중이 되지는 않더라도 사회적 존재

— 예컨대, 가족 — 는 될 수 있다. 반면에 군중은 우리가 윤리적 관점에서 접근할 경우에 명백한 반(反)사회적 존재 — 예컨대, 폭도 — 로 보일 수 있다. 나중에 살펴보겠지만, 개인과 사회는 모두 군중행동의 피해자가 될 수 있다. 나는 오늘날 문명의 가치들뿐 아니라 — 아마도 이 가치들과 동일한 것들일 — 개인성의 업적과 진정한 자아지식마저 위협하는 가장 강력한 요인은 군중행동습성이라고 생각한다.

우리의 사회는 서로 알아들을 수 없는 말을 지껄여대며 악다구니하는 군중들의 진정한 바벨탑이 되어가고 있다.

오늘날 군중폭동과 집단소요의 발생횟수는 날로 증가할 뿐 아니라, 애국적·종교적·윤리적·정치적·경제적인 것을 포함한 모든 현안에 대한 관심은 선동가들의 유창한 달변과 과언(過言)의 도가니로 쉽사리 추락하고, 후안무치한 당파근성과 무분별한 행동으로 쉽사리 변질된다.

우리가 도달할 이상세계가 어떤 세상이든 우리는 그곳에 도달하는 데 필요한 자아수양의 길이 너무나 멀다는 것을 알고 있다. 그리하여 떼지어 몰려다니며 농작물을 깡그리 먹어치우는 거염벌레들처럼, 우리도 이상세계로 가는 길을 깡그리 좀먹어버리는 무지막지한 벌레떼로 변해버릴 가능성이 농후하다. 민주주의의 대변자들은 심리적 차원에서 상업광고에 휘둘리면서도 결백하다는 듯이 처신한다. 물론 군중형성습관이 유독 우리 시대만의 특징이라고 할 수는 없을 것이다. 다른 시대의 사람들도 그런 습관에 젖어있었기 때문이다. 그러나 최근 들어 사람들의 군중지향성은 급격히 강해진 것으로 보인다.

오늘날 우리가 더 강한 자제력이나 더 확실한 정의나 더 많은 자유나 더 우수한 도덕성이나 더 고결한 인품 중 어느 것을 원하든지 — 그리고 우리가 보수주의자나 급진주의자, 개혁주의자나 자유주의자 중 어떤 자가 되든지 — 상관없이 우리는 일종의 광신도 집단으로 전락하여 우리의 인생철학을 언론의 선동적 머리기사에 합치시키고 우리의 대의(大義)도 시장판에 내다 팔아버리고 말 것이 틀림없다. 그동안 우리가 옹호해온 모든 가치를 아무리 귀하게 섬기더라도, 필시 우리는 다수자들을 부추기고 구워삶아서 그들도 우리 편이라고 생각하도록 만드는 일에 진력해야할 것이다. 왜냐면 지금은 우리가 누구이건 우리를 편들면서 우리와 함께하는 다수자들만이 우리를 살릴 수 있는 시대이기 때문이다. 그리하여 모두가 "도덕적 십자군", "선동자들", "언론인들"이 되어 정치활동을 벌일 것이 분명하다. 이제 모두가 군중으로서 말하고 군중으로서 생각하며 군중으로서 이해하는 수밖에 도리가 없다. 이런 대세는, 독특하고 희귀하며 섬세하고 은인자중하는 모든 개인을 질식시켜버릴 것이다. 이토록 진보한 시대에도 개인은 어디에 살든 비속(卑俗)해질 수밖에 없고, 그런 자신의 비속함을 망각하기 위해서라도 거창한 위안거리들을 찾아 헤맬 수밖에 없을 것이다. 그는 적어도 반쯤은 진리일지 모를 딜레마들을 자신에게 유리한 쪽으로만 이해하고, 자신의 의견을 여론에 맞춰 수정하기도 하며, 자신의 영혼을 병들게 만드는 것들만 읽어대고, 지배정당의 깃발을 자신의 몸에 휘감고 다닐 것이 분명하다. 요컨대, 그는 "100퍼센트" 군중인간이 되고 말 것이다.

이 모든 추세는 개인이 스스로를 자각하는 것도, 스스로의 주인이 되는 것도 용납하지 않는다. 이런 세태에서 개인은 한낱 거수기로 전락하고 만다. 그는 자신이 속한 군중이 줄기차게 벌이는 '사이먼-세즈' 게임[3]에서 즉흥적으로 발설되는 명령들을 언제든지 이행할 태세를 갖추고 있어야 한다. 참가자들은 타인들이

3) 'Simon−Says' Game: 이것은 둥글게 둘러앉은 여러 사람 중에서 "사이먼"으로 통칭되는 명령자로 선정된 한 명이 명령하는 행동을 나머지 사람들이 이행하는 오락인데, 규칙은 "사이먼"의 명령들 중에서, 예컨대 "사이먼이 말했어, '엄지 올려!'"라거나 "사이먼이 말했어, '엄지 내려!'"라는 명령들처럼, "사이먼이 말했어"라는 구호가 앞에 붙은 명령들은 이행해야하고 그렇지 않은 명령들은 이행하지 말아야한다는 것이다. 따라서 "사이먼이 말했어"라는 구호가 붙은 명령대로 행동하지 않는 사람이나, 구호가 붙지 않는 명령대로 행동하는 사람은 벌칙을 받거나 게임에서 퇴출된다.

내린 명령들을 이행하느라 자신의 모든 시간을 소모한다. 그의 성실성과 용기가 거의 고갈될 즈음 그는 이미 게임의 규칙들과 그것들에 수반되는 진리들을 충분히 모방하고 체질화한 상태에 있다.

그런 세태는 사회평화에도 동일한 악영향을 미친다. 그것은 불필요하고 무의미한 싸움과 경쟁을 유발한다. 선동구호나 광고문구 같은 짤막한 관용구들에 대한 숭배심리가 사회를 지배한다. 집단찬양과 속임수로 점철되는 어리석은 게임이 민족적·종교적·도덕적·사회적 다툼과 경쟁에 몰두하는 군중들 사이에 만연한다. 애국심, 도덕성, 종교를 대변하는 위대한 진리들도 희화된 만화 속 인물들과 다름없는 것들로 전락해버린다. 그것들은 군중이 경쟁자들을 수세로 몰아가고 군중 자체에 대한 구성원들의 복종심을 공고히 유지시키는 단순한 수단들이지만, 승리한 군중은 그것들마저 간단히 부인해버린다. 그 결과 우후죽순처럼 생겨나는 각종 단체와 정당들은 사회의 조화를 위협한다. 그들의 규모와 성격도 크게는 민족부터 작게는 종파나 학파까지 천차만별이지만, 오직 소속 구성원들만 복종하는 지배력을 지닌 해적단 같은 형태로 출범한 그들도 결국 케케묵은 관용구나 격언들을 동원하여 자신들의 행동을 정당화하려고 애쓰는 군중이 되어간다.

러시아 혁명을 선도한 "모든 권력을 볼셰비키로!"라는 슬로건의 의미는 러시아의 것만도 아니고 노동계급의 것만도 아니다. 그것은 모든 군중의 함성에 담긴 정신적 의미이다. 왜냐면 모든 군중은 심리적 볼셰비키들이기 때문이다. 현대세계가 이미 심리적 볼셰비키들의 세계가 되었다는 사실만 아니라면 실제 볼셰비키들의 산업적·정치적 위험성은 미미하거나 전무할 것이다. 볼셰비키들이 지배하는 소비에트 공화국은 지난 100여 년간 발생한 거의 모든 문제에 대한 군중사고방식의 실천결과에 불과하기 때문이다. 자본가, 프롤레타리아, 개혁자, 자유주의자를 막론한 우리 모두는 줄곧 볼셰비키 식으로 행동하고 생각해왔다. 지금까지 우리가 직면해온 중요한 문제 앞에서 우리는 "스스로를 믿어라"는 에머슨(Ralph W. Emerson, 1803~1882)의 가르침을 무시해왔고, 그 결과 개인의 행동과 생각은 군중의 것들과 다를 바 없어졌다. 군중은 자신들의 표식과 신조를 우리의 정신에 관철시키고, 자신들이 외치는 것과 같은 구호를 외치라고 강요하며, 자신들의 행동이 자신들과 타인들에게 미칠 영향보다는 자신들이 속한 특수한 파벌이나 정당의 일시적 승리를 더욱 중요하게 생각한다.

우리의 사회행동은 필연적인 것이 아니라는 발견은 새로운 것이 아니다. 중세유럽의 사상가들도 이 사실을 충분히 자각하고 있었다. 하지만 그들은 "인간본성이 유죄이다!"라는 간단한 선언만으로 사회문제를 깨끗이 해결했다고 믿었다. 19세기 공리주의자들은 개인들이 더 계몽되고 더 합리적으로 행동하면 사회문제는 해결될 수 있다고 생각했다. 최근의 사회심리학 — 영국의 사회심리학자 윌리엄 맥두걸(William McDougall, 1871~1938)이 집필한 것들 — 은 이성이나 실리적 사고가 사회행동을 지배한다는 이론을 포기했다. 대신에 사회현상을 더 잘 설명할 수 있는 요인은 본능에서 발견된다고 맥두걸은 주장한다. 사회심리학자들은 사회행동의 진정한 동기들이 호전성, 자존심이나 열등감, 성욕, 군집성 같은 본능들이라고 주장한다. 일종의 "애착감정(affective emotion)"을 내재한 그 본능들은 사회환경에 다양하고 복잡하게 반응함으로써 아주 잘 정립된 "감정체계(sentiment)"로 조직화된다는 것이다. 그런 감정체계들은 사회세력들에 대한 통제력을 지속적으로 발휘한다. 맥두걸은 다음과 같이 말한다.

그러므로 우리는 본능들이 모든 인간활동을 직간접적으로 촉발한다고 말할 수 있을 것이다. 냉정하고 비정하게 보일 수도 있는 모든 사고훈련을 애초의 목적에 따라 지속시키면서 모든 신체활동을 촉발하고 유지하는 것은 본능 — 또는 어떤 본능에서 파생된 습관 — 의 능동적이거나 충동적인 힘이다. 본능의 충동들은 모든 활동의 목적을 결정하고 모든 정신활동을 지속시키는 동력을 공급한다. 그렇다면 최고도로 발달한 정신의 모든 복잡한 지식장치도 본능이나 습관의 목적을 달성하기 위한 수단, 본능의 충동들을 만족시키기 위한 수단에 불과한 것들은 아닐까? 이 충동들은 개인과 사회의 모든 삶을 유지하고 규정하는 동력들이므로, 그런 힘들의 와중에서 우리는 생명·정신·의지의 핵심적 신비와 마주친다.[4]

4) 맥두걸, 『사회심리학입문 *An Introduction to Social Psychology*』(London: Methuen & Co. Ltd., 1919), pp. 41~42.

이 말이 사실이라면 매우 환영할 만하다. 그러나 나는 이 말이 과연 군중행동에 관해서 무엇을 설명해주는지 솔직히 잘 모르겠다. 그런 본능들과 감정체계들이 과연 모든 사회조건에서 똑같이 작동할까? 사회가 그것들 중 어떤 것들을 억누른다면, 그렇게 억눌린 것들은 기어이 우회로를 찾아 자신의 욕구를 분출하지 않을까? 무엇보다도, 나는 군중 특유의 행동과, 다른 형태의 사회행동을 가르는 뚜렷한 차이점을 현대 사회심리학에서 발견해보려고 애썼지만, 허버트 스펜서(Herbert Spencer, 1820~1903), 섬너(William G. Sumner, 1840~1910), 워드(Lester F. Ward, 1841~1913)를 위시한 여러 사회학자들의 저서들에서 밝혀진 것보다 더 뚜렷한 차이점을 발견하지 못했다. 오직 르 봉 학파만이 이런 사실들을 어느 정도 명확히 판별한 듯하다. 따라서 비록 르 봉의 연구결과가 여러모로 비판을 받아왔을지라도, 우리는 일반적 사회심리학과는 별도로 군중의 문제를 논의해야 할 것이다. 르 봉은 군중심리를 이해하려면 특별한 심리연구가 필요하다고 보았지만, 그가 동원할 수 있던 심리원칙들만 가지고는 그 연구를 완수하기는 어려웠다. 그래서인지 그는 잘못된 결론을 내리기도 했다. 그러나 19세기말부터 심리학은 인간행동의 비밀스러운 원천들에 관한 수많은 지식을 축적해왔다. 심리학의 역사가 배출한 가장 중요한 성과는 아마도 프로이트의 심리분석학적 연구결과일 것이다.

프로이트를 위시한 여러 심리분석학자들이 무의식의 많은 영역을 조명한 이래 심리학의 모든 분과는 프로이트가 발견한 것들을 참조하기 시작했다. 엄밀히 말하면, 심리분석은 심리치료법이다. 하지만 그것은 우리의 심리병학적 지식을 대단히 풍부하게 만들어주었고, 그렇게 축적된 많은 정보들은 일반심리학에는 물론 특히 사회심리학에도 불가결한 것들로 자리 잡았다.

『꿈 해석 *Die Traumdeutung*』(1900)에서 프로이트는 꿈을 형성하는 소망충족 메커니즘들 가운데 일정한 법칙들이 존재한다는 것을 증명해보였다. 이 법칙들은 의심할 여지없이 우리의 각종 군중통념들, 신조들, 인습들, 사회적 이상들의 저변에서 작동하며 그것들을 결정지을 것이다. 또한 프로이트는 『토템과 터부 *Totem und Tabu*』(1913)에서 원시집단들의 관습과 통념을 이해하기 위해 심리분석방법을 시범적으로 적용해보았다. 우리도 이런 분석방법을 응용한다면 군중행동의 원인과 의미에 대한 완전히 새로운 통찰력을 얻을 수 있으리라고 나는 확신한다.

제 2장

군중의 형성과정

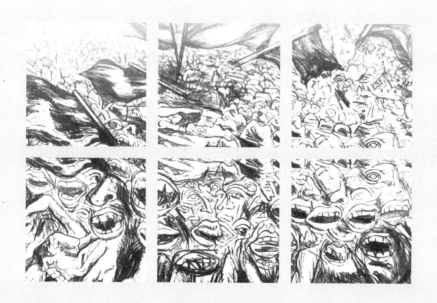

르 봉은 『군중심리』에서 무의식이 군중행동을 결정하는 데 큰 역할을 한다고 지적했다. 하지만 그는 자신이 사용하는 "무의식"이라는 용어의 용도를 정확히 밝히지 않았다. 실제로 르 봉의 용어법이 매우 느슨하다는 영국의 사회심리학자 그레이엄 월러스(Graham Wallas, 1858~1932)의 지적은 타당했다. 르 봉은 이런 무의식의 작동과정을 면밀히 관찰하기 위한 노력을 거의 또는 전혀 하지 않았던 것으로 보인다. 그의 동시대 심리학자들 대부분이 참석한 모임에서 그는 "암시와 모방" 이론에 입각하여 자신의 견해를 설명했다. 그는 무의식을 단지 신비한 "공통인간성"의 일종으로만 인식했는데, 그런 인식에 근거하여 설명 불가능한 어떤 방식으로 군중에 속한 개인들이 공통군중심리 같은 것을 공유한다는 그만의 ― 신비하기도 한 ― 견해를 도출했다. 그는 다음과 같이 말한다.

군중심리가 드러내는 가장 괄목할 특징은 다음과 같다. 군중을 형성한 개인들이 누구든 그들의 생활양식, 직업, 성격, 지능이 유사하든 아니든 상관없이 그들이 군중으로 변모했다는 사실은 그들을 하나의 집단정신에 소속시켜버린다. 그런 집단정신은 군중에 속한 개인들이 고립된 개인들과는 매우 다르게 느끼고 생각하고 행동하도록 조장한다. 군중을 형성하는 개인들을 제외한 나머지 개인들 사이에서는 생겨나지 않거나 실행되지 않는 사상이나 감정도 존재한다. 군중을 형성하는 개인이 고립된 개인과 얼마나 다른지 증명하기는 쉬운 반면에 그런 차이를 유발하는 원인들을 발견하기는 쉽지 않다.

그 원인들을 조금이라도 파악하려면 현대 심리학이 진리로 규정한 사실, 즉 모든 무의식적 현상들은 유기체의 생활뿐 아니라 지식인의 활동에도 지배적인 영향력을 발휘한다는 사실을 가장 먼저 고찰해야 할 것이다. 정신의 의식적 생활보다는 무의식적 생활이 훨씬 중요하다. 가장 치밀한 분석가나 가장 날카로운 관찰자도 자신의 행동을 결정하는 무의식적 원인들을 거의 깨닫지 못한다. 우리의 의식적 행동들은 주로 우리에게 유전된 것들의 영향을 받아 정신의 심층에서 형성된 무의식의 소산들이다. 그런 정신의 심층무의식은 여러 세대를 거쳐 유전되어 민족의 천부적 특성을 구성하는 무수한 공통특성들로 구성된다. 모든 개인이 소속된 민족의 특성을 구성하는 무의식적 요소들이 서로 유사하다는 사실을 주목할 필요가 있다. 이런 특성의 일반적 성질들은 우리가 의식하지 못하는 세력의 지배를 받을 수밖에 없고, 각자 속한 민족의 정상적인 개인들의 다수결에 따를 수밖에 없다. 다시 말하면 군중의 공통속성들로 변하는 것은 정확히 이런 성질들이라는 말이다. 집단정신에 사로잡힌 개인들의 지식적 재능은 약해지고 그 결과 그들의 개성도 약해진다. 이질성은 동질성에 압도당하고 무의식적 성질들이 우위를 차지한다.[5]

나는 '건전한 심리에는 군중의 집단심리가 존재하지 않는다고' 말해도 무방하다고 생각한다. 물론 인간심리들 각각은 서로 무수한 영

5) 르 봉, 「군중심리 *The Crowd: A Study of Popular Mind*」(New York: The Macmillan Co., 1896), pp. 6~9.

향들을 주고받지만 서로 혼합되거나 동화되지 않는다. 심리의 여러 측면들이 매우 유사하기도 하지만, 그런 유사성은 동일성이 아니다. 그들이 군중에 합세할 경우에도 동일해지지 않는다. 위 인용문은 르 봉이 허버트 스펜서의 "유기적 사회"라는 개념을 무비판적으로 참조하여 쓴 것이 틀림없을 것이다. 더 뒤로 가면 르 봉은 이질적인 것이 동질적인 것에 병합되는 것은 결국 더 낮은 단계로 퇴행하는 것이라는 의미의 진술을 한다. 내가 여기서 인용하지 않은 그 진술도 역시 르 봉의 시대에 일반적으로 수용되던 스펜서주의적 객설의 또다른 일면을 보여준다.

그럼에도 월러스는 『위대한 사회 *The Great Society*』(1914)라는 저서에서 르 봉은 "군중들이 집단의식을 지녔는지 여부나 군중에 속한 모든 개인이 완전한 무의식 상태로 전락하는지 여부를 분명히 인식하지" 못했다고 썼는데, 나는 이런 월러스의 견해가 다소 부당하고 생각한다. 월러스처럼 안이한 매너리즘에 빠진 사람은 르 봉의 중요성도, '군중심리와 무의식의 관계'도 제대로 파악하기 어려울 것이다. 르 봉은 내가 생각할 때 부정하기 힘든 두 가지 중요한 연구결과를 내놓았다. 첫째 결과는, 군중이란 근본적으로 각자 고립된 개인들일 때와는 다른 방식으로 행동하는 군중 속의 사람들이 드러내는 심리현상이라는 것이다. 둘째 결과는, 무의식은 군중의 생각 및 행동과 유관한 어떤 것이라는 것이다.

르 봉에 관해서 월러스는 다음과 같이 말한다.

타르드[6]와 르 봉은 프랑스인들에게 프랑스 혁명을 생생히 묘사해주었고, 확산되는 사회주의에 대한 경각심도 일깨워주었다. 그러나 정치운동들의 주도자들은 의식과 사고력을 지니고도 필연적으로 잘못된 정보에 호도되기 마련인 자들이었기 때문에, 외부의 관찰자들에게 그 운동들은 "반성도 추론도 불가능한" 군중들의 맹목적이고 무의식적인 충동들의 소산들로 보였다.[7]

월러스의 이런 비평에는 일말의 진실이 담겨있다. 군중심리에 정통한 르 봉은 우리에게 군중현상들을 사실적이고 과학적으로 설명해주려고 노력했지만, 그의 뚜렷한 보수적 편견들은 그의 저서가 지닌 설득력의 상당 부분을 빼앗고 말았다. 이 대목에서 우리는 고비노[8], 니체(Friedrich Nietzsche,

6) Jean-Gabriel de Tarde(1843~1904): 프랑스의 사회학자 겸 범죄학자.
7) 월러스, 『위대한 사회』(London: Macmillan & Co., 1914), pp. 143~144.
8) Joseph-Arthur Gobineau(1816~1882): 프랑스의 동양학자·인류학자·외교관·소설가.

1844~1900), 파게[9], 윌리엄 마틴 컨웨이[10]를
위시한 귀족정신 옹호자들이 흔히 견지하
는 '서민들에 대한 선험적 불신원칙' 같은
것을 떠올릴 수 있다. 르 봉은『군중심리』의

9) August Emil Faguet(1847~1916): 프랑스의
문학역사학자·예술평론가.
10) William Martin Conway(1856~1937): 영국
의 예술평론가·정치가·지도제작자·등산가.

많은 단락에서 군중(crowd)과 일반대중(masses)을 명확히 구별하지 않는
다. 심지어 계급들이 일반대중보다 더 우수한 추론능력을 지녔기 때문
에 군중처럼 행동할 위험도 다소 적다는 식으로 말하면서 계급과 일반
대중을 상반되게 다루기도 한다. 이런 취급은 물론 타당하지 않다. 여느
계급도 군중처럼 행동하고 생각할 수 있기 때문이다. 실제로 계급은 자
신들의 이권이 걸린 상황에서는 거의 언제나 군중처럼 행동한다. 대중심
리 연구자들이라면 누구나 군중심리현상들이 단지 노동계급이나 이른
바 서민들이 벌이는 운동들로만 나타나는 것들이 결코 아님을 알 수 있
을 것이다.

보수적인 연구자들은 군중과 프롤레타리아트를 동일시하면서 '군중
은 정염과 맹목적 감정의 피조물에 불과하다'는 진술로 군중심리의 본
질을 파악하려는 습관을 오랫동안 버리지 못했다. 그런 습관의 배후에
서 작용하는 심리는 감정본능과 지식을 구분하여 참된 정신생활을 지
식활동으로 개조하려고 애쓰는 낡은 지식주의이다. 그 결과 '군중은 감
정들에 좌우되는 존재로서 서민들의 타고난 정신적 열등성을 표현하는
여러 양상들 중 하나이다'는 논리가 등장했고, 그 논리는 군중에게 일
반적 자치권을 부여하는 것은 적절하지 않음을 보여주는 증거로 강조
되어왔다.

나는 이런 감정이론이 군중행동의 진상을 설명해준다고 믿지 않는
다. 물론 군중에 속한 사람들이 이상하리만치 흥분하기 쉽다는 사실
은 부정될 수 없다. 감정, 본능, 충동은 모든 정신생활의 동력이기 때문

이다. 물론 군중이 표출하는 많은 감정들을 군중 스스로 억제하기도 한다. 하지만 전투에 임하는 군중의 공포심이나 집단폭행에 가담한 군중의 동정심은 아예 발견되지 않는 것들이다. 군중이 미술, 음악, 시의 뛰어난 가치를 알아보지 못한다는 것은 악명 높은 사실이다. 심지어 군중의 감정들은 단지 과격하고 뻔한 싸구려 감상들에 불과하여 쉽사리 부화뇌동하기만 할 뿐 우둔하기 그지없다는 주장도 제기된다.

　정신병도 과잉감정으로 간주되던 시절이 있었다. 정신병자는 사납게 날뛰는 미치광이로 여겨졌다. '미쳤다(crazy)'라는 말은 지금도 '제정신을 상실한' — 즉 비(非)이성적 감정에 휘둘리는 — 인간의 상태를 암시한다. 오늘날 심리병학은 이런 설명을 수락하지 않을 것이다. 심리병의 유형들을 구별하려면 그것들이 드러내는 단순한 감정의 흥분량(興奮量)보다는 환자의 심리적 기능 일체를 감안해야 한다. 심리병학자는 환자의 관념들을 통제하는 일정한 메커니즘과, 무의식에서 작용하는 충동들이 그런 관념들과 맺는 관계를 탐구한다. 이것과 유사한 방식으로 우리는 군중심리를 이해할 수 있다. 군중은 단순한 인간무리가 아니라는 르 봉의 주장은 옳았다. 군중은 심리상태의 일종이다. 어떤 인간무리가 군중이 되려면 반드시 특유의 심리적 변화가 선행되어야 한다. 그리고 이런 변화는 단순히 감정을 표출하는 과정도 아니고, 모방과 암시로써 집단심리를 창출하는 과정도 아니다. 내가 제시하고 싶은 가설은 '군중심리는 꿈, 망상, 각종 무의식적 행동과 같은 것으로 분류되어도 무방한 현상이다'는 것이다. 군중통념들을 통제하는 것은 반성의 결과도 '암시'의 결과도 아니다. 그것은 심리분석자들이 '콤플렉스들'이라고 규정한 것들과 유사한 것이다. 만약 군중자아(群衆自我)라는 것이 존재한다고 가정할 수 있다면, 그것은 '강박신경증'이나 '몽유병'이나 '편집광증'과 여러모로 유사할 것이다. 군중통념들은 '고정관념들(fixations)'이라서 언제나 상징적인 것들이고, 무의식에 억압된 것들과 유관하다. 오스트리아의 정신과의사 알프레드 아들러(Alfred Adler, 1870~1937) 박사는 그것들을 "허구적 유인관념들(fictitious guiding lines)"이라고 지칭한다.

우리의 모든 생각은 상징과 허구로 이루어진다는 말에도 일리는 있다. 과학의 법칙들, 척도들, 공식들은 모두 한때는 '임시방편들' 같은 것들, 즉 현실의 복사판이라기보다는 차라리 현실 자체와 우리를 관련시키는 수단들 같은 것들이었다. 이렇게 사용한 통념들의 '진리'는 그것들이 우리에게 가져다주는 결과들에 대한 우리의 만족도로써 증명된다. 우리가 그것들을 이용하여 우리의 환경 안에서 우리가 원하는 대로 바람직하게 적응하는 데 성공한다면, 우리는 그것들의 진리가 입증되었다고 말할 것이다. 그러나 그런 진리 입증이 전혀 이루어지지 않거나 입증 결과가 우리의 가설과 명백히 어긋나버리면, 온전한 정신을 가진 사상가는 자신의 결론을 유보한 채 자신의 이론을 수정하거나 미련 없이 포기하고 경험적으로 알려진 현실에 집중할 것이다.

이 대목에서, 어떤 가설이나 '허구'는 외부현실에 대응하는 수단을 대신하여 무의식이 구상한 현실도피용 수단이며, 개인의 무의식 속에서 갈등하지만 개인 스스로는 제거할 수 없는 욕망들의 상징적 타협물이고, 문명화된 개인이 자신의 무의식에 수용하기를 거부하는 행동원인들의 위장된 표현이며, 그 자신 혹은 그의 세계는 잠시라도 무가치한 것이 될 수 없다는 자의식 내지 자존심을 지키는 데 필요한 것이라고 가정해볼 수 있다. 이 경우에 허구는 외부적 도움을 받지 않으면 경험의 현실성에 의해 수정되지 않고, 수정될 수도 없다. 그런 허구적 통념복합체는 내밀한 체계로, 즉 내면세계 겸 자족세계로 변해간다. 상충하는 경험사실들은 불안한 무의식적 의지가 꾸미는 온갖 잔꾀에 의해 격하되고 부정된다. 그 결과 현실의 경험사실은 허구로 대체되고, 개인은 "현실적 기능"을 상실해버린다. 그는 이제 그런 교란요소들도 교정될 수 있다는 것을 인정하지 않는다. 결국 그는 심리적 부적응자로, 즉 심리병자로 전락한다.

관련 연구결과들은 건강한 사람들의 대부분이 그다지 해롭지 않은 이런 종류의 허구들을 마음에 품고 살아간다는 것을 분명히 보여준다. 그런 허구들은 모두에게 유익한 삶의 가치들을 보존할 수도 있을 것이다. 그러나 건강한 사람들이 품은 이런 허구들은 마치 음지를 떠도는 부랑자들처럼 우리가 아는 세상의 변두리를 맴돌거나, 종교적 인습, 국민적 자부심, 윤리적 가치들, 개인적 야망, 계급적 위신처럼 사회적으로 용인되곤 한다. 가치관이 자기평가에 일말의 영향이라도 줄 수 있다고 생각하는 심리학자들은 개인의 원초적 욕구에 내재된 '병리적 요인들'이 개인의 가치관을 뒷받침하는 근거의 많은 부분을 차지한다고 설명하지만, 그것이 우리를 놀라게 하지는 못한다. 윌리엄 제임스는 『다양한 종교체험들 *Varieties of Religious Experience*』(1902)에서 이런 가치관들을 판단하는 근거는 그것들의 — 병리적 원인마저 포함하는 — 기원이 아니라 결과여야 한다고 주장했다. 어떤 '허구들'은 사람들의 삶과 성격에 해로울 뿐 아니라 사회적으로도 용납될 수 없는 악영향을 끼친다. 더구나 군중심리현상들 중 다수는 집단망상증 같은 해로운 허구들에 속한다.

나중에 증명하겠지만, '군중은 곧 사회'라는 일반인들의 생각은 오류이다. 군중은 수많은 개인들에게 동시에 영향을 준다는 의미에서만 사회현상의 하나이다. 앞에서 내가 시사했듯이, 사람들은 군중이 되지 않고도 매우 사회적인 존재가 될 수 있다. 그들은 온갖 방식으로 모이고 어울리며 연합할 수 있고, 공동목적을 달성하기 위해 조직을 결성하고 협력할 수 있다. 실제로 우리의 일상적 사회생활 중 훨씬 많은 부분은 군중행동과 무관하게 이루어진다. 물론 실현 가능한 선업(善業)들을 완수하는 수단으로 간주될 수 있는 경우에 군중행동은 사회행동과 유사하게 보이기도 한다. 우리가 군중심리로 통칭하는 현상들은 사회행동의 직접 부산물들을 대신하는 것들이지만, 우리의 모든 정신생활이 그것들을 사회적 의미를 지닌 것들로 간주하는 경우에만 군중심리는 사회적인 것들로 이해될 수 있다. 아니, 그런 현상들은 차라리 군중성원들의 개인적이고 무의식적인 심정에 잠복한 세력들, 즉 특정한 종류의 사회적 집회에서 쉽사리 표출되는 심력(心力)들의 결과라고 할 수 있을 것이다.

그러면 이제부터 공공장소에 모인 단순한 개인들이 군중으로 발전하는 과정에서 벌어지는 일들을 알아보고, 또 가능하다면 그 과정을 몇 단계로 나누어 추적해보기로 하자. 예컨대, 많은 사람들이 북적이는 대강당이나 회관을 상상해보자. 그런 곳에서 사람들을 가장 쉽게 집합시킬 수 있는 방법은 무엇보다도 그들의 관심을 자극하는 것이다. 그런 관심사는 반드시 중대한 것일 필요는 없지만 큰 노력을 들이지 않아도 사람들의 주의력을 사로잡거나 환기할 수 있는 것이어야 한다. 따라서 그것은 대다수 사람들의 관심을 끌 수 있는 '화제'여야 한다. 나는 어느 날 뉴욕에서 사회현안에 관한 대중토론회를 열자고 사람들에게 호소하는 사람들을 목격한 바 있다. 그들은 그 현안이 가장 시급히 토론해야 할 중대한 것이라고 역설했다. 하지만 그들의 노력들은 대부분 실패하고 말았다. 나는 그들을 보면서, 다수의 관심을 끌만큼 논쟁적인 성격을 결여한 주제에 대해 토론하자고 아무리 강력히 호소하고 홍보하더라도 그것에 특별한 관심을 보이는 소수의 사람들밖에 모으지 못한다는 사실을 알았다. 내가 이 사실에 특히 주목하는 이유는, 나중에 자세히 설명하겠지만, 모든 군중심리에 직·간접으로 압도적 영향을 주는 것은 갈등요소이기 때문이다.

야구는 논쟁거리를 제공하기 때문에 대중의 인기를 얻을 수 있다. 논쟁은 강의보다 더 많은 군중을 모을 수 있다. 공개자유토론회(forum)에 많은 사람들이 참석하는 비밀스러운 이유들 중 하나는 그곳에서 토론 즉 '반론'이 허용되고 권장된다는 사실이다. 빌리 선데이[11]라는 기독교 복음전도사가 주관하는 전도부흥회마다 수많은 청중이 운집하는 이유도 그가 어김없이 누군가를 험담하리라는 기대감을 청중에게 심어주었기 때문임은 의심할 나위없다.

11) William Ashily 'Billy' Sunday(1862~ 1935): 1880년대 미국 메이저리그의 내셔널리그 소속 프로야구단에서 외야수로 활약한 그는 은퇴한 후 20세기의 첫 20년간 미국에서 가장 인기 있고 유력한 기독교 복음전도사로 활동했다.

토론주제가 첨예한 당파심과 대중의 원한감정을 자극하는 것일 때, 이를테면, 어떤 유명인사가 개인적으로 거둔 화려한 업적에 관한 것일 때, 특히 그의 반대자들이 그의 업적을 비판하는 반론을 제기하거나, 그의 잘잘못을 폭로하거나, 그의 비리 같은 것들을 고발하거나, 세간에 공인된 원칙들을 거론하며 그를 '인류의 적'으로 규탄하는 것까지 허용될 경우에, 그 주제가 아무리 사소하더라도 우리는 그 주제를 토론하는 모임에 많은 사람들이 참가하리라고 예상할 수 있다.

다음으로 중요한 것은 연설자이다. 이왕이면 그가 수많은 전투에서 승리한 '노병'이라면 더욱 좋을 것인데, 그래야하는 심리적 이유는 잠시 후에 검토해볼 것이다. 하여간 어느 정도 언변을 갖춘 연설자라면 누구라도 '군중심리'라고 부르는 심리상태가 나타나기 시작하는 정확한 시점을 포착할 줄 안다. 나는 나의 직업 덕분에 그런 군중심리현상을 관찰할 수 있는 절호의 기회를 의외로 많이 얻을 수 있었다. 나는 쿠퍼유니언 대강당에서 매주 세 번씩 야간강좌와 토론회를 진행하면서, 하여튼 지식에 대한 강력한 관심의 표출과정과 군중기질(群衆基質)의 표출과정은 서로 전혀 다른 과정을 수반한다는 사실을 발견했다. 게다가 그 당시 쿠퍼유니언에 모인 청중들은 내가 아는 한 거의 모두가 가장 영민

하고 세련되며 사려 깊은 사람들이었다. 나는 공개자유토론회에 참석한 많은 사람들이 그토록 진지한 관습적 태도를 얼마나 오래 유지할 수 있을지 궁금하기도 했다. 토론 중에 이따금 군중기질이 표출되기 시작하면 — 청중이 그 사실을 의식하기 전부터 미리 감지할 수 있는 사람도 항상 있기 마련이다 — 토론은 잠시 중단되고 사람들은 저마다 자신의 신조만 반복적으로 주장하면서 타인들에게 상투적 유행어 같은 말들을 툭툭 던져댄다는 것을 알 수 있었다. 그런 순간에는 모든 것이 미묘하게 변하고 만다. 처음과 다름없이 웃는 사람도 있지만 그의 웃음에 담긴 의미는 달라진다. 유머러스하고 즐거웠던 웃음은 이제 적대감을 자아낸다. 그 웃음은 누군가를 혹은 무엇인가를 향한 변화된 웃음이다. 심지어 박수소리도 변한다. 단지 어떤 의견에 대한 공감만 표하던 박수를 대신하여 더 빨라지고 더 강해진 박수는 모종의 신념을 지닌 집단이 자신들이 다수세력이라는 것을 과시하는 수단으로 변해간다. 그것은 박수치는 사람들이 타인들에게는 물론 자신들에게도 자신들이 다수세력임을 무의식적으로 과시하려는 박수소리처럼 들린다.

물론 나는 민감하고 논쟁적인 주제를 놓고 토론하면서도 가장 첨예한 이견(異見)조차 경청하면서 군중현상을 전혀 드러내지 않는 토론회도 보았다. 토론의 주제가 집중력과 주의력을 지속적으로 요구하는 것이라면, 그리고 일말의 의례적 낌새도 풍기지 않는 반론의 자유가 지속적으로 허용된다면, 심지어 대중의 신념에 부합하는 도그마(독단적인 신조, 교리, 학설)들이 토론대상이 되고 그것들에 대한 문제의식이 첨예해질지라도, 그 토론은 비판적 분위기를 유지할 것이고 청중은 군중으로 변하지 않을 것이다. 그러나 가장 하찮은 감정의 찌꺼기들까지 규칙적 박자에 맞춰 상투적 용어들로 표현된다면 가장 지성적인 청중도 군중과 같은 반응을 보일 것이다. 군중을 형성시키는 언변들은 거의 모두가 규칙적이고 상투적인 것들이다. 실제로 우리는 오직 상투어, 선동구호, 의례적 표현, 도그마, 상징을 통해서만 군중처럼 생각할 수 있다. 군중은 평범하고 상투적인 것들, 결과적이고 보편적인 것들밖에 생각하지 못한다. 그런 군중의 생각들은 정체된 것들, 더는 발전하지 않는 것들, 자체적으로 이미 종결되어버린 통념들이다. 그런 통념들의 논리도 마치 정신병자들의 강박증처럼 지독히도 변할 줄 모르는 요령부득한 것이다. 그런 논리에 강박된 통념들이 바로 "강박관념들"이다.

내가 진행하던 쿠퍼유니언 공개자유토론회에서 목격한 군중현상들도 사실은 초보적인 것들에 불과했다. 실제로 군중현상을 연구하기 가장 알맞은 장소는 정당의 전당대회장, 대중집회장, 종교부흥회장 같은 곳이다. 그런 곳에서 언제나 연사로 나서는 사람들은 유행어, 조롱, 상투어의 활용가치를 직관적으로 안다. 그들은 그런 직관적 지식을 활용하여 "군중을 사로잡는" 자신들의 노하우를 축적할 수 있다. 장황한 횡설수설이 난무하는 전당대회장의 관행으로 굳어진 과격한 "감정표현들"은 열광적 군중의 어리석음과 과격성을 가장 잘 대변하는 사례들로 인용되곤 한다. 그러나 그런 인용들은 오해의 소산들이다. 그렇게 소란스러운 거짓 "지지자들"의 집회에 한두 번이라도 참가해본 사람이라면 그들의 과격한 언동들이 진심에서 우러난 열광이나 본격적 군중심리의 소산들이 아니라 오히려 인내력의 소산들이라는 데 동의할 것이다. 그런 언동들은 분명히 조작되고 치밀히 계산된 결과들이기 때문에 진정한 군중행동으로 간주될 수 없는 것들이다.

진정한 군중행동의 요건은 무의식적 요소이다. 군중이라면 적어도 무의식적 요소를 지니기 마련이다. 우리는 모든 공개집회장에서 무의식적 요소를 풍부하게 발견할 수 있다. 그런 자리에서 청중은 군중이 되고 연사의 어조는 규칙화되며 목소리는 엄숙해지고 몸짓은 단호해진다.

그가 전달하는 메시지는 대단히 추상적인 '원칙들'로 치장되고, 지극히 상식적인 것이 초월적인 것으로 착각된다. 청중의 관심은 누구나 조금만 신경 써도 본질을 간파할 수 있는 피상적인 것들에 사로잡히고 만다. 그런 식으로 강조되는 메시지들은, 일심동체상태에 빠진 청중들의 사고력을 마비시켜버린다. 그리하여 일반적인 것, 추상적인 것, 피상적인 것이 독창적이고 개인적인 것을 희생시키고, 사고방식들은 사고대상들에 맞춰 변조된다.

"정의", "자유", "평화", "영광", "운명" 같은 추상적 단어들이나 "형제애", "장엄하고 영광스러운 것", "공공복리", "공통인간성"을 위시한 갖은 일반적 관용구들의 의미는 청중들이 그것들을 듣고 개인적으로 떠올리는 연상(聯想)들에 따라 달라지기 마련이라는 것은 확실하다. 인기 연설가들은 오직 이런 용어들이 지닌 의미의 최대공통분모만, 즉 모든 청중의 연상들과 공통되는 요소들만 다룬다. 그리하여 그들이 구사하는 이런 일반적 성격을 지닌 단어들과 관용구들은, 으레 그렇듯이, 청중들의 심안(心眼)을 허공으로 돌려놓을 따름인 어떤 막연한 심리상태나 기대감과, 그것들의 발음된 소리들을 제외하면, 극히 미미한 공통연상들만 유발할 따름이다. 예컨대, 지금 내가 "정의"의 내용에 관한 나의 개인적 연상들과 구체적 체험들 일체를 기억하려고 애쓴다면, 나는 멀리서 울리는 종소리처럼 나의 청각기관을 울리는 "정의"라는 단어의 발음과 장대한 공허감을 제외한 다른 어떤 내용도 구체적으로 떠올리지 못할 것이다. "공공복리" 같은 단어들은 기껏해야 시효가 지난 은행권과 다름없어서, 내가 가진 것들과 같은 갖가지 의미들과 의도들을 나타내는 상징들에 불과하다. 이런 개인적 연상들에 우리가 서로 이끌리면서 조화롭게 행동하고 발언할 정도로 관심을 보이더라도, 과연 우리가 저마다 나의 "정의"라고 말하는 것의 가장 작은 파편들 이상의 것들이 소통될 수 있을지 여부는 미지수이다. 물론 그런 단어는 우리의 행동을 타인들의 행동에 맞추는 데 편리한 도구이고, 그런 조화상태는 우리가 "그 말이 맞아"라고 말하는 상호만족상태와 부합하는 듯이 보인다. 하지만 그런 상태는 언제나 구체적인 상태이다. 그래서 "정의"라는 일반적 용어는 우리가 옳다고 말하는 것들의 집합을 지시하는 데 사용하는 음소(音素)들의 조합에 불과하다. 즉 그 용어 자체는 내용이 탈락된, 그리하여 그것에 관한 다른 모든 추상도 탈락되어버린 껍데기에 불과한 것이다.

여기서 이렇게 막연하게 상상된 "만인을 위한 의미" — 실제로는 만인에게 무의미한 것 — 에, 그리하여 개인의 독특한 체험과 결부된 연상들을 마비시키는 것에 우리의 주의력을 집중할 수 있다면, 탈락되었던 추상들은 의식의 모든 영역을 재점령할 수 있을 것이다. 의식의 주의력이 막연한 심정을 완전히 탈피하고 나면, 그 의식이 집중하는 대상들은 고유한 현실성을 띤 것들로 나타날 것이다. 그것들은 자체적으로 완벽한 논리를 구비할 수 있는 하나의 단힌 체계로 변하겠지만, 그 논리는 편집광들이 공유하는 치명적 논리여서 허구조차도 삶 자체보다 더 현실적인 것으로 변조시킬 수 있다. 그것은 편집증이 발작하는 동안 생생한 경험세계마저 대신할 수 있는 허구의 논리이다. 프로이트는 뚜렷이 기억되는 꿈의 내용은 무의식에 잠재한 꿈-생각들과 욕망들의 요약되고 왜곡된 상징이라고 말했는데, 지금 우리가 논의하는 경우에 비춰보면, 무의식은 이런 추상적 용어들에 무의식 특유의 의미들을 부여한다고 말할 수 있다. 그 의미들은 막연하기는 하지만 중대하고 가공할 만하며 불가항력적인 강제력을 획득한다.

이것과 유사한 과정은 군중이 출현할 때도 발생한다. 그 과정에서 사람들은 상이한 세계로, 즉 상이한 의미의 현실로 빠져든다. 연설자는 청중의 환상에 부합하는 존재로 탈바꿈한다. 그가 내뱉는 단어들은 신비한 위력을 획득하여 장엄하고 영원하며 초인적인 것들로 변한다. 식상한 농담도 반드시 웃어야 할 것이 된다. 평범한 진리들도 열광적인 박수갈채를 받는다. 앞뒤가 전혀 맞지 않는 딜레마들도 모든 중간과정은 생략되어 깨끗이 일도양단되어버리고, 급기야 어떤 논리적 증명도 불필요한 것들이 되어버린다. 타협적 생각은 근절되어야 한다. 그리하여 그토록 찬란한 연설에 열광적으로 몰입하는 순간들의 긴장감을 빼앗는 어떤 것도 용납되지 않는다. 술 취한 사람에게는 "모든 것이 완전히 절대적인 것이다"고 윌리엄 제임스는 말했다. 그런 사람의 눈에는 오직 아군과 적군밖에 보이지 않는다.

그래서 군중심리는 무엇보다도 현실기능장애요소들로 구성된다. **군중은 신앙의 피조물이다.** 모든 군중은 특유의 환상, 이상, 꿈을 가진다. 이런 군중통념들이 군중집단의 모든 구성원에 대한 실질적 영향력을 지속적으로 발휘하는 한, 그리고 실제로 그 통념들이 구성원들의 주의력을 줄기차게 사로잡고 그것들과 어긋나는 생각들과 사실들을 배척하는 데 부단히 동의하는 한, 군중은 군중으로서 존속할 것이다.

나는 우리가 이 사실을 망각하면 끝없는 메타자연학[12]적 문제들에 함몰되기 십상이라는 것을 잘 알고 있다. 여기서 '무엇이 현실세계인가?'라는 물음에 대한 논의를 개시하는 것은 나의 목표가 아니다. 현실

12) Metaphysics: 이것은 지금까지 한국에서 이른바 "형이상학(形而上學)"이라는 말로 번역되어왔다. 그러나 번역자는 이 '형이상학'이라는 번역어가 '메타피직스'의 본의를 그야말로 "형이상학"적으로 왜곡해왔다고 생각한다. 왜냐면 번역자는 이 말의 더 정확한 번역어는 '메타자연학'이나 '메탈물리학' 아니면 차라리 '후(後)자연학'이나 '후(後)물리학' 같은 것들이라고 보기 때문이다. 더구나 만약 "형이상학"이라는 것이 분명히 존재한다면, 그것은 "형이하학(形而下學)"이라는 것의 존재를 전제하거나 가정하는 것일 수밖에 없을 것인데, 그렇다면 "형이하학"이란 대관절 또 무엇일까? 그것이 결국 '피직스' 즉 '자연학'이나 '물리학'이 아니라면 또 무엇일까? 이런 어이없는 사태를 차치하더라도, 어쨌든지, 메타피직스는 글자 그대로 반드시 '자연학'이나 '물리학'을 토대로 삼아야만 이해될 수 있는 것인 반면에, 한국에서 관행적으로 상용되어온 이른바 "형이상학"은 지금까지 자연학이나 물리학을 거의 도외시한 이른바 '뜬구름 잡는 상념학(想念學)이나 관념학(觀念學)" 같은 것으로 이해되어온 나머지 메타피직스의 본의를 그야말로 "형이상학"적 편견들로 왜곡하거나 희석해왔는데도, 그것에 대한 의혹이나 의문을 조금이라도 제기하는 경우를 거의 찾아보기 어려운 지경이다. 물론 번역자의 이 짧막한 각주만으로 이런 요령부득의 번역어가 탄생하여 관행적으로 상용화된 과정이나 사연을 검토하고 해명하기는 불가능할 것이다. 번역자로서는 앞으로 이 번역어에 대한 자칭타칭 전문가들의 재검토가 충분히 이루어지기를 기대할 따름이다. 따라서 번역자는 이런 경위로 저자가 언급하는 메타피직스를, 적어도 "형이상학"보다는 원어의 의미를 더욱 잘 전달하는 것으로 여겨지는 '메타자연학'으로 일단 옮겼다는 것만 밝혀둔다.

문제는 '상식'으로써 이해할 수 있을 만큼 단순한 것이 결코 아니다. 그러나 상식은 실생활의 사건들을 판단하는 고유한 기준들을 함유하므로, 우리가 지금 당장 그런 기준들을 벗어날 필요는 없을 것이다. 그런데 군중의 '환상들'은 심리학적으로 보면 환상들이 아니다. 그것들은 감각대상들을 오인한 결과들이 아니라, 오히려 편집광들이 공유하는 망상들이나 강박관념들과 비슷하다. 도시의 길거리에서 '미치광이'를 분간하기 위해 메타자연학이나 심리병학의 분석기법을 동원할 사람은 극히 드물 것이다. '미친' 사람은 자신의 말과 행동을 쉽게 조절하지 못한다. 또한 색맹인의 색상감각이 정상인의 것만큼 현실적인 것일 수 있듯이, 미치광이의 생각들도 그 자신에게는 현실적인 것들일 수 있되 제대로 작용할 수는 없는 것들이므로, 그것들만 보아도 그가 미쳤다는 것을 충분히 알 수 있다.

물론 이런 현실성의 기준을 군중통념에 그대로 적용하기는 쉽지 않다. 사회현실들은 자연세력들의 행동만큼 질서정연하지 않다. 도덕적·종교적·정치적인 것들은 지속적으로 만들어지고 있다. 다른 어느 곳보다도 우리가 현실을 만들고 있는 바로 여기서 우리 모두가 담당하는 창조적 역할이 더욱 중대한 것이다. 어떤 통념들이 우리의 이웃들 대다수를 움직이게 만들 때 그것들은 우리가 적응해야 할 사회환경의 부분들로 변한다. 이런 의미에서 그 통념들은 비록 아무리 '미친' 것들일지라도 '현실적인' 것들이 된다. 사회의 모든 투쟁집단과 당파는 각자의 통념들을 사회현실에 대한 지배적 강제력들로 확립시키려고 줄기차게 노력한다. 이런 의미에서 이상들의 갈등은 현실 안에서 벌어지는 갈등이다. 각각이 도출한 결과들을 가지고 자체의 진리성을 입증하려는 통념들과 신념들은 매우 중대한 경험적 변화들을 지시할 수 있고, 그것들을 믿는 신자는 자신이 상대해야 할 다양한 요소들을 감안하기만 한다면 현실에 대한 영향력도 상실하지 않을 것이다. 하지만 그런 신자의 신앙이나 원칙들이 자멸할 때, 그것들 자체가 사실들보다 더 흥미로운 존재질서를 구성하는 듯이 보일 때, 그가 자신의 신앙에 어긋나는 것들을 부정하거나 무시하는 방식으로써만 신앙을 지킬 때, 그가 신앙하는 통념들의 진실성을 입증하기보다는 무조건 '옹호'하려고만 애쓸 때, 그를 사로잡는 통념들은 병리적인 것들이 된다. 편집광의 강박관념들도 역시 병리적인 것들이다. 나중에 강박관념들의 의미를 살펴볼 것이지만, 어쨌든 그것들의 의미가 바로 편집광의 의식적 주의력을 체계적으로 집중시키는 것이다. 무릇 군중통념들은 서로 비슷하다. 다만 엄청나게 많은 사람들이 동시에 그것들을 마음에 품는다는 사실 때문에 그것들의 병리성이 뚜렷이 드러나지 않는 것이다.

우리의 신념을 구성하는 많은 통념들을 강하게 뒷받침하는 근거는 '우리와 유관한 모든 사람이 그 통념들을 믿는다'는 지식이다. 그런 근거에 대한 믿음을 유발하는 것이 모방과 암시다. 모방과 암시는 모든 사건사물을 판단하는 과정이나 생각하는 과정에 대단히 큰 영향을 미끼친다. 그렇지만 솔직히 나는 여타 다른 사회현상들보다 모방과 암시가 군중심리를 유발하는 작용력을 유독 더 강하게 발휘한다고 보지는 않는다. 실제로 내가 군중통념들이라고 지칭하는 특수한 현상들은 그것들을 유발하는 또다른 원인들의 작용을 명백히 드러내기 때문이다.

문명인들의 사회관계는 개인에게 가혹한 것들을 요구한다. 우리 모두가 지닌 이기적 자아(ego)의 원시적 충동들, 무절제한 에로티즘, 도착성(倒錯性)들, 반(反)사회적 욕구들은 사회가 공인하는 목적들에 의해 줄기차게 금지되고 저지되며, 통제되고 예인(曳引)된다. 우리의 야성은 "억압"되고, 그것의 욕구들은 습관적으로 부정된다. 왜냐면 우리는 의식적으로 노력하지 않아도 그들 대부분을 자발적으로 억누를 수 있도록 교육받기 때문이다. 그런 교육 덕분에 우리는 우리의 야성이 다그치는 욕망들에 쏠리는 관심을 쉽게 끊을 수 있다. 우리는 우리의 비정상적 본능들의 대부분을 희생시킴으로써 후손들에게 존경받는 사회구성원들이 될 수 있는 것이다. 그렇지만 우리의 원시성은 결코 죽지 않는다. 그것은 꿈을 통해서 무해하게 표출되기도 한다. 심리분석학은 흔히 우리가 의식적 생각의 저변에 습관적으로 억압해버리는 욕망들의 실현과정이 바로 꿈이라는 사실을 밝혔다. 그래서 꿈의 작업은 상징들로 이루어진다. 프로이트의 위대한 업적은 심리분석자로 하여금 자신의 꿈에 나타는 상징체계들을 해석하여 자신의 무의식적 생각과 욕망을 알 수 있게 해주는 분석기법을 창안했다는 것이다. 우리는 잠자면서 활동할 수 없기 때문에 수면몽(睡眠夢)은 무해한 것이다. 실제로 누군가 마치 몽유병자처럼 수면몽을 실행에 옮긴다면 그 꿈은 필시 무해한 것으로 여기기는 어려울 것이다. 모든 심리이상증세(心理異狀症勢)는 실제로 무의식이 연출한 과장된 꿈들이기 때문이다.

이렇듯 사회가 우리의 원시적 충동들에 대한 억압을 요구하는 만큼, 무의식도 원시적 충동들을 실현하기 위해 그런 사회를 이따금 이용하리라는 예상도 가능하다. 물론 쉽사리 이기적 자아로 후퇴하여 완전히 반사회적으로 행동하는 개인의 조발성 치매(dementia praecox, 早發性 癡呆: 정신분열증) 같은 심리이상증세들도 있다. 그런데 군중의 원시적인 이기적 자아는 사회의 일파로부터 현실적인 동의와 지지를 획득함으로써 소망을 달성한다. 당면한 사회환경 일체는 무의식의 욕망과 동일한 방향으로 예인된다. **군중성원 개개인의 행동원인으로 작용하는 것은 유사한 무의식적 충동이다. 그것은, 군중성원들 각자가 자신의 충동이 나머지 군중성원 모두의 것과 같음을 인정하는 한에서 마치 군중성원 모두가 암묵적으로 동의하기만 한다면, 각자의 무의식적 충동에 따라 행동해도 무방하**

다는 듯한 분위기를 조장한다. 물론 의식적으로는 그렇게 행동할 수 없다. 우리의 정상적 사회의식은, 이를테면, 우리의 이웃이나 우리 자신의 잔인성을 억눌러서 그것이 표출되지 못하게 저지할 수 있다. 그 결과 충동은 내면으로 숨어들 수밖에 없다.

군중심리학에서 사용되는 "무의식"이라는 용어가 '군중이 어떤 흑인을 집단폭행하거나 혹은 동료들의 일부를 모욕하거나 제거하자고 요구하면서도 정작 군중 자신들은 그 사실을 자각하지 못한다는 것'을 의미하는 것은 당연히 아니다. 군중의 모든 구성원은 자신들의 말과 행동을 완전히 자각한다. 그런 경우에 그들의 언동에 담긴 **도덕적 의미**만 달라질 뿐이다. 그들의 언동이나 감정은 도덕원칙, 사회복리, 국가번영 같은 명분들에 의거하여 불허되기보다는 오히려 요구되는 것으로 나타난다. 하지만 그들은 사회가 규범적으로 금지하는 것들을 허용하는 과정에서 자신들의 의식이 서서히 왜곡된다는 사실을 의식하지 못한다. 모든 군중은 자신들이 어떤 신성한 원칙을 옹호한다고 생각한다. 그들이 더 잔인하게 파괴적으로 행동할수록 그런 행동에 동참하는 사람들의 도덕성도 더 확고한 것으로 여겨진다. 그 군중논리의 마력에 휘말린 추상원칙들은 필연적으로 전형적인 군중행동들을 유발한다. 그런 원칙들은 군중행동들을 영예롭게 만들고, 그런 행동들을 촉발하는 지도자들을 영웅들이나 순교자들로 만든다.

내가 앞에서 시사했듯이, 모든 군중의 관심은 추상적인 것과 보편적인 것에 가장 먼저 집중한다. 그럴 때 그들의 억압된 소망은 그들이 신봉하는 원칙들에 무의식적으로 어떤 의미를 부여하는데, 그 의미는 그 원칙들의 본의와 다르지만 무의식적으로는 유관하게 생각된다. 그런 무의식적 의미가 행동을 충동질한다. 하지만 그런 식으로 군중을 사로잡는 의미는 진정한 행동원인이 아니다.

일반적으로 우리의 행동과 통념은 사회환경에 의해 교정되기 마련이다. 그러나 군중 속에서는 우리가 극복해야 하는 현실이 우리를 좌절시키고 만다. 왜냐면 우리 주변에 있는 모든 사람의 주의력이 같은 방향으로 쏠리기 때문이다. 윌리엄 제임스는 다음과 같이 말했다.

우리가 생각하는 어떤 것을 비현실적인 것으로 느끼는 감각은 그것이 우리가 생각하는 또다른 것과 모순될 경우에만 생길 수 있다. 모순 없이 유지되는 생각의 대상은 모순이 없다는 이유 때문에 "절대적 현실"로 믿기고 단정된다.[13]

13) 윌리엄 제임스, 『심리학 원론 *The Principles of Psychology*』 VOL. II(New York: Henry Holt & Company, 1910), pp. 288~289.

우리가 당면하는 모든 사회환경은 우리와 더불어 흘러간다. 그것은 우리가 원하는 믿음과도 우리가 원하는 무의식적 행동과도 더는 모순되지 않는다. 모순 없는 통념은 행동을 유발하는 충동으로 작용한다. 우리가 여러 통념 중 하나를 좇아서 즉각 행동하지 않는 이유는 단지 그것과 모순되는 성격을 가진 통념들이 행동을 방해한다는 것뿐이다. 그래서 우리가 군중이 되면 아무 비판 없이 현실적인 것으로 인정해버린 통념들의 허구적 체계에 따라 행동한다. 그런 행동은 마치 꿈속이나 단순한 상상세계에서 억압된 소망들을 실현하는 행동과 다름없다. 또한 신경증환자가 실제로는 자신의 억압된 소망의 상징들에 불과한 고정관념들을 행동으로 옮기려는 충동에 휘둘리듯이, 통념들의 허구적 체계도 통념들을 행동으로 옮기려는 충동에 휘둘린다. 이런 견지에서 **군중은 우리 모두를 일제히 미치게 만들어 일시적 정신착란상태에 빠뜨려버리는 장치이다.**

군중의 종류도 여러 가지가 있는데, 내가 여기서 주목하는 것은 대중집회에 참가한 군중이다. 왜냐면 나의 우선적 관심사는 군중을 지배하는 통념들이기 때문이다. 길거리에 모인 군중이나 패거리가 드러내는 근본적 심리요소들은 동일하다. 웅변과 선전선동이 난무하는 대중집회장을 벗어난 곳에서 심각한 군중폭동이 발생하는 경우는 드물다. 프랑스 혁명이나 러시아 소비에트 혁명에서도 그랬듯이 대중집회는 도시거리와 공공장소에서 주로 열린다. 또한 독일이 냉전을 촉진하기 오래전부터 베를린에서는 국가에 유리한 군중통념들을 국민들에게 세뇌하기 위한 대중집회가 계획적으로 개최되기도 했다. 미국 남동부의 조지아 주에 오명을 씌운 프랑크 사건[14]에서도 그랬듯이, 대중집회가 전혀 열리지 않아도 군중통념들이 표출되는 경우들도 있다. 그러나 프랑크 사건의 진행과정에서 특정 신문들의 행태나 그 사건에 대한 재판이 대중집회의 목적에 부응하는 기능을 담당했을 가능성이 있다. 나는 그 재판이 실제로 극장에서 진행되었다는 것, 그리고 그것이 야심만만한 지방검찰관에게 폭도의 두목 같은 역할을 할 기회를 부여했다는 것을 기억한다.

제1차 세계대전이 종료된 지 얼마 후 뉴욕시를 포함한 여러 도시에서 사회주의자들과 전역군인들이 자행한 일련의 집단폭행사건들은 매우 이례적으로 발생한 것들로 보이지만, 미국 남부에서는 흑인을 집단폭행하는 사건이 상습적으로 발생해왔다. 나는 그런 사건들

14) The Frank case: 1915년에 발생한 이 사건은 조지아 주 애틀랜타의 어느 연필공장 관리자이던 레오 맥스 프랭크(Leo Max Frank, 1884~1915)라는 유대계 미국인이 자신의 공장에서 일하던 매리 파간(Mary Phagan)이라는 열세 살 소녀를 강간하고 살해했다는 혐의로 재판에 회부되면서 시작되었다. 프랭크는 유죄판결을 받고 사형선고를 받았지만, 그의 변호사가 소속된 법률회사의 동업자이기도 하던 주지사가 이 재판의 불공정함을 지적하고 나선 덕분에 감형되어 징역을 살게 되었다. 그러나 전직 국회의원이던 토머스 에드워드 왓슨(Thomas Edward "Tom" Watson, 1856~1922)은 자신이 편집하던 신문의 일면 머리기사에서 크랭크를 "우리의 가련한 소녀"를 탐하다가 끔찍하게 살해한 유대인 귀족으로 묘사함으로써 미국 비밀 테러 조직 KKK단(Ku Klux Klan)의 발호를 자극했다. 이윽고 프랭크가 감옥에 수감된 지 몇 달 후 "매리 파간의 기사들(Knights of Mary Phagan)"로 자처하는 유력자들 25명으로 구성된 폭도가 감옥에서 크랭크를 빼내어 파간의 집 근처로 유괴한 후 집단폭행을 가하고 나무에 매달아 교살해버렸다. 그런 살인행각에는 상원의원의 아들, 전직 주지사, 변호사들, 검사도 가담했다고 전해진다. 또한 교살된 프랭크의 모습을 구경하려고 운집한 군중 가운데는 이미 죽은 그의 얼굴을 수차례 짓밟는 사람도 있었고, 기념품으로 팔아먹겠다며 그의 모습을 사진으로 찍어가거나 그의 속옷을 찢어가거나 그를 묶었던 밧줄을 끊어가는 사람들도 있었다고 한다. 이 사건이 발생한 후 미국에서는 반유대주의에 대한 관심이 확산되었다.

이 무의식적으로 미리 형성된 군중통념복합체의 발현이라고 생각한다. 뿌리 깊은 적대감은 수많은 개인들의 자존심과 무의식적으로 결합하는데, 이런 개인들은 누구나 원칙, 충성심, 도덕 따위를 열렬히 신봉하고 그것들에 애착함으로써 자신들의 적개심과 자존심을 의식적으로 정당화시키려고 든다. 나는 우리가 신봉하는 많은 원칙들의 저변에는 무의식적인 사디즘(sadism)과 마조히즘(masochism)의 요소들이 잠복하리라고 짐작한다. 이런 개인들 다수의 관심을 즉각 사로잡을 수 있는 것은 예기치 않은 돌발사건밖에 없다. 미국 남부에서 상습적으로 발생하는 군중폭도들의 복합심리를 형성하는 것들은 인종적 우월감, 무의식적 에로티시즘, 권력의지가 분명하지만, 불행히도 그것들은 너무나 자주 도덕적 분노로 정당화되곤 한다. 전역군인들이 표출하는 도덕적 분노도 대개는 자신들의 무의식적 욕망들을 위장하는 얄팍한 가면에 지나지 않는다. 전쟁이 자극했으나 전쟁으로 충족되기 어려운 원시적 폭력본능, 자신의 준법성이 일부 유력자들의 열렬한 지지를 받을 수 있다는 사실을 알 때 샘솟는 자기과시욕, 불온분자와 외국인과 부랑자들에 대한 혐오감, 다시 말하면, 참전을 반대하는 비애국적 언행을 하는 모든 사람을 향한 분노의 형태로 표출되는 혐오감 같은 것들이 바로 그들의 위장된 무의식적 욕망들이다.

이런 본능의 심리상태가 군중의 집단폭행을 유발하는 모든 단계들에 무척 유사하게 나타난다. 그 모든 단계는 무의식적 충동들이 상호 용인되면서 행동을 표출할 수 있는 일시적 사회환경을 조성하고, 충분한 인원수의 개인들의 주의력을 사로잡아 모종의 행동을 예인하는 단계에 쉽사리 도달한다. 대다수 사람들은 혐오스러운 대상이나 개인에게 관심을 보이기 마련이다. 그들은 처음에는 단순한 호기심 때문에 그리할 뿐이지만 곧장 재미를 느끼고 잔인한 농담을 곁들여 은근히 비웃기도 하다가 급기야는 대놓고 놀려댄다. 농담은 순식간에 모욕으로 바뀐다. 분노의 아우성이 비등하는 가운데 누군가 일격을 날린다. 그 순간 집단폭행이 자행되기 시작한다. 그런 폭행은 군중성원들이 무의식적으로 염원하던 행동이라서 "그것은 정의를 위한 일격이다"는 평계로 상호간에 용인되기에 이른다. 그리하여 일종의 합의된 "대의(大義)"가 출현한다. 이처럼 우연히 한 자리에 모인 개인들은 순식간에 집단을 형성하여 단체행동을 시작하는데, 왜냐면 그들은 모름지기 자신들의 원칙들을 주장하고 옹호해야 한다고 생각하기 때문이다. 그렇게 폭도로 변한 군중은 자신들이 전에는 아예 꿈도 꾸지 못하던 행동들을 자행하고 있음을 불현듯 깨닫는다.

위와 같은 과정과, 연설자의 연설을 듣는 청중이 군중으로 바뀌는 과정은 표면적으로는 서로 다르게 보일지 몰라도, 내가 볼 때 두 과정은 본질적으로 유사하게 보인다.

지금까지 우리는 지역적이고 일시적인 군중운동들 — 결합상태를 유지할 지속적 이유가 전무하여 곧장 개인적 관심사들로 해산되고 말 일시적 모임들 — 을 고찰했다. 그런 운동에 동참했던 개인이 자신의 일상사로 복귀하면서 "제정신을 차리는" 경우도 드물지 않다. 이제 그들은 그동안 자신이 그런 행동에 휘말렸다는 사실을 도저히 믿지 못한다. 그들이 되찾은 — 나중에 "이성(理性)"이라고 부를 — 제정신은 무의식적 충동들을 다시금 억압한다. 그리고 어제의 난리법석에 동참한 자신을 부끄러워하며 환멸감을 느낄지도 모른다. 평소에 이웃들이 저지르면 비난했을 행동들을 자신도 저질렀다는 이유로 스스로를 비난한다. 물론 군중행동이 상식적으로 그다지 흉악하지도 않고 용서할 수 없을 것도 아니라면 그런 행동에 대한 반응도 그다지 강하지 않을 것이다. 선거운동이 끝나면 유권자는 그저 "흥미를 잃을" 뿐이다. 부흥회에서 회개한 사람도 "다시 타락한다." 파업하던 노동자도 일터로 복귀하여 곧바로 일상적 업무에 몰두한다. 열렬한 애국자도 전쟁이 끝나면 적군에 대한 자신의 적개심이 서서히 사라진다는 사실을 신기하게 느낀다. "개혁"에 열광하는 대세에 휩쓸려 부당한 법안에 표를 던진 의원들도 개혁에 쉽사리 무관심해지고, 머잖아 자신들이 제정한 법령을 공개적으로 위반하는 행위마저 나 몰라라 하거나 재밋거리로 여긴다. "대중의 기억력은 미미하다"는 속담도 있다. 대중의 마음을 뒤흔들던 대사건들과 그것들의 전말에 관한 기사가 실린 지난 신문들 중 아무것이나 하나만 다시 읽어봐도 그것들 중 대다수가 대중이 금세 망각해버린 사건들임을 알수 있다. 하지만 누군가 그 까닭을 묻더라도 우리는 단지 그것들을 "망각했을" 뿐이라는 답변 외에 다른 논리적 답변을 제시하지 못할 것이다.

그렇다고 모든 군중운동이 지역적이고 일시적인 것은 아니다. 때로는 도저히 망각할 수 없을 만큼 강렬한 군중체험의 순간들도 있기 때문이다. 일상의 현실에 빠져드는 과정은 "타락하는 과정"과 비슷하다. 군중의 심리상태는 그것이 작용할 수 있는 특수한 사회심리적 조건들을 날조함으로써 본색을 숨긴 채 태연자약하게 보이느라 애쓰곤 한다. 군중의 허구적 통념들만이 만족시킬 수 있는 이기적 자의식(ego consciousness)의 일정한 형태들도 존재한다. 그것들 중 하나는 편집증에서 발견되는데, 편집광의 병적인 고정관념들은 사실 그가 자존심을 지키기 위해 고안한 것들이기 때문이다. 우리 모두에게 일정한 신경증의 형태로 존재하는 억압된 유아기적 심리상태는 퇴행하여 부모의 이미지에 고착되기도 하지만 군중 속에서 분출의 통로를 발견하기도 한다. 그런 심리상태는 군중상태를 지속적으로 유지하는 영구적 흥미를 제공한다. 그것은 졸업생들이 조직한 동창회, 퇴역군인들이 지역단체들에 미치는 영향력, 부흥회 전도사가 주관하는 복음전도부흥회에서 회개한 사람들의 행동을 관찰해보면 금방 알 수 있는 것이다. 실제로 사람들이 모여서 서로의 과거체험을 공유하는 흥분된 순간들에서 생겨나는 옛 기억들을 서로에게 들려주고, 서로를 지지함으로써 자존감을 유지할 목적으로 조직되는 모든 모임과 단체가 군중 심리상태를 반영한다.

사회는 비슷한 직업이나 처지에 속한 사람들의 생존과 세력확장을 위해 조직된 "투쟁집단들"로 불릴 수 있는 단체들로 채워진다. 각 집단은 저마다 경제, 정신, 인종 등에 관한 특수한 관심사를 가지고 있으며, 그런 관심사들은 의식적·무의식적 목적들의 혼합물들이다. 이런 집단들은 파벌, 종파, 당파, 계급을 형성하여 각종 운동과 투쟁을 주도한다. 그들은 선전문구, 의례, 강령, 교리 등을 개발하지만 그것들은 모두 군중통념들을 짜깁기한 진부한 통념체계들에 불과하다. 이 체계들은 신경증환자의 통념체계들만큼 특이한 것들은 아니지만 매우 흡사한 기능을 수행하는 것들임은 틀림없다. 모든 군중의 최우선 목표는 결집된 군중상태를 유지하는 것이다. 군중성원들이 외부의 모든 타인을 지배하려는 욕망도 그런 목표에 버금갈 만큼 중요하다. 겉으로 표명되는 목표는 보편적 의미를 지닌 어떤 대의(大義)나 원칙에 부역하는 것이다. 그리하여 군중은 스스로를 최종적으로 달성해야 할 이상으로 만들고, 스스로를 존속시키는 가치들에 신성을 부여하며, 스스로의 이상들을 모든 인간에게 과시함으로써 모든 인간의 경배와 찬양을 요구한다. 다시 말하면, 군중은 자신들이 미래세계를 지배하리라고 믿으며, 군중성원들은 그런 믿음은 존속 가치를 지닌 것으로 인식한다. 모든 정치가가 자신의 정당이 차기선거에서 승리하리라고 예언하는 데 이용하는 것도 바로 이런 원칙이다.

그러므로 군중은 개인의 "권리"를 보편적 "정의"라는 이름으로 포장하는 장치와 같다. 비(非)개인성으로 포장된 이런 개인성은 군중의 자존심을 다시금 드높일 것이다. 군중 속 개인은 이제 "영광스럽고" 불멸하는 "어떤 것에 소속된다." 그 자신은 추위에 떠는 가련한 개인에 불과할지라도 그가 속한 군중의 영광이 그를 비춰주는 것이다. 그것은 그가 상실한 안정감을 되찾는 계기로 작용한다. 선량한 군중인간, 독실한 신도, 충성스런 시민, 헌신적 군중성원이 된 그는 자신이 예전에 가졌던 어떤 신념을 되찾으며, 자신과 같은 군중에 속한 타인들을 새로운 형제자매로 맞이한다. 군중신앙은 책임감과 탐구심마저 팽개치게 만든다. 그는 명령에 기꺼이 순종하며 다시 어린이가 되어버린다. 자신의 억압된 유아본능(infantilism)을 잃어버린 가족에서 군중으로 전이시킨다. 이렇듯 **부모를 대신하여** 자신의 정서생활을 고수하는 군중의 감각은 매우 현실적인 것이다.

그래서 심리적 군중상태가 영구화될 가능성은 모든 곳에 존재하리라고 예상된다. 그 가능성은 군중성원들이 제정신을 찾지 못하도록 방해하기 위한 모든 수단을 동원할 것이다. 거의 모든 조직과 사회관계는 군중행동을 유발하는 무의식적 성향을 함유할 것이다. 따라서 영구적 군중들은 도처에 — 특히 정치통념이나 도덕통념이나 종교통념과 유관한 모든 곳에 — 존재한다. 이런 통념들의 일반적이고 추상적인 성격은 군중들을 쉽게 이용할 수 있는 수단들로 만들어버리고, 그 수단들은 무의식의 목적을 정당화하거나 차폐하는 데 이용된다. 무엇보다도 우리의 사회생활에서 군중사고방식이 가장 널리 횡행하는 곳은 억압이 가장 강력하게 이루어지는 곳이다. 왜냐면 무의식은 그렇게 군중의 방식으로 생각하고 행동함으로써 책임회피용 빌미들을 찾고 자신이 필수적으로 보충해야 할 것들을 발견하기 때문이다.

현대인이 발행하는 언론매체는 군중운동들을 영속시키고 대규모 인간집단들을 특정한 군중통념의 영향권에 계속 묶어둘 수 있는 매우 효과적인 수단이다. 모든 군중집단은 그들만의 잡지, 선전요원, 문학을 보유하고, 그것들은 소속 구성원들과 잠재적 전향자들에게 끝없는 장광설을 늘어놓는다. 수많은 서적들, 그중에서도 특히 "베스트셀러"로 각광받는 소설류는 독서군중의 현상을 정확히 대변하는 것들이다.

그러나 군중사고방식을 조장하는 가장 빼어난 지도자는 바로 신문이다. 우리의 신문들은 거의 예외 없이 군중통념들밖에 표방하지 않는다. 이처럼 강대한 "여론형성자들"은 통속적 대중연설자의 모든 특징을 드러낸다. 신문기자들과 필자들은 "서민"의 기준들과 편견들을 공유한다. 그래서 서민의 지성이나 판단보다 더 우월한 지성이나 더 현명한 판단이 있을 수 있음을 지적하는 개인의 고급견해를 무시해버릴 것을 요구한다. 그 결과 발생하는 전형적 현상은 선정적 폭로기사와 계급적 편견의 범람, 싸구려 도덕적 상투어로 치장된 달콤한 중상모략을 서툴게 가장한 전문적 고소장 같은 기사들의 남발이다. 그리하여 우리들 대다수의 생각은 군중통념들의 형식이 주도하는 대로 끌려갈 수밖에 없다. 대중집회자들에게 자아라는 것이 있다면 그것은 소수의 반성적 개인성을 제외한 모든 개인성을 지배하는 개인의 고유한 의식 속에서 발달된다. 여론은 개인의 의식을 벽돌처럼 틀에 찍어서 대량생산할 수 있다. 물론 여론을 제조하는 데 조금 더 우수한 기계공학지식이 필요할 수는 있어도 제조과정만은 군중통념의 형성과정과 동일하다. 여론도 벽돌처럼 필요한 수량만큼 찍어낼 수 있고, 그것을 주문하는 누구에게나 납품할 수 있는 것들이다. 그래서 오늘날 가장 중요한 주제들에 관한 우리의 생각도 우리의 견해를 기사로 작성하는 자들의 정신과정들과 그런 기사를 반복적으로 인쇄하는 기계들에 비해 그다지 독창적인 것이 못된다.

영국의 역사학자 겸 철학자인 토머스 칼라일(Thomas Carlyle, 1795~1881)은 "신문의 시대"를 비난했다. 그는 현명하게도 신문은 "넝마 같은 삼류 신문잡지쪼가리들로 만들어진" 것임을 기억하라고 권유한다. 길거리에 몰려다니는 천박한 군중의 모습을 관찰한 옛 문인들은 그 군중을 쓸모없고 몰지각한 오합지중(烏合之衆)과 동일시하는 경향을 보였다. 오늘날 군중은 길거리에서만 몰려다니지 않는다. 우리는 아침식탁, 지하철, 상점, 응접실, 사무실을 포함하여 실제로 신문이 배달되는 모든 곳에서 군중을 목격할 수 있다. 그들의 천박함은 겉모습이나 행동거지에만 국한된 것도 아니고, 서민층이나 빈민층만 그런 모습이나 행동거지를 보이는 것도 아니다. 천박함과 비속함은 바야흐로 정신적이고 보편적인 현상이 되어 우리의 정신생활을 구성하는 모든 방면에 침투하고 있다.

이제 우리는 지금껏 우리가 살펴본 현상들을 되짚어보면서 우리의 견해와 르 봉의 견해 사이에 존재하는 차이점을 도출할 수 있는 시점에 도달했다. 먼저 르 봉의 견해를 요약하면 다음과 같을 것이다.

1. 심리학적 관점에서 군중의 개념을 정의하면, 군중은 단순한 인간무리가 아니라, 특수한 심리상태 내지 군중심리에 사로잡힌 인간집단의 현상이다.
2. 군중에 속한 모든 개인의 감정들과 통념들은 동일한 방향으로 단일화된다.
3. 의식의 개인성은 사멸한다.
4. 집단심리가 형성된다: 이것이 바로 르 봉이 말한 "군중의 심리적 단일화 법칙"이다.
5. 집단심리의 중추를 이루는 것들은 한 민족에게 공통적으로 유전되는 "성격의 일반속성들"이다. "무의식의 토대"를 이루는 집단심리는 군중 속에서 개인의식을 압도하면서 최고우위를 점한다.

6. 세 가지 원인이 군중심리의 특성을 규정한다.

   1) 자신이 속한 군중의 인원수만 따지는 개인은 무소불위의 권력감정을 획득하고 그것에 자신의 본능들을 맡겨버린다.

   2) 감염 혹은 모방.

   3) 최면적 암시. 이것은 군중 속 개인들을 "모든 무의식적 척수반응(脊髓反應)의 노예들"로 만들어버린다.

7. 그 결과 형성되는 군중의 특성들

   1) 문명단계에서 몇 단계 하락하는 경향

   2) 고립된 개인보다 전반적으로 열등한 지능과 사고력

   3) 도덕적 책임감 상실

   4) 충동성

   5) 경솔히 믿어버리는 성향

   6) 과잉감정 및 과잉행동

   7) 잔인성

   8) 군중지도자에게 맹종하는 성향

   9) 비현실적 감격성

8. 결론적으로 군중을 대중, 민중, 인간무리와 동일시하는 르 봉의 논리는 일관성이 다소 부족하게 보인다.

우리가 논의의 출발점으로 삼았던 이런 논리에 대한 비판들을 충분히 감안하여 우리의 견해를 요약하면 다음과 같다.

1. 군중은 대중이나 특정한 계급 같은 인간집단과 동일하지 않지만, 어떤 인간집단이나 단체의 소속 개인들이 동시에 함몰될 수 있는 일정한 심리상태이다.

2. 이런 심리상태는 "집단심리"가 아니다. 그것은 일정한 지배통념들이 당면한 사회환경에서 기능을 중단할 때 조성될 수 있는 억압된 충동들의 방면상태이다.

3. 당면한 사회환경이 이렇게 변하면 금기를 범하려는 무의식적 충동들을 지닌 개인들이 서로의 이권들을 인정하게 되는데, 그런 충동들은 서민들 사이에서 도덕적으로 용인되는 감정들과 비슷하게 보이도록 위장된다.

4. 실질적 욕구를 위장하는 그런 일반적 경향은 꿈이나 심리병의 특징적 현상이고, 당장의 모든 주의력을 추상적인 것과 보편적인 것에 집중하는 군중의 현상이다. 그런 과정에서 주의력이 담당하는 기능은 개인의 내밀한 연상들과 그것들이 수반하는 충동들을 무의식적으로 작동하게 만드는 것이다.

5. 그렇게 군중을 사로잡는 추상통념들은 인식되지 않는 의미들의 상징들로 변한다. 그것들은 편집광의 강박관념들처럼 긴밀한 체계를 형성하는데, 그것들에 사로잡힌 인간집단 전체를 동일한 방향으로 움직이게 만든다. 이런 통념들의 "강박적" 논리는 평소에 우리를 현실의 영역 안에 붙들어두는 사회적 저지선을 무너뜨리는 작용을 한다. 그리하여 군중의 행동과 생각은 상투적이고 "관례적인" 것들로 경직된다.

6. 사회가 습관적으로 억압하는 우리 본능의 중추가 무의식이고, 그런 억압적 강제력에 저항하는 것도 언제나 무의식이므로, 신경증 같은 이런 군중상태는 도피 메커니즘이자 보상 메커니즘이라고 할 수 있다. 또한 그렇기 때문에 군중기질은 바로 그런 사회적 강제력들과 관련하여 억압이 가장 심대한 곳 — 종교나 정치나 도덕이 문제시되는 곳 — 에서 가장 흔하게 표출될 것이다.

7. 그래서 군중심리는 "이성(理性)"을 포기한 자들의 과잉감정에 불과한 것이 아니다. 또한 군중행동은 심리병증의 일종이라서 몽유병이나 강박신경증은 물론 편집광증과도 많은 요소들을 공유한다.

8. 일시적 군중도 존재할 수 있고 영구적 군중도 존재할 수 있다. 언론의 지지를 받는 영구적 군중은 사실상 모든 사람의 사고습관을 어느 정도 결정할 수 있다. 개인은 마치 대학 캠퍼스를 돌아다니며 자신이 원하는 동아리에 가입하기 위해 다른 동급생들과 경쟁하다가 상처받기도 하는 대학 신입생처럼 자신이 원하는 사회적 세계(동아리, 모임, 단체 등)를 찾아 전전한다. 상상할 수 있는 온갖 "주장"과 "이상(理想)"을 내세우는 그런 군중들의 호객꾼들이 그런 개인을 발견하면 그 개인의 주변을 집요하게 맴돌면서 자신들이 속한 군중의 주장이나 이상을 그 개인에게 쉼 없이 주입하고, 그 개인을 으르거나 구워삶아 자신들이 속한 군중에 가입하도록 부추기고 재촉하며, 여타 다른 사람들을 비방하고, 온갖 수단을 마구잡이로 동원하여 자신들이 속한 집단의 현안들에 대한 확신들을 지지하는 동조자로 만들려는 집요한 노력을 멈추지 않는다.

제 3장

군중과 무의식

내가 지금까지 논의에 필요한 것들을 제외한 다른 세부사항들까지 다루지는 않으면서 반복적으로 참조해온 것은 무의식 심리학이다. 이제부터는 프로이트가 발견한 것들 중 몇 가지를 조금 더 자세히 살펴보도록 하자. 그리함으로써 브릴[15]이 통념들과 실천들의 "심리발생학 (psychogenesis)"이라고 불렀을 군중의 의미가 더욱 선명해질 것이다. 지금까지 우리는 군중을 형성하는 이런 심리과정들을 일반적 차원에서 다루어왔다. 군중들이 일률적으로 드러내는 특징들, 성향들, 사고방식들이 존재한다는 사실은 그것들이 무의식적으로 결정된다는 가설에 또 다른 설명을 추가한다면 정당화될 수 있을 것이다. 조직된 군중들이 자신들의 명백한 행동들에 대해 보이는 뚜렷한 맹목성은 그것의 발현시점을 정확히 예상할 수 있을 만큼 흔한 것이다. 다시 말하면 그런 맹목성은 자신들보다는 군중들의 것

15) Abraham Arden Brill(1874~1948): 오스트리아에서 태어나 미국에서 활동한 심리병학자. 13세에 혼자 미국으로 와서 뉴욕에서 대학을 졸업한 후 스위스 취리히로 가서 카를 융과 함께 심리학을 연구하다가 1908년에 다시 미국으로 간 브릴은 미국 최초의 가장 활동적인 심리분석학 해설자들 중 한 명이 되었다. 그는 프로이트의 주요저작들과 카를 융의 저서들을 최초로 영역했다. 뉴욕 대학교와 컬럼비아 대학교에서 학생들을 가르치며 심리분석학자로 활동할 당시 그는 미국 담배회사 직원이던 버네이스에게 "여성에게 담배는 '자유의 햇불'이다"는 유명한 조언을 해주었고, 버네이스는 그 조언을 담배판촉에 활용했다.

이라는 말이다. 군중들은 맹목적인 사태들은 벌어지지 않는다고 반복적으로 장담하지만 군중의 맹목성은 장기적이고 광범한 작용력을 발휘한다. 한 국가가 막대한 비용과 노력을 들여서 모든 국민의 삶을 군대체제로 서서히 조직하고 전쟁을 준비하는 와중에도 전쟁을 벌일 의도는 전혀 없다고 부인하면서 오직 평화를 위한 조치들일 뿐이라고 선전하거나, 심지어 이웃국가들에 싸움을 거는 순간에도 자신들이 까닭모를 기습공격을 받아서 그리할 수밖에 없었다고 세계만방에 선언하는 경우도 흔히 볼 수 있다. 미국독립선언서가 비준(1776년)되기 10여 년 전만 해도 아메리카의 식민통치자들은 영국으로부터 미국을 독립시킬 생각은 하지 않았던 듯하다. 미국독립이 임박한 순간에도 그들은 영국의 왕에

게 충성을 맹세했기 때문이다. 그러나 지금 돌이켜보면 그들은 처음부터 줄곧 독립을 원했던 것이 분명한데, 왜냐면 애초부터 독립계획을 신중하게 수립하지 않았다면 그들은 더 나은 기회 또는 절호의 기회를 포착하지 못했을 것이 틀림없기 때문이다. 유대교경전[16]에는 어디서나 행해지는 군중행동의 이런 측면을 잘 보여주는 이야기가 나온다. 이집트에서 노예생활을 하던 이스라엘인들의 소망은 단지 하루만이라도 광야로 나가서 자신들의 신을 경배하는 것뿐이었다. 즉 그들이 원한 것은 종교적 자유밖에 없었다. 그럴진대 이스라엘인들이 이집트를 탈출할 계획을 세우고 있었다는 기존의 공인된 가설들은 얼마나 부당

16) 이것은 흔히 "모세오경(Moses五經)" 혹은 "토라(Torah)"로도 불리는데, 기독교경전 중 「구약전서」의 첫 다섯 권, 즉 「창세기」, 「출애굽기」, 「레위기」, 「민수기(民數記)」, 「신명기(申命記)」의 총칭이다. 유대교는 특히 이 다섯 권만 정통경전으로 인정한다.

한가! 유대교경전을 읽어본 사람들이라면 이스라엘인들이 탈출을 감행하기 직전에 그들의 이집트인 이웃들로부터 우연히 어떤 귀금속을 빌렸다는 대목을 기억할 것이다. 물론 그들은 자신들의 짧은 종교적 휴일(안식일)을 보낸 후에, 그 귀금속을 가지고 할 수 있는 예상하기 힘든 어떤 행동, 즉 — 귀금속을 우상시하는 — 불경스러운 짓을 범한 후에, 그것을 주인에게 돌려줄 것이다. 여기서 그들이 자신들에게 주어진 최초의 호기를 틈타 그런 행동을 범하기 위한 무의식적 의도를 처음부터 줄곧 품고 있었다 — 그러면서도 역시 우상숭배에 대한 금기들을 반복적으로 되뇌었다 — 는 것은 굳이 심리학자가 아니라도 충분히 추리할 수 있을 것이다. 귀금속을 빌린 의도는 자명하기 때문이다.

오늘날 미국에서 벌어지는 군중운동들 중 일부는 이런 무의식적 욕구가 존재한다는 명백한 증거를 보여준다. 군중기질이 급진적 요소와 반동적 요소를 동시에 압도하는 경우가 자주 발생하는데, 그런 경우에 두 요소가 동시에 행동으로 발현되는 방식은 특히 주목할 만하다. 예컨대,

러시아 혁명의 이념에 매혹된 어떤 급진파들은 인류형제애, 평화, 자유의 감정들을 공공연히 찬양하면서도 무의식적으로는 그들의 적들이 비난하는 행동 — 즉, 폭력, 계급전쟁, 프롤레타리아 독재의 이념을 옹호하는 행동 — 을 한다. 군중과 군중이 대립할 경우, 자신들의 욕구와 공식선언의 모순성을, 어쩌면 다행히도, 까맣게 모르는 군중에 속한 개인들도 반대군중에 속한 개인들의 욕구와 공식선언의 모순성만은 정확히 인지한다. 그런 개인들의 군중은 반대군중의 공식선언을 보면서 반대군중이 불성실하고 위선적이라는 증거를 발견했다고 확신한다. 그러나 사회철학자들이 볼 때 두 군중은 모두 옳거나 모두 그르다. 두 군중의 모든 공식선언은 거짓말이어서 어느 쪽이 먼저 그리고 최악의 거짓말을 했느냐 여부를 제외하면 모든 군중은 결국 사기꾼들이다. 이런 자기기만은 군중을 형성하는 필수단계이자 군중의 필수불가결한 요건이다. 군중심리가 완벽히 작동하려면 군중성원들은 반드시 자신들은 물론 타인들까지 속여야 한다. 물론 나는 그들이 타인들을 속이는 데 성공할 확률은 그다지 높지 않으리라고 생각한다. 고비노와 니체도 바로 이렇게 빈발하는 자기기만적 군중현상을 보면서 민중은 거짓말쟁이라고 결론지었을 것이다. 그러나 앞에서도 말했듯이, 군중은 노동계급만의 특징은 결코 아니다. 군중이 지닌 최악의 특징들 중 일부는 오늘날의 고용주들, 입법자들, 중상류 계급들도 여실히 드러내는 것들이다. 더구나 이런 기만은 의식적이거나 고의적인 것이 아니다. 그들 중 대다수는 자신들의 행동을 정당화할 고의적인 거짓말을 하기로 마음먹는다면 조금 더 그럴싸하게 들릴 거짓말 정도는 충분히 지어낼 만한 지능은 가졌으리라는 것이 거의 의심할 나위없기 때문이다. 군중들의 이런 유치하고 조악한 "위선들"은 무의식의 상투적 메커니즘이다. 편집광의 망상들 같은 것들은 다른 누구도 아닌 편집광 자신만 속일 뿐이지만 그의 망상들 자체는 그의 심정에서 완벽하게 논리적인 선험체계(先驗體系)를 형성한다. 또한 그의 망상들은 군중통념들과 마찬가지로 공공연하면서도 암묵적인 목적에 부역하는데, 그 목적은 망상자의 심정을 구성하는 소재들 중 일부에 망상자를 일정하게 고착시켜 붙들어둔다.

독일의 소설가 겸 시인 빌헬름 옌센(Wilhelm Jensen, 1837~1911)의 심리소설『그라디바 *Gradiva*』(1903)를 분석한 프로이트의『망상과 꿈 *Der Wahn und die Träume*』(1907)이라는 소책자를 읽어본 사람들은 '하나의 망상이 망상자의 억압된 소망을 충족하기 위해 그리고 그로 하여금 그의 행동들과 생각들의 진의를 의식하지 못하게 만들기 위해 동원하고 조직할 수 있는 자기방어용 빌미들은 실로 광범하며 다양하다'고 생각할 수 있을 것이다. 프로이트가 분석대상으로 삼은 이 소설에 나오는 한 젊은 고고학도는 사춘기의 모든 에로틱한 관심을 억누른 채 고고학에만 전심전력하는 듯이 보인다. 그러던 어느 날 그는 이탈리아의 고대 폼페이 유적지에서 기막히게 우아한 자세로 걸어가는 젊은 여인의 모습이 부조(浮彫)된 얇은 석판을 발견한다. 그는 그 석판을 주워들고 집으로 돌아온다. 그는 석판에 부조된 여인을 관찰하면서 묘한 기분을 느낀다. 그것은 물론 처음에는 고고학적 관심이었지만 차츰 미학적이고 역사적인 관심으로 발전하다가 급기야 완전히 로맨틱한 기분으로 변해버린다. 그러다가 까닭모를 불안감을 느끼며 격심한 여성혐오감에 휩싸인 그는 무언가에 홀린 듯이 유적지로 다시 발길을 옮기면서도 정작 그 까닭을 모른다. 발굴작업이 한창인 그 유적지를 홀로 거닐던 그는 꿈에서 본 여인을 실제로 만난다. 그는 진귀한 석판에 부조된 젊은 여인이 다시 살아서 돌아왔다고 믿기로 결심한다. 그렇게 며칠간 그는 그 여인을 만나서 대화를 나누기도 하면서 완전히 비현실적인 세계에서 생활하지만, 그녀는 결국 자신이 그의 이웃집에 산다고 고백한다. 뿐만 아니라 그와 그녀는 어릴 때 함께 놀던 동무였다는 것, 그리고 그의 의식은 그녀에게 완전히 무관심했을지라도 부조에 대한 그의 무의식적 관심은 그로 하여금 그녀를 발견하리라고 무의식적으로 예감하게 만들어서 그를 폼페이로 다시 가보도록 유인한 원인이었다는 것도 밝혀진다. 이 모든 과정에서 우리가 주목할 것은, 이렇게 억압된 관심이 그를 뜻대로 조종하기 위해, 그런 동시에 만약 자신(억압된 관심)의 중요성을 인식하면 의식적 거부감으로 발전할지도 모를 주의력을 강화하는 모든 것에 저항하기 위해 현실을 대체하는 일련의 욕망들, 허구들, 타협적 통념들을 이용한다.

여기서 우리가 심리과정들에 대한 프로이트의 정교한 분석을 일일이 반추할 필요는 없을 것이다. 우리의 목적은 아래 인용된 프로이트의 견해만으로도 충분히 대변될 수 있을 것이기 때문이다.

아무리 강력한 자극들로도 기억을 일깨우기 힘든 심리적 난관(심리적 저항선)을 특징적으로 드러내는 망각과정이 존재하는데, 그것은 마치 재생되는 기억에 대항하여 투쟁하는 주관적 저항처럼 보이기도 한다. 그런 망각과정은 심리병학에서 말해지는 '억압'을 용납하는 과정인데, 우리는 그런 억압은 기억분쇄나 기억삭제와 일치하지 않는다고 분명히 단언할 수 있다. 억압된 기억자료는 기억으로 재생될 수는 없어도 잠재적이고 유효한 것으로 잔존할 수는 있다.[17]

17) 프로이트, 『망상과 꿈 Delusion & Dream』 (Moffat, Yard and Company, 1917), p. 143.

위 인용문과 앞장에서 다뤄진 내용들에 비추어보면 심리학에서 사용되는 '무의식'이라는 용어는 심리활동의 완전한 부재(不在)를 의미하지 않는 것이 확실하다. 무의식은 **고의로** 망각된 생각들과 감정들 — 우리가 주의력을 기울이지도 않고 소망하지도 않더라도 우리에게 영향을 끼치는 경험들이나 충동들 — 을 가리킨다. 꿈꿀 때조차 우리는 무의식에 관한 타고난 지식을 가지고 있다. 우리가 잠잘 때 무의식으로 진입하는 것은 확실하다. 그런 순간에도 우리의 두뇌 속에서는 무언가 활동하고 있다. 자다가 깬 사람이 "내가 방금 신기한, 또는 흥분되는, 또는 즐거운 꿈을 꿨어!"라고 말하는 경우는 흔하다. 프랑스의 철학자 베르그송은 우리를 둘러싼 환경에 대한 주의력이 이완되면 잠이 온다고 말했다. 그래도 꿈꾸는 동안 우리 자신을 향한 우리의 주의력은 결코 사라지지 않는다. 따라서 '무의식'이라는 용어 대신에 '부주의한 상태(unattended)'라는 용어를 사용하는 편이 혼동을 없애는 데 도움이 될지 모른다.

그러므로 의식은 우리의 심리활동 전체가 아니다. 우리의 행동들 대부분은 반사행동과 자동행동으로 이루어진다. 윌리엄 제임스는 틈만 나면 우리의 고차원적 심리활동의 본성조차 반사적인 것임을 증명하려고 들었다. 우리는 우리의 심정을 구성하는 다양한 요소들을 의식할 수 있지만 결코 그것들 모두를 동시에 의식할 수는 없다. 주의력은 어둠침침한 무대를 비추는 조명과 같다. 그것은 무대상공에서 이리저리 움직이면서 배우들을 비춤으로써 빛이 닿지 않는 어두운 곳에서 움직이는 대상들과 배우들을 뚜렷이 부각하는 것이다. 흔히 자신이 무슨 행동을 하는지 전혀 의식하지 못하면서도 완벽한 혹은 복잡한 일련의 행동들을 완수해버리는 방심한 사람들을 볼 때마다 우리는 습관적으로 웃어버린다. 왜냐면 인간은 누구나 자신이 방심상태에서 행하거나 겪은 일들을 회상할 수 있기 때문이다.

이렇듯 심리생활의 모든 병리적 유형은 바로 이런 방심상태의 속성을 공유하기 때문에, 방심상태로 한 말이나 행동은 언제나, 심지어 의식상태에서도, 무의식적 의미를 함유하는 것이라고 할 수 있다. 그러나 무의식이나 방심은 결코 드물거나 하찮은 것이 아니다. 무의식의 활동은 기질이나 성격을 따라 우리의 모든 생각과 행동을 결정하는 요인이기 때문이다. 꿈속의 환상들은 우리가 꿈에서 깨어나도 실제로 사라지지 않는다. 꿈의 활동성은 우리의 의식적 생각들과 연상들에까지 영향을 끼치기 때문에, 그런 생각들과 연상들은 이제 우리가 오래전에 망각한 추억들의 주변을 맴돌며 분명히 인식되지 않는 개인적 공상의 단편들에 이끌리기도 하다가 금지되고 불쾌한 것들을 교묘히 건너뛰면서 본체만체 스쳐 지나가버리기도 한다. 그래서 지금까지 우리의 심리과정들 중 일부만이 우리의 의식적 행동과 말로 직접 표현되었을 따름이다. 선택한 논리적인 것과 선택되지 않은 비(非)논리적인 것이 함께 의식을 떠나버려도, 우리는 단지 그런 것들에 관심을 두지 말라고만 배워왔을 따름이다. 우리의 모든 논리구조 아래로는 꿈의 내용들을 담은 개울물이 끝없이 흐르고 있다. 우리의 의식적 생각은 개울물의 표면 여기저기 솟은 돌부리들에 귀퉁이를 걸치고 있는, 주의력이라는 작은 널빤지와 같다. 인간의 정신은 원래 자신이 원하는 결론으로 건너뛰기를 즐겨하지만, 그러다가 꿈의 개울물에 발을 적시는 경우가 드물지 않을뿐더러 이따금 널빤지를 뒤집어엎거나 미끄러져서 개울물에 풍덩 빠져버리기도 한다.

우리가 백일몽과 예술세계와 종교에 잠시나마 몰입하려면 우리의 주의력을 이완시키는 수밖에 없다. 그만큼 우리는 주의력을 온전히 이성적인 상태로 장시간 확고히 유지할 수 없다는 말이다.

일반적인 무의식 심리학과 유관한 이 사실들은 프로이트, 카를 융, 알프레드 아들러, 브릴, 윌리엄 화이트 같은 심리학계 권위자들의 논문들과 저서들에도 언급된다. 실제로 심리분석을 다루는 문학작품이 현재 널리 읽히므로, 만약 이런 심리학의 한 갈래에 관한 지식을 오직 그것에 적대적인 출처들에서만 얻지 않는 독자라면 아마도 그것의 전반적 역사와 이론에 관한 상당히 정확한 지식을 습득할 것이다. 그래서 우리는 군중사고방식의 결정요소들이 될 수 있는 심리신경증과 유사하게 보일 수 있는 무의식적 행동의 여러 측면들에 논의의 초점을 맞추어야 할 것이다. 심리분석자료의 세부내용들과 그것들을 다루는 기술적 논의들은 심리병 진료기관들이 철저히 독점하는 것들이므로 의학적 문외한이 기존에 정립된 학문과정들을 비판하려는 어떤 시도도 불가능할 것은 당연하다. 그래서 지금껏 나는, 현재 확고히 정립된 나머지 차라리 일반적으로 수용되는 심리병학의 상식들로 정착했다 해도 과언이 아닌 이론들만 활용하려고 애썼다.

모든 분석이 밝히는 것은 개인의 무의식은 근본적으로 개인 자신과 관련된다는 사실이다. 이것은 심리병증에도 그대로 해당되고 꿈에도 언제나 해당되는 사실이다. 프로이트는 다음과 같이 말한다.

> 모든 꿈은 절대적으로 이기적인 것들이다. 모든 꿈에는 꿈꾸는 자가 사랑하는 이기적 자아가 등장하는데, 그것이 다른 모습으로 변장하더라도 역시 이기적 자아이기는 마찬가지다. 꿈에서 실현되는 소망들은 거의 빠짐없이 이기적 자아의 소망들이다. 그 자아는 다른 개인에 대한 관심이 꿈을 유발했다고 생각되면 오직 변장한 모습으로만 등장한다.[18]

그리고 프로이트는 무의식적 심정의 핵심을 차지하는 유년기의 천진난만한 이기심을 겉으로 전혀 드러내지 않는 몇 가지 꿈들을 분석함으로써, 모든 꿈이 이기심을 내재한다는 것을 증명한다. 우리가 꾸는

18) 프로이트, 「꿈 해석 *The Interpretation of Dreams*」(New York: The Macmillan Company, 1915), p. 227.

꿈의 주인공(영웅)은, 비록 모든 면에서 정반대로 보이는 경우조차도, 언제나 우리 자신이다.

브릴은 『심리분석 *Psychoanalysis*』에서 신경증에 관해 다음과 같이 말한다.

> 히스테리와 강박신경증은 모두 방어적 신경심리병증(neuro-psychoses)에 속한다. 이것들의 증상들을 유발하는 것은 심리적 방어기제, 즉 환자의 이기적 자아가 용납할 수 없는 괴로운 상념을 억압하려는 시도이다. 특히 애초부터 자신은 괴로운 상념에 빠진 적이 없다는 듯이 굴면서도 자신이 용납하지 못할 상념을 자신의 감정들 및 행동들과 혼동하는 이기적 자아의 심리에서는 더욱 강제적이면서도 더욱 성공적인 또 다른 형태의 방어기제가 작용한다. 이런 일이 생기면 그런 자아의 소유자는 "환각적 혼동"이라고 말할 수 있는 심리병증상태로 빠져든다.[19]

19) 브릴, 『심리분석』(W. B. Saunders Company, 1914), pp. 18~19.

그러므로 심리신경증의 모든 형태는 이기적 자아가 연출하는 드라마 겸 그것의 내면적 갈등들로 간주될 수 있다. 무의식의 이기심은 정상적이면서도 불안한 심리상태에 속하는 것처럼 보인다. 이기적 자아가 달갑잖은 심리적 소재들에 쏠리던 자신의 주의력을 다른 데로 돌리려고 폐쇄된 통념체계들이나 상징적 행동들을 이용하여 그런 내면적 갈등을 탈출하려고 애쓸 때 비정상적 심리상태들이 나타난다. 알프레드 아들러도 『신경증의 본질 *The Neurotic Constitution*』(1917)에서, 최대한 강력한 어조를 구사하며, 무의식의 이기심을 드러내는 것이 바로 신경증이라고 단언한다. 그는 성취를 위한 모든 노력을 자극하는 주원인과 심정에서 진행되는 모든 변화의 원천은 중시되거나 "최우선시될" 어떤 욕망이라고 주장하는데, 그 주장과 니체의 "권력의지(der Wille zur Macht)"론은 완전히 다른 것이 아니다. 신경증은 유년기에 수치심을 자극한 어떤 신체적 결함이나 다른 원인으로 퇴행하는 증상이다. 그 결과 신체적 결함 같이 유년기의 수치심을 유발할 수 있는 모든 원인이 특별한 관심을 모은다. 심정 전체는 적응과정을 거치면서 수정된다. 심정이 정상적 상태로 유지될 경우에는 결함이나 단점을 극복하기 위한 노력을 추가함으로써 적응이 성취되는데, 고대 그리스의 정치가 겸 웅변가 데모스테네스나 영국의 시인들인 바이런과 포프도 바로 그런 노력으로써 신체결함을 극복하는 데 성공한 인물들이다.

그런 반면에 이런 결함이나 단점은 고착된 열등감을 낳을 수도 있다. 예컨대, 예민한 어린이가 열등감을 느낄 수 있는 상황은 다양한데, 키가 작거나, 편도선비대증(adenoid)이나 소화불량을 앓거나, 또래의 것보다 작은 성기나 못생긴 용모를 지녔거나, 기타 다른 신체 결함이나 취약성을 가졌을 경우 또는 권위적인 부모나 형이나 누나와 함께 생활하는 경우가 그런 상황들이다. 그런 어린이는 언제나 자신에 관한 생각에 몰두하면서 자신과 타인들을 비교하는 버릇에 젖어든다. 또한 그 어린이는 자신의 열등감에 대한 인정을 거부하는 방어기제를 만드는데, 알프레드 아들러는 그것을 "용감한 항변"이라고 부른다.

개인이 자각하는 열등감, 무력감, 왜소감, 위축감, 불안감 같은 감정들은, 그것들에 내재적으로 결합된 쾌감들과 통감(痛感)들 때문에, 어떤 가공의 목표를 향해 전진하려는 내면적 충동을 형성하는 데 적합한 활동기반이 된다 .

모든 유사한 시도 그리고 인간의 심정에는 그런 시도들이 가득하다가 감행되는 와중에 문제는 비현실적이고 추상적인 기획을 실생활에 도입하는 것이다. 우리가 정상적 개인 또는 신경증적 개인의 심리 발달과정을 관찰하는 각도와 무관하게 그 개인은 언제나 그가 꾸며내는 특이한 허구의 올가미에 사로잡혀있는 듯이 보인다. 그런데 신경증을 앓는 개인은 그 자신의 허구를 벗어나 현실로 복귀하는 길을 찾지 못하고 아예 그 허구를 믿어버리지만, 건강한 정상적 개인은 특정한 목표에 도달하겠다는 목적을 달성하는 데 그 허구를 이용한다. 그 목표는 우리 모두에게 그리고 특히 신경증환자와 어린이에게, 귀납법과 연역법이라는 직접방편들을 포기하도록 강요하며 불안감이 꾸며내는 도식적 허구 같은 수단들을 이용하도록 강제하는 안정에 대한 열망이고, 최종목적은 이기적 자의식을 최고조로 상승시켜 용감한 남성다움을 완성하고 "드높은" 존재의 이상을 달성하기 위해 열등감을 탈피하는 것이다.

심지어 사건사물들의 가치에 관한 우리의 판단들도 "현실적" 감정들이나 유쾌한 감흥들이 아닌 가공의 목표라는 기준에 따라 결정된다.[20]

20) 알프레드 아들러, 「신경증의 본질」(New York: Moffat, Yard and Company, 1917), pp. 36~37, 56.

억압된 성욕이 이기적 자아의 갈등에서 중요한 역할을 담당한다는 것은 분석심리학을 학습한 사람이라면 누구나 익히 아는 사실이다. 프로이트는 성욕충동이 유아기부터 발원하여 자아인식의 모든 단계에서 본질적 요소로서 작용한다고 보았다. 그가 이해하는 유아기의 이기적 자아가 성숙하는 과정을 요약하면 다음과 같다. 유아는 자연스러운 "다형성욕도착자(多形性慾倒錯者)"이기 마련이다. 즉 유아의 육체와 심리는 모두 성숙한 개인들의 성욕도착증들로 간주될 수 있는 요소들을 겸비한다. 이른바 "성감대"로 알려진 것들은 생리학적으로 보면 신체조직 전체에 산재한다. 어린이가 유년기와 청소년기라는 "잠복기"를 거쳐 성장하는 동안 이런 "성감대"는 번식목적에 기여하는 신체부위들로 집중된다. 그런데 이런 집중과정이 어떤 이유로든 저지되어 불완전상태로 성장한 개인은 일정한 성욕도착증들에 시달릴 것이다.

성감대와 비슷하게 심리성욕(心理性慾, psychosexual)도 정상적 발달과정에서 변모를 거듭한다. 어린이의 에로틱한 관심은 초기에는 대상이 아예 없지만 조금만 시간이 지나면 부모 중 한 명에게 쏠리고, 이어서 "자기애(自己愛) 단계"로 접어들어 자신에게 쏠리며, 그런 다음에는 다소간 격정이나 긴장을 동반하는 정상적 과정을 거쳐 자기애에서 벗어나서 "대상애(對象愛)" ─ 즉 반대성별을 가진 개인에 대한 사랑 ─ 를 할 수 있는 단계로 접어든다. 이런 심리발달과정은 결코 부드럽고 순조로운 과정이 아니다. 그 과정의 모든 단계에는 대단히 많은 사람들이 결코 완전히 극복하지 못하는 위험들이 도사린다. 다양한 종류의 "심리적 충격"들과 부모의 그릇된 교육이나 방임의 영향들은 이기적 자아의 심리성욕적인 관심 ─ 또는 "리비도(libido)" ─ 을 발달과정의 어떤 지점에 "고착된" 상태로 머물게 할 수 있다. 그런 관심(리비도)은 아직 분화되지 않았던 초기단계의 흔적들을 남길 수도 있는데, 그 흔적들은 향후 "마조히즘" ─ 자기학대로 성쾌감을 느끼는 심리 ─ 과 "사디즘" ─ 타자학대로 성쾌감을 느끼는 심리 ─ 이라는 도착적인 형태들로 나타난다. 그렇지 않을 경우에도 리비도는 부모에 고착된 상태로 남을 수 있고, 그런 상태로 고착된 개인은 정상적이고 성숙한 애정생활을 하는 데 다소 어려움을 겪기도 한다. 그런 개인은 자신의 어머니에 대한 유아기적 애정에 충실하지도 못하고, 자신의 관심을 사회관계들과 성숙한 경험들의 세계로 이행시키는 데도 결코 성공하지 못한다. 그가 불운이나 불행에 직면하면 리비도를 "재억압"하고 어머니 이미지에 대한 유아기적 애착심을 재생함으로써 가상적 안전과 보상을 추구하기 십상일 것이다. 그렇게 성장한 개인이 근친성애에 대한 두려움을 못 견디고 이런 보상심리에도 무의식적으로 저항할 때 심리적 갈등이 발생하는 것이다. 그럴 때 그는 괴로운 상황에 직면한 자신의 이기적 자아를 지키기 위한 일정한 심리적 방어기제들이나 "콤플렉스 체계들"을 발달시킨다. 평범한 일상사들로부터 리비도가 퇴각하면 그 일상사들도 무가치하게 느껴진다. 그 결과 죽음에 대한 생각들이나 유사한 충동 메커니즘들이 연발한다. 이런 심리상태에 빠진 개인이 신경증환자가 되는 것이다.

심리분석학자들은 이런 심리상태를 대단히 자주 이용한다. 그들은 이 상태를 "오이디푸스 콤플렉스(Oedipus complex)"라고 지칭한다. 그들은 이 콤플렉스가 심각한 형태로 진행되면 심리신경증과 같은 특징을 보이되, 카를 융이 말하듯, 애매한 형태로 진행되면 심리의 저변에 잠복하기 때문에, 기독교 전통을 포함한 수많은 종교상징체계들의 의미이기도 한 "비극탄생"의 실질적 원인이라고 단언한다. 심리신경증환자의 무의식만 "오이디푸스 콤플렉스"의 형태를 띠는 것은 아니다. 일정한 조건만 주어지면 정상인들도 그런 콤플렉스를 드러낼 수 있다. 나는 앞에서 군중도 이런 조건의 일종이라고 암시한 바 있는데, 나중에 그 사연에 관해 조금 더 자세히 언급할 것이다.

다시 말하건대, 성장기의 리비도는 "자기애 단계"에 고착될 수도 있다. 즉 부모애(父母愛) 단계에서 대상애 단계로 이행하는 청소년은 "자기애" 단계를 통과한다. 자아감정(自我感情, self-feeling)이 언제나 무의식의 중심을 차지한다는 것을 우리가 기억한다면, 많은 사람들이 성장기간에 자기애 단계에 얼마간 고착된 상태로 지낸다는 사실도 놀랍지는 않을 것이다. 세계의 많은 위인들도 평균치보다 약간 더 오랫동안 자기애 단계에 고착했던 개인들이라는 것은 의심할 나위없다. 그런 와중에도 뛰어난 재능을 타고난 개인은 그런 고착심리상태가 언제나 유발하기 마련인 갈등들을 극복하면서 자신의 목표를 향해 전진할 수 있을 것이고, 그가 성장과정에서 드러내는 병리증세도 "천재는 언제나 다소 별나다"는 통설에 포함될 만한 것에 불과할 것이다. 내 생각으로는, 기존의 분석결과들을 감안하면, 전형적 군중지도자는 이런 "자기애 콤플렉스(narcissus complex)" 같은 것을 드러낼 것인바, 광신도들, 고집불통들, 교조주의자들이 얻는 대단한 인기도 "100퍼센트" 군중인간의 전모를 보여주는 것이 틀림없다.

브릴이 볼 때 "자기성애적(自己性愛的, auto erotic)" 개인들은 언제나 동성애자들이고 그들의 동성애욕은 다양한 방식으로 표현된다. 이런 성향의 공공연한 표현들은 이른바 성욕도착증들로 알려져 있다. 이런 성향들을 어떤 방어기제들이나, 알프레드 아들러라면 "허구들"이라고 불렀을, 심리적 수단들로써 억누르거나 승화시킨 개인들은 그런 방어기제들의 기능이 제대로 작동하는 동안에는 문제없이 아주 잘 살아간다. 그런데 무의식적으로 구성된 그런 방어벽들이 붕괴되는 경우들이 있다. 그 결과 내면갈등이 촉진되면서 일반적 정신이상증세의 대표적 형태인 "편집병"으로 진행된다. 편집병을 앓는 사람들의 특징은 타인에게 애정을 주지 못하는 심리적 무기력증을 앓으면서도 애정을 탐욕적으로 요구한다는 것이다. 그들은 자신들을 지나치게 중요시하는 느낌을 갖는데, 그런 느낌을 유지시키는 것은 그런 유형의 정신상태가 공유하는 "강박관념들"을 구성하는 완전히 비(非)현실적이면서도 지독한 선험통념(先驗通念)들의 논리체계이다. 내면갈등은 외면화 즉 "투사(投射)"된다. 편집병자는 자신의 내면적 적개심과 부적응심(不適應心)을 타인들에게 투사한다. 다시 말해서 그는, 마치 자신이 증오 '하는 자'가 아닌 증오 '받는 자'라는 듯이, 자신의 적개심을 다른 누군가에게 전가하는 것이다. 그는 자신이 박해당한다고 상상한다.

일반적으로 다양한 형태의 심리신경증들을 대표하는 특징은 이기적 자아와 불충분하게 억압된 원시적 충동들의 갈등이라고 말해질 수 있다. 그래도 무의식적으로는 여전한 활력을 유지할 그런 충동들을 방어하기 위해 개인은 허구적 통념체계, 허구적 상징행위체계나 허구적 신체 징후체계 같은 것들을 구축한다. 그런 허구적 체계들은 무의식에서 벌어지는 갈등을 해소하려는 시도들의 소산들인데, 그런 갈등해소기능은 갈등하는 개인을 외부세계에서 순응시키는 기능을 완수하지 못한다. 그 결과 개인의 생각과 행동은 그런 심리적 손실을 벌충하고 그의 자아 감정을 고양하려는 목적에 봉사한다. 비록 무의식의 목적이 이기적 자의식을 고양하는 것일지라도 이 목적을 달성하는 메커니즘들은 그것들 자체의 자동적이고 상투적인 형식으로써 개인성을 위축시키고 환경적 응력을 심각하게 손상하는 결과를 초래한다.

여기서 나의 목표는 군중이 정말 정신병자들인지 여부를 조사하고 입증하는 것은 전혀 아니다. 심리분석자들은 정상인과 비정상인의 차이는 대체로 적응수준과 적응성공 여부에 있다고 공통적으로 주장한다. 우리는 흔히 정상인들에게도 갈등이 있기는 하되 충분히 억압되고 "승화"된다 — 즉 신경증환자의 리비도가 발달단계들을 거치면서 그 단계들을 그냥 지나쳐버리기보다는 그 단계들에서 등장하는 관심들을 미래의 경험에 유용한 목적들에 고착하는 단계들을 정상인들도 통과한다 — 는 말을 듣는다. 그래서 신경증환자는 '자신의 이기적 자아'와 '사회가 재억압하라고 요구하는 충동들'의 갈등을 해소하기 위한 외로운 길을 선택한다는 것이다.

이 대목에서 우리가 생각할 수 있는 것은 **또다른 길이 열려있다** — 즉 **우리가 서로에게 요구하는 것들의 타협점을 우연하게라도 찾을 길이 열려**

있다 ─ 는 것밖에 없을 듯하다. 그 길을 찾는다면 사회통념들의 의미가 무의식적으로 변함으로써 재억압의 강제력도 완화될 될 것이다. 그런 변화는 의당 상호적인 것인 동시에 무의식적인 것이 틀림없을 것이다. 타협 메커니즘들은 신경증의 목적과 유사한 목적에 부역하도록 재편될 것이다. 신경증환자의 생각과 행동은 사회 전체의 요구들과 다소 갈등하되 부분적으로는 일정한 목적들에 부역하는 기능을 담당하는, 충동적이고 상징적이며 상투적인 것들로 변할 것이다. 그 결과 무의식의 많은 특성들이 밖으로 드러날 것이고, 때로는 신경증의 특성들과 유사한 면모를 띠기도 할 것이다. 나는 바로 이런 것들이 군중현상들이라고 말하고 싶다. 따라서 나는 이제부터 이런 현상들 중 몇 가지와 놀랍도록 유사한 군중행동의 면면들을 살펴볼 것이다.

제 4장

군중의 이기심

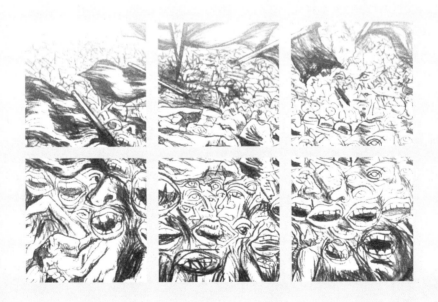

군중에 속한 개인의 무의식적 이기심은 모든 형태의 군중행동으로 드러난다. 수면몽들과 신경증들도 이런 이기적 자아감정을 살짝 위장하여 자주 드러내는데, 나는 군중이 드러내는 이런 위장 메커니즘들은 그다지 교묘하지 않다고 생각한다. 수면몽들에서 진행되는 왜곡과정을 설명하려고 프로이트가 채택한 용어인 "검열"의 동력은 정신생활단계들보다 군중심리에서 훨씬 더 약하게 작용한다. 의식이 추상적이고 비개인적인 공식들에 따라 이루어질지라도, 그리고 신경증에서 ─ 특히 영구적 군중들에서 ─ 빈번하게 발달하는 메커니즘의 "강박적" 성격이 개인을 자동기계와 거의 다름없이 만들어버릴지라도, 군중은 인간들의 이기적 자의식을 고양하는 데 이용될 수 있는 가장 소박한 수단들 중 하나이다. 개인은 자신의 억압된 자아감정을 자신이 속한 군중이나 집단의 통념에 이입하기만 하면 된다. 그 결과 그는 거의 아무런 부끄러움도 느끼지 않고 자화자찬하며 자신을 과시할 수 있다. 그는 자신을 따르는 군중을 위한 주권, 권력, 찬양, 영광을 주장하지만, 그는 실제로 그것들이 자신을 위한 것들이라는 사실을 자각하지 못한다.

모든 웅변가와 편집자는 군중이 언제나 군중에 대한 아첨과 찬사를 강요한다는 사실을 직관적으로 알고 있다. 군중에 속한 개인은 국민의 일원이 된다. 사람들이 "국민"을 존중하고 숭배한다는 것은 단순히 국민으로 존중되는 동일한 자아들에게 개인의 자아가 복종한다는 것을 의미할 따름이라서, 곧 다른 모든 자아에게 그런 복종을 요구한다는 것과 마찬가지이다. 이른바 "국민의 목소리는 신의 목소리이다*(Vox populi est vox Dei)*"는 속설은 개인이 군중인간으로서 말할 때 자신의 목소리를 신성시하는 심리와 분명히 일치한다. 이처럼 자신과 "전능한 신"을 동일시하는 심리가 심리신경증이라는 단일한 통로로 표출되면 편집병은 흔히 드러내는 증상들 중 하나가 되어버린다. 편집병을 공유하는 군중은 "과대망상증"의 속성을 일률적으로 드러낸다. 모든 군중은 스스로를 "추켜세우고", 스스로에게 환호하며, 자화자찬하고, 단호히 확언하며, 스스로 도덕적 우월성을 지녔다고 생각하고, 권력을 쥐기만 하면 다른 모든 사람 위에 군림하려고 들 것이다. 여기서 사회의 집단이나 파벌이 저마다 "국민"이라고 주장하는 방식을 주목할 필요가 있다. "노동자를 위한 운동은 인류를 위한 운동이다"라고 주장하는 노동계급의 선동자가 볼 때 노동자들은 언제나 "인류와 정의를 공격하는 탐욕적 고용주 계급에 의해 억압당하고 착취당하는 무구한 희생자들"이다. 따라서 그는 이렇게 외친다.

노동자들이 사회를 지배해야한다. 왜냐면 오직 그들만이 유익한 국민들이요 경제력의 창조자들이며, 그들이 사회를 지배해야만 사회의 병폐도 마침내 종식될 것이고 평화와 형제애로 가득한 천년왕국, 지상천국, 인류의 최종승리가 도래할 것이기 때문이다!

그런 한편에서 교육받은 부유한 계급들은 자신들이야말로 "최선의 국민들"이라고 말한다. 즉 그 자신들이 바로 "사회"라는 것이다. 그들은 자신들이 "문명화라는 무거운 짐을 떠맡고 법과 질서와 예의범절을 유지한다"고 자부한다. 인종주의 군중과 민족주의 군중도 동일한 과대망상증을 드러낸다. 예컨대, 유대인들은 "신의 선택을 받았다"고 자부한다. "네덜란드인들은 자신들의 회사가 유럽에서 미국으로 건너온 회사들 중 가장 우수한 회사이다"라고 자찬한다. "아일랜드인들은 자신들이 저속하고 하찮게 보일 수 있겠지만, 이런저런 네덜란드인들보다는 모든 면에서 낫다"고 자부한다. "검은 얼굴과 번들대는 눈을 타고난 가련한 흑인들의 자손인 그대들도 쓰레기 같은 백인빈민들만큼은 재주를 지녔으니 언젠가는 성공하리라"면서 흑인들을 추켜세우는 자들도 있다. "러시아인이나 프로이센인일지도 모르는 사람도 자신이 영국인이라는 것을 대단히 자랑스러워한다." 독일인은 야만적인 세계에 문화를 가져다준 행운의 전령사라고 자부한다. 아메리카는 "자유의 땅이요 용사의 고향" 으로 예찬되고, 그곳에서 형성된 집단은 자신들만의 선전기관을 보유한 군중으로 변모할 가능성이 충분하다. 기독교 장로교회신도들은 "신의 선민(選民)"으로 자부하고, 가톨릭교도들은 "진정한 신의 교회"를 가졌다고 자부하며, 기독교를 믿는 과학자들만이 "절대진리"를 알았다고 단언된다.

오래전에 군중심리를 주목한 나는 빌리 선데이 전도사가 주도하던 부흥회에 대한 연구를 시도했다. 그때 나는 그런 부흥회의 전반부에 전개되는 현상들을 보면서 강한 충격을 받았다. 다른 여느 부흥회에서도 목격되는 그 현상들은 심리학자에게는 대단히 반가운 분석용 표본이 될 수 있다. 부흥회는 집단심리나 군중심리의 모든 요소를 드러내는데, 그런 자리에서 거리낌 없이 천진난만하게 표출되는 무의식은, 추정컨대, 심지어 정신병원을 포함한 다른 어떤 장소에서도 목격되지 않을 것이다. 그때부터 나로 하여금 오래도록 성찰하게 만든 놀라운 사실 하나는 부흥회 장소가 바로 내가 현대 민주주의의 정신경제(精神經濟, spiritual economy)라고 부르고 싶은 것을 억누르는 장소였다는 것이다.

빌리 선데이 전도사가 주도한 부흥회는 분명히, 전형적인 하나의 심리가, 즉 그때까지 공동체가 인정하기 꺼리던 심리적 요소가, 군중의 이기적 자의식을 엄청나게 고양하는 데 유용한 수단을 제공했을 것이다. 물론 그것이 종교부흥회의 유일한 동인(動因)이라거나 종교부흥회에서는 그런 유형의 심리만 작동한다고 말한다면 확실히 부당할 것이다. 그러나 이런 종교군중현상들 가운데서 사회를 존속시키는 가치들이 뚜렷하게 부각되는 장면들은 흥미롭게 보인다. 구성원 모두 서로를 잘 아는 지역공동체들에서 언제나 괄시받으면서도, 저마다 자존심이라고 할 만한 것 정도는 지닌, 노름꾼이나 주정뱅이나 놈팡이나 병약자나 무식자나 실패자도 종교군중이 표출하는 흥분 메커니즘의 매력에 굴복하고 말았다. 모든 것이 변했다. 그들은 이제 참회하는 죄인이요 개종한 새로운 신도가 되어 다른 모든 신도보다 더 하나님을 찬양하고 더 열광적으로 예배하는 신도로서 주목받는다. 그들은 바야흐로 "구원받은 자"요 신의 사랑을 받는 자들이다. 군중운동들의 효과를 충분히 연구한 사람이면 누구나 동의할 사실은, 그런 개종자(改宗者)가 속한 공동체는 자신들의 도덕적 딜레마들을 그 공동체의 정의기준(正義基準)들로 만들어 몇 가지 확실한 지배수단으로 정착시키는 데 이용한다는 것이다.

군중들의 자화자찬은 군중심리 특유의 불변기능이라서 자화자찬을 못하는 어떤 군중도 장기간 존속할 수 없다고 나는 생각한다. 자화자찬 심리는 소속된 집단이나 단체들의 배지나 훈장을 몸에 부착한 사람들 다수가 느끼는 자부심으로도, 친목단체들이 흔히 내세우는 거창한 명칭들로도 뚜렷이 드러난다. 그런 유형의 "자기과시심리"들은 특히 각종 행진대열들과, 자신들이 소속된 "대학의 정신"을 과시하고 싶은 대학생들이 선호하는 각종 행사들을 통해 더욱 강하게 표출된다. 소속집단의 구성원 모두에게 주의집중과 단결을 호소하고 그 집단의 중요성을 강조할 의도를 노골적으로 드러내는 "우리는 누구죠?"라는 상투적 구호와 함께 "응원"을 시작하는 중고등학교나 대학이 얼마나 많던가.

나의 학창시절을 돌이켜봐도 그런 과시심리의 전형들을 떠올릴 수 있다. 특정한 학생집단들을 일시적으로 돋보이게 만들고 그들에게 잠시나마 만화주인공들의 것과 같은 자긍심을 부여할 의도로 행해지는 짓궂은 농담이나 장난들, 서로 다른 모임들이 저마다 가장 돋보이는 위상을 차지하려고 경쟁적으로 벌이는 행사들, 내가 속한 친목단체에서 서로에 대한 과찬밖에 거의 하지 않는 무리들이 정례적으로 열던 "친목교제용 연회(love feast)들", 이런저런 대학선수권대회 같은 데서 우승한 대학의 전교생들이 그것을 자랑하느라 — 일개인이 걸치고 다니면 정신병자취급을 받을지도 모를 — 파자마를 걸치고 도심지를 누비거나 여대생기숙사들을 찾아서 날이 어두워질 때까지 몰려다니는 "파자마" 행진대열들도 그런 과시심리를 유감없이 드러낸다. 대회에서 우승한 선수가 동료학생들의 목말을 타고 짓던 비장한 표정, 대학교 예배당에 삐딱하게 앉아 건들대는 학생들을 향해 분노한 대학총장이 그 행동을 "치졸한 깡패짓"이라고 비난할 때 학생들이 싱글거리며 짓던 자축의 표정도 역시 그런 과시심리의 발로들이다. 그 당시 우리 모두는 만장일치의 신념을 품고 있었고, 짐작컨대 그 까닭은 대학생이라는 특수한 신분이 그런 신념을 돋보이게 만들어준다는 것, 그리고 자신이 소속된 교육기관이 최고명문대학이었다는 것 말고는 달리 없었을 것이다. 또한 학교축하연회들에서 우리 대학의 위대한 교육목표와 탁월한 교육성과를 지겹도록 반복적으로 강조하는 소감이나 축사를 늘어놓던 연사들에게 박수갈채를 보냄과 동시에 아니꼬워하던 학생들의 표정도 나는 기억한다. 그런 표정들이 모든 조직된 군중 이기심의 다소 과장된 표현들이 아니라면 과연 무엇이겠는가? 개인들이 학생신분으로 생활하는 기간의 대부분은 정상적 "자기애" 기간이지만, 그들의 병적인 이기심(ego-mania)은 성년집단들의 이기심에 비하면 오히려 솔직한 것이다. 물론 그럴지라도 우리는 개인들에게 부여할 수 있는 개방적 표현을 결코 그런 병적인 이기심에는 부여하지 못할 것이다. 그런 이시심은 군중기질을 요구하기 때문이다.

군중의 이기심은 흔히 사회를 지배하려는 의지의 형태를 띠는데, 우리는 군중행동을 보면서 인류의 억압된 이기심은 실로 탐욕스러운 것임을 배운다. 군중성원들은 언제나 서로에게 찬란한 미래의 승리 같은 것을 약속한다. 거의 언제나 타인의 희생, 슬픔, 굴욕을 대가(代價)로 누릴 수 있는 이런 승리를 호언하는 약속은 선전선동에 대단히 유리하게 작용한다. 국민들이 금주법[21]이나 평등선거제나 단일조세제가 "머지않아 시행되리라"는 확신만 품는다면, 이성(理性)을 가진 수천 명의 사람도 그런 확신에 동의하는 쪽으로 마음이 기울기 시작할 것이다. 군중은 집안에만 안주하기보다는 기필코 "시류에 영합"하려고 든다. 1920년 미국 대통령선거운동에 뛰어든 정당들은 저마다 승리의 예언을 반복하여 외침으로써 세력을 획득했다. 미국 사회당[22]원들은 "프롤레타리아 독재의 시대가 올 것이다"는 예언과 기대감에 휩싸여 흥분한다. 금주당[23]원들은 "술 없는 세상"이 오리라는 예언이 실현되기를 기대하며 도취감에 휩싸인다.

어떤 군중이 패배하여 승리의 희망이 사라지면 그 군중에 속한 개인은 그렇게 실패한 군중집단을 포기해버린다. 이제 실현할 가망이 없는 희망으로 전락한 대의(大義)는 예전과 다르게 보이고, 그 군중의 특성은 사라져버린다. 대의 대신에 인종차별감정이나 애국심, 종교적 신념이나 계급의식 같은 심리적 요소들이 군중심리를 유지하는 작용을 할 때 군중화된 개인들의 이기적 자의식은 천국의 약속, 최후심판의 날, "모든 창조가 지향하는 신의 원대한 역사"에서 도피처를 발견한다. 승리의 희망은 니체가 인상적으로 묘사한 "무기력한 원한감정"으

21) 금주법(Prohibition): 1919년 10월 28일 미국의회에서 통과되어 1933년에 폐지된 법인데, 정식 명칭은 전국 금주법(National Prohibition Act)이다. 볼스테드 법(Volstead Act)으로도 불린다.

22) 사회당(Socialist Party of America): 1901년 8월 1일 미국 사회민주당(Social Democratic Party)과 사회주의 노동당(Socialist Labor Party)이 합당됨으로써 창당되었고, 1972년 12월 31일 해산되었다.

23) 금주당(Prohibition Party): 미국에 현존하는 가장 오래된 제3정당. 1869년 주류의 양조 및 판매를 금지하는 금주법 제정을 촉구하기 위해 창당되었고, 미국 전역에서 주 및 지방의 각급 의회의원 및 단체장 후보들을 지명해왔다. 농촌과 소도시의 복음주의교회 신도들이 주로 지지하는 이 정당은 1900년부터 1930년대까지 지방과 군대에서 큰 영향력을 발휘했다.

로 변질된다.

군중의 이기심이 기능하는 또 다른 방식은 그 이기심을 인정받는 데 성공한 자들을 이상화하는 것이다. 군중은 언제나 살아있거나 죽은 공인(公人)을 영웅으로 만든다. 그런 공인은 그의 실제 행동이나 정체와 무관하게 군중이 믿기 원하는 인물의 상징으로 탈바꿈된다. 그의 교훈적 측면들과 그에 관한 갖가지 일화들은 화려하게 윤색되고 기존의 군중 통념들과 편견들을 뒷받침하는 근거들로 변조된다. 역사적 위인들의 대다수는 이렇게 전설적 인물로 가공되었다. 그들의 위대성, 독창성, 정신적 독자성을 만든 비밀은 대부분 무시된다. 군중 특유의 비밀은 다른 것으로 대체된다. 그리하여 위인은 극소수 인간들만 타고나는 자질들을 지녔기 때문에 위대한 인물로 여겨진다. 그는 대표인간이요, 군중인간이다. 모든 군중은 저마다 선전선동과 자화자찬에 이용할 영웅들의 명단을 가지고 있다. 모든 군중이 저마다 존경하는 위대성, 그리고 그들이 다른 모든 사람에게도 존경하라고 요구하는 위대성은 군중이 자기상징으로 소중히 여기는 위대성이요, 군중성원들이 자신들의 이기적 자의식을 드높이려고 빨아먹을 수 있는 우월성 같은 것이다.

그래서 영웅숭배는 군중의 무의식적 자기숭배이고, 그런 자기숭배가 곧 영웅숭배의 구성요소이다. 군중의 이기심을 고양하는 것은 언제나 군중지도자나 군중대표자가 거둔 승리이다. 각종 운동경기나 체육대회에서 자신이 응원하는 선수나 편이 이기는 모습을 보면서 의기양양해지고 자족감을 느끼는 체험을 해보지 않은 사람이 있을까? 그럴 때 열렬해지는 응원에 담긴 또 다른 의미는 무엇일까? 심지어 경마장에서 트랙을 달리는 한 마리 경주마도 군중대표자가 될 수 있는데, 그 한 마리 말이 다른 경주마들보다 단 몇 센티미터라도 앞서서 결승선을 통과하면 관중 수천 명을 가장 격렬한 기쁨과 환희로 들뜨게 만들 수 있기 때문이다. 여기서 우리는 그런 모든 경기나 대회가 관중들을 사로잡는 매력의 비밀들을 알 수 있다. 그런 경기나 대회만큼 쉽사리 모든 사람의 관심을 사로잡을 수 있고 또 그것들만큼 쉽사리 군중을 창조할 수 있는 것들은 없다. 군중은 자신의 구성원들을 이런저런 경쟁자와 무의식적으로 동일시한다. 성공하거나 승리한 군중은 그런 성공이나 승리 덕분에 실패자들이나 패배자들을 상대로 "으스대며 뻐길 수" 있다. 그런 성공이나 승리가 상징으로 변하고, 군중의 이기적 자아는 그런 상징을 이용하여 자기를 중요시하는 감정을 고양시킬 수 있다.

정당들이 각종 선거에서 당선된 후보들을 위해 벌이는 "흥겨운 축하잔치들"에서도 위와 유사한 심리현상을 관찰할 수 있다. 또한 솔직히 말하건대, 전쟁에서 승리한 국민들이 특징적으로 드러내는 새로운 풍조를 봐도 같은 현상을 목격할 수 있는데, 그것은 성공한 국민들이 품는 명예심의 강력한 기반을 형성한다. 또한 그것은 동향(同鄕) 출신자가 주지사나 국가수반이라는 사실을 자랑스럽게 여기는 소도시민들 사이에서도 목격되는 심리현상이다. 위대하고 순결한 성령의 은총과 우월성을 모든 교회의 공유자산으로 만들어주고 모든 신도로 하여금 구원의 은총을 공유할 수 있게 해준다는 이른바 "성도들의 교감"[24]을 교리로 신봉하는 교회의 가르침들도 동일한 심리현상에서 비롯되었다.

모든 조직된 군중은 자신들의 존엄성과 명예와 체면을 지키는 데 여념 없다. 그런 군중에게 가장 치명적인 것은 그들의 특권이 공격당하고 파괴당하는 것이다. 우발적으로 형성된 길거리 폭도들을 포함한 모든 군중은 구성원들이나 동참자들의 이기적 욕망들을 가장 고

24) The Communion of Saints(Communio Sanctorum): 기독교에서 12가지 신앙고백으로 구성된 기도문으로 사용되는 사도신경(使徒信經, Symbolum Apostolicum) 또는 사도신조(使徒信條)에 나오는 이 문구를 한국의 각종 기독교 분파들은 다양하게 번역하는데, 예컨대, 천주교회는 "모든 성인의 통공(通功)", 개신교회는 "성도가 서로 교통하는 것", 대한예수교장로회(예장통합)는 "성도의 교제", 성공회는 "모든 성도의 상통(相通)"으로 번역한다.

결한 도덕적 의욕들로 도색해버린다. 어떤 군중도 자신들이 웃음거리로 전락하는 것을 참지 못한다. 군중인간들은 유머감각도 거의 지니지 않을 뿐더러, 확신컨대, 그들의 자아에는 일말의 관심도 두지 않는다. 그들이 애호하는 웃음도 언제나 그들을 불신하는 사람들을 향한 것일 확률이 높다. 군중인간은 자신의 공언(公言)들을 모독하거나 비판하는 듯한 모든 의심에 대해 원한을 품는데, 왜냐면 그의 공언을 문제시하는 것은 곧 그가 속한 군중이 국민들에게 요구하는 권리의 근거를 약화시키는 것이고, 그가 신봉하는 이상들의 기능 ─ 군중이 그로 하여금 품게 만들 수 있는 그의 무의식적 갈등들이 성공적으로 해소되지 못하게 그의 주의력을 다른 데로 돌리는 기능 ─ 을 파괴하는 것이기 때문이다. 군중은 자신들의 "이상들"을 상실하면 사라질 수 있다. 편집광들과 똑같이 군중도 집요하게 자신들의 고정관념들에 집착한다. 편집광들을 설득할 수 없듯이 군중도 설득할 수 없는데, 그 이유는 거의 동일하다. 편집광들과 군중의 믿음들은 논리적 탐구의 결과들이 아니기 때문에 환경에 적응하는 정상적 지능들의 기능도 수행하지 못한다. 그런 믿음들은 이기적 자아의 체면을 세워주는 메커니즘들에 불과하다.

무의식의 이기적 자아가 수행하는 많은 활동들은 심리학자들에게는 "보상욕구"의 발로들로 간주된다. 이기적 자아의 어떤 상실감이나, 자기희생 행위나 좌절을 보상하려는 욕구는 인간 모두가 공통적으로 드러내는 것이다. 충족되지 못한 욕망들은 조만간 굶어죽기 마련이라는 군중통념은 반쪽짜리 진리에 불과하다. 충족되지 못한 욕망들은 그것들에 대한 관심을 끊어버리고 나면 다른 것으로 변질된다. 그것들은 무의식이 현실적 대상의 상징들로서 받아들인 것들 중에서 새롭게 취한 소재로 대리만족을 추구한다. 정상인들의 수면몽은 그런 대리만족용 소재들을 상당히 많이 포함한다. 백일몽들과 예술도 그렇기는 마찬가지다. 다양한 종교적 신념들도 그런 보상욕구를 채우는 데 이바지한다. 기독교경전의 『구약전서』에서 언급되는 신(新)바빌로니아 제국의 왕 네부카드네자르의 수면몽도 보상욕구를 잘 보여주는 고전적 사례라는 프로이트의 견해에 카를 융도 동의한다.

> 최대권력을 행사하던 네부카드네자르는 어느 날 잠결에 자신의 몰락을 예언하는 꿈을 꾸었다. 그 꿈에서 그는 천상까지 가지를 뻗쳐올린 거대한 나무 한 그루를 보았는데 그것이 곧 베어질 참이었다. 그것은 왕의 과대한 권력감정을 보상하는 꿈이 확실하다.[25]

카를 융의 견해를 따르면, 우리는 의식에서 발견할 수 없는 것들을 무의식에서 발견할 수 있으리라고 기대한다. 따라서 인간의식이 지닌 많은 미덕들과 특색들은 무의식이 지닌 반대요소들을 보상하는 것들이다.

> 비정상적 개인들은 무의식에서 생겨나는 보상욕구의 영향력을 전혀 인식하지 못한다. 심지어 그는 자신의 편견만 줄기차게 강조한다. 늑대(wolf)를 위협하는 최악의 적이 울프하운드[26]라는 것, 흑인을 가장 멸시하는 자가 흑백혼혈인이라는 것, 극심한 광신자가 개종자라는 것은 그런 편견에 부합하는 심리적 사실들이다. 왜냐면 내가 광신자라면 내면적으로 옳다고 시인해야 할 외부의 어떤 것을 공격할 것이기 때문이다.
> 심리적으로 편협한 인간은 자신의 무의식을 거부하려고 애쓸 것이다. 다시 말하면, 그는 자신이 품은 보상욕구의 영향력들에 대항

25) 카를 융, 「분석심리학 Collected Papers on Analytic Psychology」(New York: Moffat, Yard and Company, 1917), pp. 281.

26) wolfhound: 대형 사냥개의 일종. 문맥을 감안하면 이것은 '인간에 손에 길든 늑대'를 의미한다.

하여 싸운다. 정상적 심리상태에서 느끼는 감정에 대한 반감들과 가치판단들은 서로 긴밀히 결합된다. 그런 결합법칙이 우리가 나중에 살펴볼 이른바 "양면감정병존(兩面感情竝存)" 법칙이다. 비정상인들의 양면감정은 분열되고, 그런 분열이나 다툼은 참담한 결과를 초래하는데, 왜냐면 그런 분열이 발생하는 순간부터 무의식은 의식의 활동 과정들을 맹렬히 방해하기 시작하기 때문이다.

특히 무의식적 보상욕구의 전형은 알코올중독자의 편집병이다. 알코올에 중독된 남편은 자신의 아내에 대한 사랑을 상실한다. 그의 무의식적 보상욕구는 그로 하여금 의무를 등지게끔 유인하려고 애쓰지만 부분적 성공밖에 거두지 못한다. 왜냐면 그런 욕구는 마치 그가 여전히 아내를 사랑하기라도 한다는 듯이 그로 하여금 아내를 질투하도록 만들기 때문이다. 우리가 알다시피 그런 남편은 단순한 질투 때문에 아내를 죽임과 동시에 자살해버리는 지경까지 치달을 수 있다. 바꿔 말하면, 아내에 대한 그의 사랑은 완전히 사라지지 않은 것이다. 그것은 단지 그의 잠재의식이 되었을 따름이다. 하지만 그것은 오직 질투의 형태로만 의식영역에 다시 출현할 수 있다. 우리는 종교적 개종자에게서도 그런 경우와 성격이 비슷한 현상을 목격한다. 개종자는 자신이 다소 광신적으로 선택한 새로운 신앙을 — 자신의 옛 신앙의 대부분은 여전히 무의식의 연상(聯想)들에 잔존하기 때문에 — 지켜야 한다는 감정에 강박된다. 그것은 자신의 과대망상체계가 자신의 내면을 너무나 위협하기 때문에 모든 외부적 비판에 대항하여 자신을 지켜야 한다는 욕구에 지속적으로 강박된 편집병자가 느끼는 감정과 똑같은 것이다.[27]

27) 카를융, 앞 책, pp. 283~285.

그렇다고 우리가 여기서 그런 보상욕구들

이 심리신경증을 통해 해소되는 과정들에 대한 논의를 할 필요는 없을 것이다. 그래도 종교적 광신과 편집병의 유사성을 주목할 필요가 있다는 카를 융의 견해는 의미심장하다. 바야흐로 종교적 개종자의 광신이, 믿음의 종류가 다른 모든 개심자(改心者)의 광신과 심리적으로 전혀 다르지 않다는 것이 자명해졌다. 우리는 앞에서 종교적 개종들의 대부분은 군중이 완수한다는 사실을 특기한 바 있다. 무엇보다도 군중은 어디서나 광신으로 치닫는 경향을 보인다. 광신자는 순진하고 단순한 군중인간이다. 그는 지금껏 군중이 생산하려고 진력한 인간의 전형이다. 군중의 대의(大義)에 대한 그의 과잉헌신과 그런 대의를 위해 자신과 다른 모든 사람을 희생하려는 그의 의욕은 모두 언제나 그가 속한 군중의 동료구성원들로부터 칭찬을 듣는다. 군중에게 모든 것을 바친 그는 군중에게 완전히 먹혀버린 나머지 그의 군중과 그 군중의 선전기관을 "구원할 어떤 운명에 빠져" 버린다. 그는 순교자요 독실한 신자이며 "옳든 그르든 조국을" 위해서라면 "유혈도 불사할 충성스러운 국민"이다. 그의 행동은 자신이 속한 집단의 미온적 구성원들을 부끄럽게 만드는, 투옥도 불사하는 비타협적 급진과격파이기도 하다. 또한 그는 반전론자(反戰論者), 이웃들의 양심을 지키는 수호자, 옷가게 진열된 속옷들만 봐도 치를 떨며 격분하는 호전적이고 도덕적인 청교도, 모든 공동체에서 자신의 미덕을 불가결한 것으로 만드는 직업적 개혁자이기도 하다.

광신자가 없애버리자며 맞서 싸우는 악덕들은 실제로 그 자신도 대단히 많이 가졌으리라는 의구심은 심리학자가 아니라도 충분히 품을 수 있는 것이다. 그 광신자는 다만 자신의 무의식적 갈등을 외부로 표현 내지 "투사"했을 따름이기 때문이다. 여자들의 옷차림이 조금이라도 야하면 질색하고 극심한 분노를 표출하는 사람들의 대다수는 비밀스럽고 문란한 에로티즘에 침식된 이기적 자아의 소유자들이다. 주목할 것은 광신자나 군중인간은 언제나 자신만의 도덕적 딜레마들을 보편화(일반화)하려고 진력한다는 사실이다. 그런 보편화가 바로 세상을 지배하려는 모든 군중이 구사하는 책략이다. 군중의 미덕들과 악덕들은 실제로 동일한 요소로 이루어진 것들이다. 그것들은 단지 자리바꿈만 하며 서로를 보완할 따름이다. 그것들은 서로 비슷하므로 그것들 모두가 특정 집단이나 군중을 구성하는 인간들의 전형적 표현들로 이해되어도 무방하다.

> 나는 담배를 절대로 피우지 않겠어요, 그건 사악한 풀잎이니까요.
> 나는 그걸 내 입에 절대로 넣지 않을 거예요, 라고 어린 로버트 리드가 말했어요.[28]

28) 이것은 미국에서 두 번째로 오래된 진보적 종합월간지 《하퍼스 매거진 Harper's Magazine》(1880년 7월호, p. 320)에 실린 「어린 로버트 리드」라는 금연홍보용 동시(童詩)의 일부이다.

그러나 어린 로버트도 이미 담배에 대한 호기심에 사로잡혔다는 것은 확실하다. 그의 첫마디는 이미 그가 이 사악한 풀잎을 자신과 유관한 것으로 생각하기 시작했다는 사실을 여실히 증명한다. 만약 금연을 지지하는 개인들로 구성된 군중이 사회를 지배하는 데 성공한다면 담배는 터부가 될 것이고 그 결과 지금은 보유하지 못한 도덕적 의미까지 획득할 것이다. 금지된 것은 의식에 부정적인 것으로 불쑥 등장한다. 그런 부정적인 것은 보상욕구를 드러낸다. 이런 부정적 형태의 보상욕구를 확연히 표출하는 심리신경증들은 많다. 이렇듯 군중과 함께하는 윤리적 관심이 언제나 부정적 형태를 띤다는 사실은 주목할 만하다.

건전한 도덕의지의 특징은 경험을 통해 얻어지는 개인가치의 새로운 가능성들이라고 할 만한, 더 풍부하고 더 고급하며 더 중요한 딜레마들과 관련하여 삶의 문제를 부단히 새롭게 진술한다는 것이다. 그런 도덕 의지는 새롭고 더욱 대담한 가치평가들을 지속한다. 그 결과 심리적 기능 전체가 풍부해진다. 미덕이란, 최다수의 이익에 합산(合算)되는 현실적 요소로서, 선의지를 표방하는 크고 작은 행사들을 통해 현실에 더 잘 적응함으로써 ─ 더 풍부한 경험을 쌓고, 더 정교한 평가능력과 지배력을 습득하며, 자제력, 안전, 일반적 개인의 장점을 진작함으로써 ─ 누리는 만족감의 증대를 의미한다. 무릇 현실적으로 욕망되는 것이라야 실현될 수 있는 것이다. 지금까지 존재는 그런 식으로 인간화되었고, 자아도 그런 식으로 실현되었다. 존 듀이 교수는 이렇게 말한다.

> 우리의 연구가 증명할 수 있는 것은 도덕이란 삶의 일종이지 이미 제조되어 완성된 것은 아니라는 것이다. 도덕은 활동하고 투쟁하는 본능인데, 그것으로부터 새로운 생명력을 끌어내고 그것을 더 높은 차원들로 고양하는 것은 정확히 새롭고 중대한 상황들이다.[29]

하지만 군중윤리는 그렇지 않다. 이른바 유대교와 기독교의 "십계명"부터 칸트의 "정언명령(定言命令)"에 이르는 군중도덕들은 언제 어디

29) 존 듀이 & 제임스 터프츠(James H. Tufts), 『윤리학 Ethics』(Henry Holt & Company, 1908), p. 606.

서나 대체로 부정적인 금기들, 터부들, 기정(旣定)된 기준들의 형태를 띤다는 것은 흥미로운 사실이다. 프로이트는 원시사회에서 발견되는 터부를 분석하여 그것이 특정한 신경증환자들의 터부들 및 충동들이 지닌 것과 비슷한 보상가치를 지녔다는 것을 증명했다.

군중은 자신들의 부정적 기준들과 완벽히 일치하지 않는 어떤 개인의 우월성도 인정하지 않는다. 그들만의 딜레마들이 표현하는 가치판단들을 제외하면 "사람들은 개인적으로는 누구나 다 미덕을 지녔다." 어

디서나 쉽게 발견되는 이 통념은 보상욕구들을 만족시키는 데 봉사한다. 군중은 개인의 탁월성을 구성하는 독특한 미덕을 지극히 싫어한다. 군중은 모두에게 적용될 수 있는 단 하나의 행동기준밖에 용납하지 않는다. 그것이 바로 정언명령이다. 관습과도 같은 그 기준은 그것을 신봉하는 군중이 가장 선호하고 가장 쉽게 숙달할 수 있는 것일 뿐 아니라 군중의 생존에도 필수적인 것이다. 그 기준은 **군중만의** 미덕이어서, 군중만의 악덕들, 유혹들, 좌절들을 역전시키고 보상해주는 것이다. 그래서 군중은 그런 미덕이 선(善)이 되고 보편기준이 되어야 마땅하다고 주장한다. 가장 무능하고 소심하며 나약한 정신의 소유자들도 그런 보편기준을 사용하면 모든 인간을 심판할 수 있다. 군중은 지상의 위인을 향해 "우리는 당신을 위해 노래했지만 당신은 춤추지 않았다"고 성토할 수 있다. 군중이 신봉하는 '소인배의 기준들'에 따라 판단되는 위인은 군중에 비해 전혀 나을 바 없는 인물, 군중의 정신만큼이나 비소(卑小)한 정신의 소유자로 치부될 수 있다. 그 결과 건강한 정신의 소유자도 병든 정신의 소유자처럼 행동하게끔 강요당한다. 그래서 군중은 심술쟁이들이다. 군중 속에서 나의 형제가 육식을 한다는 이유로 모욕당하거나 속박당하면 나는 세상이 변치 않는 한 초식주의자(草食主義者)로 남아야 할 것이다. 니체는 이 문제를 정확히 이해했다. 군중 ─ 니체는 군중을 "가축떼"라고 불렀다 ─ 은 약자들의 손에 들린 보복용 무기라고 할 수 있다. 그것은 모든 탁월한 정신을 똑같이 평범하게 절단해버리거나 모든 미숙한 이기적 자의식을 성숙한 인간의 것만큼 억지로 늘여버리는 프로크루스테스(Procrustes)의 침대와도 같다.

제 5장

군중을 낳는 증오심

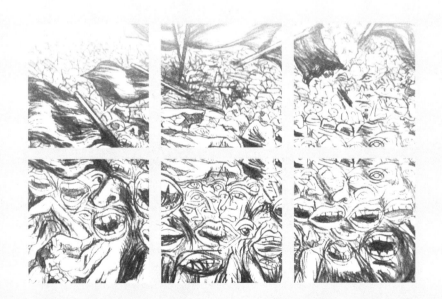

어쩌면 군중심리와 심리신경증 — 특히 편집병 — 의 유사성을 가장 뚜렷이 보여주는 것은 "피해망상"일 것이다. 편집병자들은 스스로를 모든 종류의 음모와 박해의 희생자로 여기는 망상을 공유하는데, 그런 망상이 바로 편집병 특유의 증상이다. 방어심리나 보상심리의 발로들로 알려진 그런 망상들은 편집병자의 과대한 자부심을 먹고 자란다. 자신을 위대하게 여기는 과대망상과 자신이 박해당한다고 여기는 피해망상은 일맥상통한다. 내가 앞에서 소개한 어느 전형적 편집병자가 나에게 보낸 팸플릿의 내용들도 두 망상들의 상통점들을 보여준다. 그 팸플릿의 필자는 자신이 위대한 사명을 띠고 정신병원들의 실태를 폭로하고 개혁해왔다는 느낌을 피력하면서 자신의 결백을 주장한다. 감옥에서 그는 자신이 마치 고문관들에게 고문당하는 예수 그리스도 같다고 느낀다. 그리고 그는 자신의 아내가 음모를 꾸며 자신을 감옥에 집어넣었느니, 자신이 일하던 호텔의 여사장이 자신을 해고하기 원했다느니, 가장 악랄한 방법들로 자신을 죽이려는 음모가 감옥에서 진행되는 중이라느니, "누군가" 자신의 감방 난로의 연통을 막았다느니 하는 따위의 망상들을 늘어놓는다.

이런 경우를 잘 보여주는 또다른 전형적 사례는 "이.알.(E. R.)"이라는 편집병자의 임상기록과 그것에 관한 브릴의 설명에서도 발견된다. 아래 인용문은 그 임상기록과 브릴의 설명에서 발췌한 내용들이다.

그는 1898년에 대학을 졸업하고 교사로 채용되었다. 그는 교장과도 교사들과도 원만하게 지내지 못한 듯했다. 그는 자신과 자신의 여학생 제자들이 부도덕한 관계를 가졌다는 식으로 교장과 교사들이 자신을 음해하여 "등쳐먹기" 위해 혈안이 되어있다고 상상했다.

짧은 연애기간을 거쳐 1903년에 결혼한 그는 얼마 지나지 않아서 자신의 처남과 여동생을 심하게 혐오했고 급기야 두 사람의 품행이 부도덕하다고 비난했다. 그는 자신의 아내도 자신의 형제와 자신의 매제와 부정한 관계를 가졌다고 비난했다.

그가 볼 때 자신의 매제는 자신에게 반감을 품은 교활한 협잡꾼이었다. 또한 그는 (정신병원에 감호되어있는 동안) 어떤 여자들이 자신에게 신호를 보냈고 그녀들이 자신을 석방시킬 목적으로 병원에 들어왔다고 상상했다. 그는 누군가 말하는 소리를 들을 때마다 즉각적으로 그것은 자신에게 하는 말이라고 상상해버렸다. 그는 자신의 눈에 띄는 모든 움직임과 귀에 들리는 모든 말소리를 자신에게 특별한 의미를 지닌 것들로 해석해버렸다.

(법원의 명령에 따라 처음 풀려난 후) 지금까지 그는 뉴욕시의 다양한 사람들에게 수수께끼 같은 편지들을 보낸 듯하다. 그러면서 그가 품은 망상들 중 하나는 자신은 위대한 정치인이고 미국정부가 자신을 캐나다 주재 대사로 임명했지만, 뉴욕시의 "갱단"이 자격도 없는 어떤 단원을 대사로 임명해달라는 청탁을 미국정부에 넣었고, 그 단원에게 자신의 대사직을 빼앗겼다는 것이었다. (얼마 후 정신병원에 다시 감금되어있는 동안) 그는 미국 대통령의 딸이 자신을 방문하러 왔다고 생각했다.

벨뷰 정신병원에 다시 감호된 이후 그는 나(브릴)에게 내가 바로 그 "갱단"의 단원이었다고 말했다. 그때부터 나는 (그가 예전에 상상하던) 그의 아내의 가면을 쓰지 않아도 되는 대신에 그의 적(敵)의 가면을 쓰게 되었다.[30]

이런 증상에 관한 브릴의 논의는 "억압"의 여러 단계들과 편집병 특유의 무의식 메커니

30) 브릴, 『심리분석』, pp. 189~192, 201.

즘들에 대한 흥미로운 분석을 함유한다. 그는 그런 메커니즘들이 심리발달의 초기단계에서 진행되는 "고착"과정을 잘 보여준다고 설명한다. 편집병자는 일종의 무의식적 동성애자인데, 왜냐면 그가 진정 사랑하는 사람은 바로 그 자신이기 때문이다. 그 결과 발생하는 편집병자의 내면적 갈등은 그것의 방어기제들과 더불어 그가 품은 자기과대망상들과 그가 동성애적 소망환상의 대상으로 여긴 개인 또는 개인들에 대한 의식적 증오심으로 표출된다. 여기서 우리가 주목해야 할 것은 다름 아닌 타인들에 대한 이런 증오심의 "투사(投射)"과정이다. 이런 과정과 관련하여 브릴은 다음과 같이 말한다.

> "오히려 내가 그를 증오해야 마땅하다"는 문장이 투사과정을 거치면 "그가 나를 증오한다(박해한다)는 사실이 바로 그에 대한 나의 증오를 정당하게 만든다"는 문장으로 변한다.[31]

31) 앞 책, p. 197.

편집병자의 망상체계는 필연적으로 그를 그의 주위환경과 갈등하도록 만들지만, 자신이 박해받는다는 그의 감정은 그가 외부환경과 갈등한 결과일 확률보다는 그가 내면적으로 느끼는 갈등의 결과일 확률이 더 높다. 그는 자신이 아닌 타인들이 자신의 증오심을 유발했다고 확신한다. 그는 자신을 악의적인 타인들이 박해하는 결백한 희생자로 생각한다.

이런 "투사와 감정전이(感情轉移)" 현상은 분석심리학계에서 상당한 주목을 받아왔다. 『토템과 터부』에서 프로이트는 악령들에 대한 원시인의 두려움을 유발하는 투사의 기능을 증명한다. 악령들은 물론 망자들의 혼령들이다. 그런데 어찌하여 원시인들은 이 망령들을 두려워하게 되었고 또 '이 망령들은 악마가 생존자들을 해치려고 부리는 온갖 계략들의 발로들이다'고 믿게 되었을까? 프로이트는 이렇게 설명한다.

　　남편과 사별한 아내나 어머니와 사별한 딸의 양심이 "강박적 죄책
감"으로 불리는 괴로운 감정에 시달리는 경우가 드물지 않은데, 그런
감정은 '그녀(아내나 딸)의 부주의나 무관심이 사랑하는 사람(남편이
나 어머니)을 죽게 만들지 않았을까?'라는 의문을 유발한다. 그녀가
죽어가는 사람을 열심히 돌보았다는 회상도, 그녀 자신에게는 죄가
없다는 직접적 반론도 그녀의 심리적 고통을 씻어주지 못한다. 애도
의 병리적 표현이기도 한 그런 고통은 시간이 지나야만 서서히 잦아
드는 것이다. 그런 경우들에 대한 심리병학적 연구 덕분에 우리는 그
런 심리적 고통의 비밀스러운 주원인을 파악할 수 있었다. 우리는 그
런 강박적 죄책감들이 어떤 의미에서는 당연히 생길 수 있다는 것을
확인했다. 강박적 죄책감은 애도자가 망자에게 진짜로 죄를 지었다거
나 망자를 진짜로 돌보지 않았다고 주장하겠지만 그것은 사실이 아
니다. 그럴지라도 그녀의 심중에는 자신이 깨닫지 못하는, 죽음이 다
가온다는 사실에 분노하지 않는, 그리고 죽음이 충분히 강하다면 예
상보다 빨리 죽음을 맞이할 수도 있으리라는, 소망 같은 것이 있었을
것이다. 그래서 죄책감이란 사랑하는 사람이 죽고 나면 그런 무의식
적 소망에 반발하는 감정이다. 친절한 애정이 가린 무의식에 숨은 그
런 적개심(이나 증오심)은 특정한 개인에 대해 감정적으로 거의 모든
사람에게 존재한다. 실제로 그런 적개심은 인간이 지닌 양면감정(兩面感
情)들의 본형을 대변하는 고전적 진실이기도 하다.
　　심리분석학자들이 강박신경증환자들의 것으로 간주하는 감정의
양면성이 원시인들의 감정생활에도 비슷한 정도로 존재했다고 가정하
면, 신경증환자의 강박적 죄책감들 이면(裏面)에 잠재하는 적대적인 양

면감정은 상실의 고통을 겪은 사람이 필연적으로 느낄 수밖에 없는 감정이다. 그러나 무의식에서 죽음에 대한 만족감의 형태로 고통스럽게 느껴지는 이런 적개심은 원시인들 사이에서는 상이한 숙명을 겪었다. 적개심에 대한 방어는 적개심의 대상을 다른 사람으로 — 즉, 망자로 — 대체함으로써 완수된다. 우리는 정상적 심리생활과 병리적 심리생활 모두에서 빈번히 진행되는 그런 방어과정을 "투사(投射)"라고 부른다. 그렇듯 우리는 양면감정이 작용하는 토양에서 터부가 생장한다는 것을 알았다. 물론 망자에 대한 터부는 죽음에 대한 의식적 슬픔과 무의식적 만족감의 대립에서도 유래한다. 그것이 망자들의 영혼에 대한 원한감정의 기원이라면 그들과 가장 가깝고 원래 그들을 가장 사랑하던 생존자들이 원한감정을 가장 심하게 느낄 수밖에 없다는 것도 자명하다. 신경증들 속에서 작용하는 터부 규칙들은 신경증들의 억제된 성격을 슬픔으로 표현하는 감정들을 분명히 드러내면서도 신경증들이 숨기려고 애쓰는 것 — 즉, 이제는 자기방어심리를 자극하는 망자에 대한 적개심 — 도 무심코 매우 확실히 드러낸다.

우리가 지금까지 상세히 고찰한 망자에 대한 양면감정 — 애증 — 은 사랑하는 사람을 사별하는 순간에 슬픔과 만족감으로 동시에 표명된다. 상반되는 이 두 감정들 사이에서 갈등은 필연적으로 발생할 수밖에 없고, 두 감정들 중 하나 — 적개심(이나 증오심) — 가 무의식의 전부 또는 대부분을 차지하면, 예컨대, 우리에게 상처를 입힌 애인을 용서할 때와 같이, 갈등은 적개심이나 애정의 형태를 띠는 의식적 차이로 귀결되지 못한다. 그런 갈등과정은 흔히 심리분석자들이 "투사"라고 부르는 특수한 심리 메커니즘을 통해서 조정된다. 우리가 아예 모르고 또 알기를 원치도 않는 이런 미지의 적개심은 우리 자신의 인격에서 발원하여 타인에게 투사된 것이다. 우리 생존자들은 망자가 사라졌기 때문에 기뻐하지 않고 오히려 망자를 애도한다. 하지만 그 순간에 실로 흥미롭게도 망자는 우리의 불행을 기뻐하고 우리의 죽음을 원하는 악령이 되어버린다. 생존자들은 이제 이 사악한 적에 대항하여 스스로를 방어해야 한다. 그리하여 생존자들은 내면의 강박관념에서 해방되지만, 정작 그들은 강박관념을 또 다른 고통스러운 상념과 교환하는 데 성공했을 따름이다.[32]

토템, 터부, 악령숭배 등은 확실히 원시적 군중현상들이다. 『토템과 터부』에서 프로이트가 펼치는 논증의 주요 목표는 그런 현상들과 강박신경증의 유사성을 증명하는 것이다. 물론 악령들에 대한 무의식적 적개심의 투사가 원시적 군중과 현대적 군중 모두의 유일한 가용방편은 결코 아니다. 더구나 적개심이 언제나 무의식적인 것도 분명히 아니다. 투사는 정상적인 개인들도 자신들의 증오심에 정당성을 부여할 때 사용하는 일반적 방편이다. 대다수 인간은 자신의 적이나 반대자를 악당으로 생각하기를 좋아한다. 싸우는 두 학생들에게 싸운 이유를 물으면 흔히 둘 모두 상대가 "먼저 싸움을 걸었다"고 성토하듯이, 타인들에 대한 우리의 반감(反感)이나 혐오감도 처음에는 흔히 '타인들은 우리를 싫어하거나 우리에게 해코지하고 싶어 한다'는 확신의 형태로 의식된다. 흔히 발견되는 유형의 여성 신경증을 유발하는 억압된 성적(性的) 소망들은 그녀가 아는 남자들이 그녀를 음흉하게 유혹한다는 의심과 비난으로 표현된다. "백인노예제도" 개혁운동이 ― 평소의 군중기질에서는 발견되지 않는 조금 더 순수한 선의(善意)를 완성할 수 있는 공공양심(公共良心)을 일깨우면서 ― 미국을 휩쓸 당시에 나는 젊은이들에게 이런 병리적 행태들을 의도적으로 고무하는 신문들과 선동연설가들을 흥미롭

32) 프로이트, 『토템과 터부 Totem and Taboo』 (New York: Moffat, Yard and Company, 1918), pp. 100~105.

게 관찰한 바 있다. 신경증과 군중심리의 심리적 관계가 밀접하다는 것은 신경증과 군중심리가 동시에 표출되는 경우가 매우 비일비재하고, 너무나 쉽게 한통속이 되며, 분명히 동일한 사회정세에 대한 반응들이라는 사실로도 증명된다.

여기서 브릴이 상담한 편집병자의 피해망상들도 이 사실을 이해하는 데 도움이 될 것이다. 그 편집병자의 망상들은 워싱턴의 "갱단"이 그가 외교관으로 임명되지 못하도록 음모를 꾸몄고, 그의 지인들 중 누군가 "그를 해치려는 음모"에 동참했다는 식의 진술들로 표출되었다. 그런 식의 관용구들과 망상들이 군중집회와 군중언론에서 비일비재하게 표출된다는 것은 누구나 잘 하는 사실이다. 앞에서 살펴봤다시피, 군중은 대부분의 경우에 "국민", "인류", "사회" 따위와 자신을 동일시한다. 군중집회에서 행해지는 연설들을 유심히 들어보면 "국민"을 해치려는 모든 종류의 피해망상적 "음모들"이 언급된다는 것을 알 수 있다. 그리하여 "온 나라에 매국노들이 가득하다," 교회는 "교활한 이단자들에게 침식" 당하고 있다, "볼셰비키들이 문명을 파괴하기 위해 독일인들과 비밀동맹을 결성했다", "사회주의자들이 우리 젊은이들의 도덕성을 타락시키고 가족의 신성함을 훼손하려는 음모를 꾸미고 있다", "정치모리배들이 공공재산을 약탈하려고 든다", "월스트리트(Wall Street)가 국민의 자유를 강탈할 음모를 꾸미고 있다", "잉글랜드가 미국을 다시금 자신들의 식민지로 만들 계획을 세웠다", "일본은 미국을 상대로 전쟁할 준비를 이미 마쳤다", "독일 상인들이 우리의 시장을 독점하여 우리나라를 거덜내버리려고 비밀리에 선전활동을 벌이고 있다", "가톨릭교도들이 권력을 움켜쥐고 우리를 또다른 종교재판에 회부할 참이다", "주류업자(酒類業者)들이 원하는 것은 우리의 아들들을 주정뱅이로 만들고 우리의 딸들을 매음녀로 만드는 것뿐이다"라는 따위의 온갖 피해망상적 음모론들을 언급하는 선동연설들은 여느 군중집회에서나 들을 수 있는 것들이다. 그런 연설들에 따르면 언제나 문제는 공공복리이고 사회는 위태로우며, 결백한 인류를 유린하는 "부당행위들"이 반복적으로 자행되고, 모든 사회적 상처를 감았던 붕대들이 풀어헤쳐 진다. "국민은 속고," "탄압받으며," "배신당한다." 그리하여 국민은 궐기하여 착취자들을 타도하거나 불온분자들과 "무정부주의자들"을 숙청해야 한다는 주장이 제기된다.

사회적 불의들이 현재 우리 사회의 질서를 특징짓는다는 것도, 더구나 사회의 다양한 집단들끼리 벌이는 치열한 투쟁이 불가피하다는 것도 부정할 수 없는 사실들이다. 그러나 군중들은 인류의 병폐들을 초래한 책임이 자신들에게도 있다는 사실을 영원히 모른다. 군중들은 실재하는 적들뿐 아니라 상상한 적들마저 조롱하고 편집병자 특유의 강박관념들에 불과한 '나는 박해당한다'는 망상들을 키우는 데 집착한다. 이런 의심증은, 즉 상상할 수 있는 모든 오류를 왜곡하고 과대망상하는 이런 습성은, 갈등하는 집단들이 서로의 차이들을 조정하지도 수정하지도 못하게 만드는 중대한 걸림돌일 뿐 아니라, 당면현안들을 왜곡함으로써 이상들을 추구하기 위한 어떤 효과적 투쟁도 불가능하게 만든다. 모든 군중운동의 역사가 입증하듯이 갈등을 유발한 진짜 원인은 망각되고 진짜 쟁점은 부수적 구경거리들, 사소한 각론들, 잡다한 상상들과 뒤섞여버린다. 부수적 각론들에 휘둘리느라 에너지는 낭비되고, 가까스로 성취한 합의조차, 그것이 명백히 승리한 군중의 것일지라도, 본래 쟁점과는 거의 무관한 것이 된다. 실제로 자기연민과 박해망상에 사로잡힌 이런 군중통념들의 기능은 현실적인 외부상황들에 대처하는 것이 전혀 아니다. 이 통념들은 선전전동용 주의주장들이다. 이것들의 기능은 군중을 결집시키고, 개심시키며, 군중인간의 이기심을 변호한다. 또한 자신이 속한 군중의 승리를 위해 활동하는 개인의 무의식이 욕망하는 추구하는 독재에 정당성을 부여하며, "우리를 지지하지 않는 자들은 우리의 적이다"고 통념하는 증오심을 예정된 희생자들에게 투사시킨다. 바꿔 말하면, 이런 선전선동용 통념들의 목적은 편집병자가 사로잡히는 피해망상들의 목적과 흡사하다.

군중의 주장들과 편집병자의 망상들이 공유하는 유사성은 우리가 날마다 읽는 신문들에서도 여실히 확인된다. 뉴욕의《트리뷴 *New York Tribune*》지에서 발췌한 아래 기사들은 그런 유사성을 예증하는 전형적 사례들이다. 첫째 발췌문은 앞에서 거론한 사례들과 다를 바 없는 것이므로 추가로 논의할 필요는 없을 것이다. 둘째 발췌문은, 내가 기억하기로는, 선동적이고 무정부주의적인 것들로 추정되는 활동들을 조사하기 위해 뉴욕 주(州) 의회가 설치한 "조사위원회"가 발행한 조사보고서에서 발췌한 것이다. 이 발췌문은 그 위원회가 거의 불가피하게 말려들 수밖에 없는 주의주장들의 성격을 잘 보여준다. 과연 그 위원회나 신문들이 사실을 날조한 주범인지 여부를 나는 모르겠지만, 볼셰비즘을 박멸하려는 시도들의 대부분에 담긴 군중성격은 그런 경우에 현저히 드러난다. 그 위원회의 구성원들뿐 아니라 그들에게 협조하는 형사들 및 언론인들조차 급진과격파들의 비밀폭력단이 우리 모두를 살해할 음모를 꾸민다고 진심으로 확신하는 편집병자들이기도 하다. 아래 발췌문에 언급된 더블유.에이치.엠.(W.H.M.)이라는 자는 자신의 적들이 자신을 질식시켜 죽이려고 한다는 망상에 사로잡혔다. 여기서 다시 상기해볼 것은 브릴의 환자 "이.에스.(E.S.)"가 "모든 움직임과 표현을 자신에게 특별한 의미를 지닌 것들"로 해석했다는 사실이다. 그런 식의 "해석"들은 모두 그것들이 내포한 기묘한 논리를 따라 이루어진다. 내가 "강박적 사고방식"이라고 부르는 그런 해석의 논리가 바로 편집병자의 망상들과 군중의 소문들이 겸비한 특성이다.

발췌문 1.

배심원이 발명가를 정신병자로 규정하다

더블유.에이치.엠은 자신의 경쟁자들이 자신을 질식시켜 죽이려 한다고 단언한다. 어제 주립법원의 재판에 참석한 한 배심원은 발명가 더블유.에이치.엠이 정신적 문제를 가진 사람이라고 밝혔다. 엠은 자신이 적으로 여기는 자들이 자신을 질식시켜 죽이려 한다는 환각에 시달린다고 정신과의사들이 증언했다. 또한 그는 자신이 최면에 걸려있고 사람들이 자신의 몸에 "전기충격"을 가하려고 든다고 상상한다.

발췌문 2.

극좌파들이 "붉은 군대"에 가입할 병사들을 물색하다

예비역 미군 수백 명이 계획실행을 돕겠다는 의향을 알려왔다. 예비역 미군들로 구성된 "붉은 군대"는 이곳 볼셰비키 지도자들이 세운 치밀한 혁명계획들을 따라 조직된 것으로 관측된다. 이것은 러스크 위원회[33]가 조사활동을 벌여서 극좌파가 무력으로 정부를 전복하려는 음모의 성공에 필요한 육군·해군·해병보호협회의 후원을 이끌어내려고 온갖 노력을 기울이는 중이라는 것을 발견한 어제야 비로소 알려진 사실이다. 조사관들의 조사결과에 따르면 대다수 호전적 예비역들은 붉은 군대에 공감하지 않았지만 그들 중 수백 명은 붉은 군대에 협력할 의향을 표시했다고 한다.

33) Lusk Committee: 이 위원회의 정식명칭은 "선동활동들을 조사하기 위한 합동입법위원회(Joint Legislative Committee to Investigate Seditious Activities)"인데, 뉴욕 주에서 선동활동으로 벌인다고 의심되는 개인들과 단체들을 조사할 목적으로 뉴욕 주 의회가 1919년에 설치한 것이다.

붉은 군대가 세운 계획들의 진척상황은 현재 밝혀지지 않았다. 그러나 버팔로에서 열린 좌익사회주의자들의 회합이 육군·해군·해병보호협회의 후원을 이끌어내려고 구상한 운동을 개시했다는 사실은 알려졌다. 그 회합의 참가자들은 보스턴, 뉴욕, 필라델피아, 피츠버그, 패터슨 등지에서 활동하던 유망한 좌익인사들이었다. 그들은 자신들의 조직이 수립한 계획들을 성공시키려면 훈련된 군인들을 포섭하여 영입해야 한다고 주장했다.

비밀리에 열린 이 회합은 상점들과 공장들에서 소비에트들을 결성하기 위한 선동가들을 미국 각지로 파견했다. 조사관들의 말에 따르면 이 극좌파의 활동은 외국출신 노동자들이 대부분을 차지하는 몇몇 대규모 공장지역들에서 상당한 성공을 거두어왔다고 한다. 상점들에서 결성된 소비에트들도 몇몇 지역들에서는 고용주들을 위협할 만큼 강력한 세력으로 성장하여 공공연한 위협을 일삼았다. 충분한 증거가 수집된다면 공장들에서 불안을 조장하던 외국출신 선동자들이 파악되어 국외추방을 통보받을 것이다.

추가보고서.
미국 내 "붉은 군대" 결성을 거부하다

육군·해군·해병보호협회 사무관 앨프레드 레비트는 극좌파들이 계획한 혁명을 개시할 때 보호협회를 "붉은 군대"로 이용할 것이라는 소문을 어제 단호히 부인했다. 그는 협회원들 중 누구로부터도 "붉은 군대"의 결성에 관한 언급을 결코 듣지 못했다고 말했지만 그들 중 다수가 급진좌파라는 소문만은 인정했다.

위 발췌문 두 건에서 발견되는 두려움, 의심, 증오심은 첫째 발췌문에서는 고립된 개인의 망상체계를 유발하고, 둘째 발췌문에서는 근거 없는 소문에 관한 보고서의 출간을 인가하기 전에 최소한 그 소문을 사실로 입증할 증거만이라도 신중히 조사해야 한다고 여기는 온전한 정신의 소유자들마저 그런 소문을 유포하는 자들로 만들어버린다. 이 보고서가 출간된 지 몇 개월이 지났고 예비역 미군들을 어떤 불온한 음모에 연루시킬 증거도 더는 발견되지 않았으므로 전쟁 후 불안한 몇 개월간 극좌파뿐 아니라 극우파마저 퍼뜨리던 다른 많은 소문들과 마찬가지로 이 소문도 군중심리에 젖은 사람들의 무의식 메커니즘들로부터 발원했다고 말해도 무방할 것이다. 모든 종류의 군중은 그런 성격을 지닌 소문들을 쉽사리 믿고, 적에게 호의적인 소문들을 즉각 비판하지 못하는 모든 사람을 쉽사리 비난한다. 군중심리와 편집병이 공통적으로 드러내는 망상체계들에 관해서는 나중에 말할 기회가 있을 것이다. 여기서 주목할 것은 바로 내가 "음모망상(陰謀妄想)"이라고 부르고 싶은 것과 무의식적 증오심의 심리적 관계뿐이다. 일반적으로 음모망상은 무의식적 증오심의 "투사(投射)"과정이기 때문이다.

이런 "투사"를 두 가지 형식들로 가르는 차이점들 중 하나는 군중의 증오심은 일반적으로 편집병자의 증오심보다 "합리화될" — 즉 성공적으로 변장할 — 확률이 낮다는 사실이다. 편집병자와 마찬가지로 모든 군중은 잠재적으로는 살인자가 될 수 있는 성향을 지녔다. 그러나 편집병자의 적개심과 살인자의 적개심은 무의식적 "소망환상"의 더 큰 부분으로 남아서 그 환상을 감추거나 방어하는 데 이바지하는 메커니즘으로 작용한다. 그런 반면에 군중의 살인욕망과 살인자의 살인욕망은, 무의식이 욕망의 방어기제들을 날조할 수 있을 때마다 도덕적 정당성을 부여하는 허구를 의식에 제공한다.

그래서 군중의 피해망상이나 음모망상이나 피억압망상도 그런 허구적 성격을 지닌 방어기제들에 속한다. 군중이 외부인들에게 증오심을 투사하는 과정은 편집병자처럼 증오심에 빠진 자신의 의식에 대항하여 자신의 주체를 방어하는 과정이기보다는 오히려 증오심을 실행할 핑계를 자신에게 제공하는 과정이다. 핑계만 주어지면 대부분의 군중들은 자신들의 살인적 성향을 매우 노골적으로 드러낼 것이다.

폭도들에게는 그런 종류의 정당성이 거의 필요치 않는 듯이 보일 수 있다. 하지만 살의를 직접 드러내는 이런 군중들은 언제나 도덕적 이상주의와 정의로운 분노를 살인의 명분들로 내세운다. 예컨대, 미국 남부에서 백인들이 흑인들을 집단폭행하는 명분은 백인여성들을 보호하겠다는 것, 그리고 흑인들이 그런 따끔한 맛을 봐야만 다시는 백인여성들을 넘볼 수 없다는 것이다. 만약 유색인종이 우세하고 백인들이 무기력했다면 우리는 필시 정반대상황을 목격했을 것이다. 무릇 피의자의 유죄를 합리적으로 확신하는 공동체는 여성의 안전을 법정에서 진행되는 공정한 재판에만 맡겨도 충분할 것이다. 그러나 미국 남부의 백인들 같은 "도덕적" 군중들은 그런 공정한 재판의 실행여부를 확인하는 데보다는 일단 그들의 수중에 들어온 희생자를 놓칠 수 있는 위험을 최대한 줄이는 데 더 큰 관심을 보일 것이 분명하다. 그런 군중정신을 잘 보여주는 최근의 실례는 미국 남부의 한 도시에서 범죄혐의로 고소된 흑인남자를 방면하는 데 찬성한 배심원이 집단폭행을 당한 사건이다.

군중의 "도덕심"은 언제나 희생자를 요구한다는 것은 군중심리의 일반법칙일 것이다. 군중이 즐겁게 집단폭행을 행하는 와중에 희생자의 결백이 막판에 가서야 겨우 입증되기라도 한다면 과연 그 파티를 "중지할" 수 있을까? 입증이 되는 동안에도 집단폭행대상의 범위는 확대되기만 할 것이다.

군중심리의 살인적 성향들은 언제나 군중의 힘이 사회통제력을 약화시킬 만큼 강력해지는 순간에 표출된다. 그것은 미국 중부 미주리 주 세인트루이스의 동부지역, 워싱턴, 시카고, 오마하 같은 도시들에서 근래 발생한 백인들과 유색인종들 사이의 — 살인도 만연한 — 폭력행위들뿐 아니라 러시아와 폴란드에서 조직적으로 자행된 "유대인학살 행위들", 독일과 러시아의 혁명세력이 저지른 행위들, 전쟁을 틈타 아르메니아인들을 학살한 터키인들의 영악한 행위들로도 예증될 것이다. 그런 행위들을 자극하는 증오심은 노동계급과 자본계급이 갈등하는 곳들을 끝없이 맴도는 망령이다. 그것이 바로 프랑스 혁명을 "형제애"의 시대가 열리는 새벽에서 폭력과 협박이 난무하는 대낮으로 급변시켰다. 군중의 증오심은 여느 공동체든 이방인, 외국인, 이국인(異國人)에 대해 품기 마련인 노골적이거나 암묵적인 적개심으로도 뚜렷이 표출된다. 제1차 세계대전이 시작된 후부터 미국에서 이민자들을 상대로 빈번하게 발생한 위협적이고 모욕적인 언행들도 그런 망령의 존재를 예증한다. 제1차 세계대전이 시작된 후부터 우리가 속행해온 "미국화를 위한 선전선동"의 대부분은 불행히도 전형적 군중인간이 발호할 기회를 주었다. 그러나 미국에 거주하는 외국인 이웃들에게 애국적 미국인이 되라고 권고하는 일에 득보다 실이 훨씬 많은 까닭은 특정 "애국"단체들에서 행해지는 연설들을 유심히 들어보거나 그들의 출판물들만 읽어봐도 충분히 알 수 있을 것이다.

살인적 군중의 고전적 예로 첫손에 꼽히는 것은 전쟁을 치르는 국민이다. 그것은 정치적 필연성 때문에 국민이 방어전쟁을 치르는 경우도 분명히 존재한다. 그럴 경우 군대뿐 아니라 국민 전체가 살인적 군중으로 변한다. 어쩌면 적어도 군인들만 복무하는 군대가 민간인들보다는 군중기질을 오히려 더 적게 드러낼 것이다. 그러나 전쟁기간에 국민의 일반적 정신들은 변하기 마련이다. 모두의 관심사 ― 기대되는 영리(營利) ― 는 적을 무찌르려는 단일한 열망에 예속된다. 선전포고가 이루어지는 순간은 엄청난 열광과 환희에 젖은 국민들이 환호하는 순간이다. 그 순간 애국심과 용기가 일취월장한다. 그때 우리는 우리의 목청을 틀어막던 사회통제력을 약화시키는 손길을 느끼듯 해방감에 젖어 전국적으로 환호하며 안도의 한숨을 쉬기도 한다. 평화기간에는, 그리고 아직은 미약한 군중들 속에서는, 하나의 가설로서만 존재하던 살인적 소망환상도 드디어 현실화될 수 있다. 그래서 어떤 전쟁의 진정한 현안을 이성적으로 판별할 만한 사람이 백만 명당 한 명이라도 있을지 의심스러운 지경은 물론 우리의 본성 속에 억압된 모든 적개심의 분출을 정당시하고 심지어 요구까지 하는 일이 생길 수 있다는 것을 의심할 사람은 실제로 전혀 없다. 물론 전쟁기간에 발생 가능한 어떤 상황들에는 군중의 적개심이 해당국가에 유익하다는 사실이 군중형성을 뒷받침하는 타당한 원인이라고 나는 생각하지 않는다. 그 사실은 오히려 세계정치를 이끄는데 더 적합한 지도력의 필요성을 드러내는 것이다.

무의식 차원에서 모든 국민군중 — 내가 사용하는 국민군중이라는 용어는 국민의 군중심리요소를 가리킨다 — 은 각자 불평불만을 품고 방과 후 귀갓길 이웃들에게 으름장을 놓거나 욕설을 내뱉으며 건방지고 난폭하게 구는 중학생들이나 다름없다. 그런 위협적 과잉행동은 모든 군중이 특징적으로 품는 무의식적 적개심의 "강박적 표출과정"이지만 그들의 의식에는 "국민의 영예로운 행동"으로 나타난다. 국민군중은 자신들이 오랫동안 열망하던 싸움을 언제나 "자신들에게 강요"되어온 일로 의식한다. 특히 같은 국가에도 호전성을 미약하게 드러내는 국민들과 매우 강력하게 드러내는 국민들이 동시에 존재한다. 그래서 나는 독일제국이 제1차 세계대전의 도발국가였다는 확신이 단지 지나친 애국심에서 비롯되었을 뿐이라고는 믿을 수 없다. 우리의 국민기질과 프로이센 제국의 국민기질 사이에는 중대한 차이가 분명히 존재하기는 하지만, 그런 차이도 종류의 차이라기보다는 오히려 정도(定度)의 차이일 뿐이다. 더구나 그런 정도의 차이들도 대부분이 독일의 정치조직이 프로이센 애국자들로 하여금 국민기질을 지금의 독일공화국에는 거의 존재 불가능할 만큼 영구적인 군중상태로 유지하도록 허용했다는 사실에서 비롯된 것이다. 여기서 내가 주장하고 싶은 것은 어떤 국가가 호전성을 표출하는 빈도는 그 국가의 국민들이 군중으로서 생각하고 행동하는 빈도와 정비례한다는 것이다. 일단 군중으로 변한 국민들은 자신들이 저지르는 아무리 사납고 무자비한 행동도 언제나 "정당한" 것이라고 생각한다. 그런 국민군중들을 특정한 논쟁으로 몰아가도록 계산된, 그리고 그들을 이웃국민들보다 조금이라도 더 우월하게 만들거나, 일단 분출되기 시작한 그들의 증오심을 격화시키는, 모든 결의와 법안은 그들의 열광적 지지를 받는다. 그들이 속한 정당이나 집단의 의견을 반대하는 개인은 누구든지 짓밟히고 학대당한다. 그럴 때 그들과 같은 종류의 국민군중이 되지 못하는 개인은 "책임회피자"로 낙인찍혀버린다. 그 상황에서는 국내에 있는 모든 개인의 애국심이 의심받고, 정치적 마녀사냥이 만연하며, 개인이나 집단이 미온적인 개인들을 "적국의 동조자들"로 비방한다. 심지어 평화기간에도 군중심리는 억압된 적개심의 강박적 표현에 불과한 애국심을 왜곡한다. 전쟁기간에 군중은 그런 적개심을 적들에게 먼저 투사함으로써 최종적으로는 어느 곳에서나 자유롭게 자신의 적개심을 분출하는 데도 성공한다.

「전쟁과 죽음에 대한 고찰 Zeitgemässe über Krieg und Tod」(1915)이라는 프로이트의 에세이에서 전쟁은 문명에 의해 억압되지만 그런 상황은 근절되지는 않는 원시적 충동들이 분출구를 찾는 과정에서 진행되는 일시적 "억압"으로 간주된다. 프로이트는 대다수 사람들이 심리학적으로는 "각자의 분수에 넘치는" 삶을 영위한다고 주장한다. 그렇다면 내가 볼 때 전쟁은 "정신적 채무상환"의 일종으로 간주될 수 있을 듯하다. 그러나 전쟁군중이 분출하는 적개심이 단지 억압된 가학충동에 불과하다면 우리는 군중행동의 대부분은 사디스트의 행동이라고 설명해야 할 것이다. 이런 설명은, 예컨대, 집단폭행하는 폭도들 같은 유형의 군중들에게 적용될 수 있을 것이다. 그러나 사디즘만 가지고 편집병자의 살인적 성향들을 설명하지 못하듯이 군중의 성향들도 사디즘만 가지고 설명해야 할 까닭을 나는 전혀 모르겠다. 사디즘은 유아기적 도착성욕을 반복적으로 표현하는 심리이다. 그것이 초래하는 갈등들은 직접적으로 공공연하게 반복되는 형태들로 의식되면서, 그것의 주체와 환경 사이에서 발생한다. 그런 심리상태에서 의식이 용납할 수 없는 성향은 — 불완전하게 — 억압되므로 신경증 같은 심리적 갈등이 연발할 수밖에 없다. 그런 내면갈등은 상처받은 자존심(ego-feeling)을 지키려는 심리적 방어기제들을 발달시킨다. 편집병자의 증오심은 사실 그의 상처받은 자존심을 지키려는 방어심리이다. 군중이 편집병자의 과대망상과 비슷한 과대한 자존심을 표출한다면, 그리고 편집증들도 그랬듯이 그런 내면갈등도 언제나 피해망상의 형식들에 "투사되는" 것이라면, 군중 특유의 적개심도 흥분한 자존심을 어떻게든 상처받지 않도록 보호하기 위해 고안된 것이라는 주장을 우리가 과연 고집할 수 있을까?

지금까지 우리는 명백히 파괴적이고 살인적인 행위들로써, 혹은 의심할 여지없는 증오심의 또 다른 표현들로써 적개심을 드러내는 군중들을 논의대상으로 삼았다. 그렇다면 평화적 군중들, 종교와 도덕을 전파하는 데 헌신하는 이상주의적 군중들도 존재하지 않을까? 물론 존재한다. 모든 군중은 도덕을 내세운다. 그래서 모든 군중은 이상주의자들이다. 그러나 군중의 도덕적 열광은 언제나 희생자를 요구한다. 이상주의적 군중도 언제나 그들의 이상들을 우상들로 만들고 그것들을 숭배하기 위해 인간을 희생시킨다. 평화적 군중은 오직 잠재적으로만 살인적 군중이다. 죽음소망은 오직 망상으로서만 존재하거나 평범한 의식이 여간해서 인식할 수 없는 상징들로 표현된다. 나는 **모든 군중은 "누군가를 증오"**한다고 믿는다. 거의 모든 군중은 기회만 주어지면 — 충분히 강력하고 직접적인 도전을 받으면 — 박해자들로 돌변할 것이다. 군중은 틈만 나면 자신들의 통념들을 자신들의 치명적인 논리적 결론으로 몰아가려고 든다.

나는 갈등을 순수하게 상징화한, 각종 운동경기들에 쏠리는 군중의 관심을 이미 언급한 바 있다. 야구심판이든 축구심판이든 그런 우호적 운동경기를 돌발적인 폭동으로 변질시키기가 참으로 쉽다는 것을 잘 알 것이다. 이 대목에서 내가 주장하고 싶은 것은, 말하자면, 운동경기들이 자극하는 열광은 결국 군중의 억눌린 적개심이라는 것이다. 미국 프로야구의 한 열혈 "팬"이 뉴욕의 한 신문사에 보낸 편지도 나의 이런 주장을 예증해줄 것이다. 아래 인용된 편지에 드러난 그의 정신상태는 종교적 광신도나 충직한 정당원이 맹신하는 "원칙들"에 대한 이의가 제기될 때 드러내는 정신상태와 동일하다. 그런 모든 경우에 이의제기는 적개심을 의식화하여 "정당한 분노"로 표출시키는 듯이 보인다.

편집자님께:

감히 말씀드리건대, 《트리뷴》지의 스포츠 면에 실린 「자이언츠의 주중 경기들, 우승을 확정할 절호의 기회」라는 제목의 기사는 독자들을 우롱하는 게 틀림없습니다.

신시내티 레즈에 관한 기사는 약간 과장되게 쓰였는데, 간단히 말해서, 그건 저를 포함한 평균적인 레즈 팬들에게 그다지 우호적인 인상을 주지 못합니다. 저는 지금까지 귀사의 신문을 구독해왔는데 이런 식의 기사를 지면에 계속 싣는다면 구독중단을 심각히 고려할 것입니다.

W. L. D.

군중들이 빈번히 드러내는 무자비하고 편협한 기질, 개혁적 군중들의 "맹신적 편협성"은 우리 모두에게 잘 알려진 문제들이다. 악덕예방협회(Society for the Prevention of Vice)원들이나 금주당원들이 권력을 획득하면 그들의 뜻을 어기는 사람들을 박해하기 시작하리라는 것을 과연 누가 의심하겠는가? 평화적 대중집회들은 열리는 족족 해산되고 만다는 것은 이미 잘 알려진 사실이 아닌가? 기독교는 근본적으로 사랑의 종교이지만, 교회군중은 다른 여느 군중만큼이나 신속하게 박해에 나설 것이다. 역사상 기독교도들이 지배적 군중들로 조직된 시기마다 교회는 가장 가혹한 박해수단들에 의존했다. 대중종교는 언제나 신도들의 적개심을 지속적으로 자극시키는 악마 같은 존재를 요구한다. 신문논설위원도 강연자도 목사도 다른 누군가를 공격하면 추종자들과 인기를 한꺼번에 획득할 수 있을 것이다. 기독교 복음전도자들과 정치적 연설자들은 언제나 누군가를 욕하고 매도하기만 하면 그들을 추종하는 군중을 "확보"할 수 있다. 어떤 대중집회에서든 참가자들이 군중으로 변하기만 하면 그런 적개심을 드러내는 발언이나 구호가 반드시 등장하기 마련이다.

정치시위행진이나 노동자시위행진의 참가자들이 들고 있는 현수막이나 기치(旗幟)에 흔히 쓰이는 문구들을 주목해보자. 독일이 휴전협정에 서명한 다음날에 그때까지 내가 본 군중들 중에서도 가장 커다란 기쁨에 젖은 자발적 군중들이 뉴욕의 도로들을 가득 메우고 행진했는데, 그들이 집에서 손수 만들어서 들고 나온 현수막들과 기치들은 내게 강렬한 인상을 주었다. 그것이 비록 인류역사상 가장 중요하고 힘겨운 승리를 축하하는 행진이었을망정, 나는 그 행진에 사용된 많은 현수막들과 기치들 중에서 "평화"라는 단어가 쓰인 것을 10개도 발견하지 못했고, 심지어 뉴욕에서 거의 비(非)애국적인 평화주의자로 알려진 인물들의 손에서도 그 단어가 쓰인 현수막이나 기치를 발견하지 못했다. 그런 반면에 나는 채 1시간도 지나지 않아 5번가에서 "독일황제를 죽여라"는 문구가 쓰인 현수막과 기치를 100개도 넘게 목격할 수 있었다.

그런 분위기에서 독일황제[34]가 참담한 제1차 세계대전을 일으킨 주범으로 지목되어 보편적 혐오의 대상자로 전락하리라는 예상만은 가능할 것이다. 그러나 중요한 사실은 그

---

34) 빌헬름 2세(Wilhelm II, 1859~1941): 호전적 행위와 우유부단한 정책을 남발한 프로이센의 국왕을 겸한 독일황제(재위 1888~1918)로 유명하다.

순간에 사람들의 마음속으로 온갖 감정들이 파고든다는 것과, 군중기질이 표출되기 시작하는 즉시 사람들은 바로 그런 혐오감들에, 그리고 오직 그런 혐오감들에만, 사로잡히고 만다는 것이다. 물론 그 순간 기쁨에 젖은 그들에게 독일황제 빌헬름 2세가 극악한 전쟁범죄의 주범으로 그토록 뚜렷이 의식되었을지는 의심스럽다. 황제는 하나의 상징에 불과했다. 황제든 누구든 일단 대적(大敵)으로 지목된 자는 "지옥에 떨어졌"고, 우리의 승리감은 그가 떨어진 지옥의 깊이만큼 하늘로 치솟았다. 그런 승리감은 유대인 예언자가 "바빌로니아는 망할 것이다"[35]고 외칠 때도, 초기 기독교도들이 악마를 무저갱에 던져 넣는 상상을 할 때도, 프랑스의 자코뱅당[36] 원들이 "귀족들을 타도하자"고 외칠 때도, 미국독립전쟁(1775~1783) 당시 혁명군중들이 "조지 3세[37] 물러가라"고 외칠 때도, 미국남북전쟁(1861~1865) 당시 북부군 병사들이 「제프 데이비스[38]를 신[酸]사과나무에 매달아 죽이자」는 노래를 부를 때도 역시 드높이 치솟았다. 거듭 말하건대, 군중심리는 그것이 표출되는 모든 곳에서 누군가를 모든 순간에 "적대시"할 것이다.

흥미로운 사실은 군중의 적개심은 그것의 대상이 사라져도 잔존할 능력을 지닌다는 것이다. 그런 능력은 심리학자들이 "감정전이"라고 부르는 현상으로 드러난다. 이것은 곧 적개심의 성격이 크게 변하지 않아도 그 감정의 원래 대상이 다른 대상으로 대체될 수 있다는 말이다. 길거리에서 공격대상을 유린한 폭도는

35) 기독경전 『구약전서』의 「예레미야」 51절49절 참조.

36) Jacobin黨: '자코뱅파'라고도 한다. 프랑스 혁명기간에 활동한 과격급진주의 정치 단체. 특히 이 단체의 수뇌부를 차지한 당통(Georges-Jacques Danton, 1759~1794), 마라(Jean-Paul Marat, 1743~1793), 로베스피에르(Maximilien de Robespierre, 1758~1794)는 급진적 공화주의를 내세우고 1791년부터 이른바 '공포정치'를 자행했다. 그러나 이른바 혁명력 제2년 테르미도르 9일(1794년 7월 27일)에 시작되어 이듬해까지 계속된 테르미도르 반동(Thermidorian Reaction)을 통해서 타도되었다. 이후 "자코뱅주의(Jacobinism)"는 '급진공화주의', '과격급진주의', '과격정치' 등을 의미하는 단어로 사용되어왔다.

37) George III(1738~1820: 잉글랜드 국왕(재위 1760~1820). 그의 재위기간에 벌어진 7년 전쟁을 치르는 과정에서 잉글랜드는 유럽에서 주요열강의 대열에 합류하는 대신 아메리카에서는 식민지를 상실했다.

38) Jeff Davis(1808~1889): 본명은 제퍼슨 피니스 데이비스(Jefferson Finis Davis)로 미국의 정치인이자 남북전쟁기간에 남부군을 이끈 지도자였다.

흩어지기 전에 상점 한두 곳을 약탈하기도 할 것이다. 혹은 그들이 집단폭행하던 흑인이 도망가거나 죽어버리면 때마침 근처에서 그들이 발견한 죄 없는 또다른 남자를 붙잡아 집단폭행할 수도 있다.

강박신경증에 시달리는 개인의 많은 상징행위들도 똑같은 심리적 '대체습성(代替習性)'을 보여준다. 억압된 소망은 그것을 표출하는 하나의 메커니즘이 작동을 저지당하면 다른 메커니즘으로 대체할 것이다. 또한 무의식적 추론에 의해 증오대상으로 몰린 사람 혹은 자신을 방어하려거나 자신의 결백을 증명하려는 사람도 그런 군중의 증오심에 시달릴 수 있다. 프로이트는 터부에 관한 연구서에서 그런 현상을 분석했다. 그의 연구를 따르면 터부시되는 대상을 건드린 사람도 터부시된다.

앞에서 나는 군중의 적개심은 "방어기제"의 일종이라고 말했다. 이 말이 어떤 경우들에는 사실이라는 것은 쉽게 증명될 수 있다고 나는 생각한다. 아래 인용된 신문기사는 그런 적개심이 하나의 "방어기제"로서 자아상실감을 보충하고 자아감정을 고양할 수 있는 방식을 잘 보여주는 사례이다.

> 베이커 장관[39]에게 병역거부자의 낙인 57가지가 찍히다. "병역기피자들"의 병역면제를 즉각 중지하라는 해병대아버지협회(Marine Fathers' Association)의 항의를 대변하는 미네소타(Minnesota) 주 출신 하원의원 모(某)씨.

39) Newton Diehl Baker, Jr.(1871~1937): 미국 민주당 소속 정치인이던 그는 1912~1915년에 오하이오 주 클리블랜드의 제37대 시장을 역임했고, 1916~1921년에는 미국 전쟁부 장관(U.S. Secretary of War)을 역임했다.

40) Department of War: 현재 미국 국방부가 1789년부터 1949년까지 사용한 명칭.

7월 23일 워싱턴. ― 하원에서 정당들 간에 격론이 벌어진 오늘 미네소타 주 출신 하원의원 모씨는 양심적 병역거부자들에게 유리한 정부정책의 시행을 반대하면서 베이커 전쟁부 장관[40]과 대통령을 공격했다. 그 공격은 현재 프랑스에 파병된 젊은 해병대원 500~600명을 대표하는 미네소타 주 미니애폴리스(Minneapolis) 해병대아버지협회의 항의들에서 비롯되었다. 프랑스에 파병된 해병대원들은 모두 미니애폴리스의 고등학교를 졸업한 미네소타 대학교 학생들이었고 그들 대다수는 프랑스 동북부 샤토티에리에서 독일군의 진격을 막는 데 크게 기여한 부대로 유명한 미국해병대 제6연대 소속이었다.

프랑스에서 그들의 아들들이 죽어가는 동안 이 나라의 양심적 병역거부자들이 병역을 면제받을 수 있다는 것을 알게 된 협회는 하원의원 모씨에게 정부정책의 책임자를 밝혀달라고 요청했다. 그 결과 오늘 하원의원 모씨는 1917년 5월 17일 국회에서 법률로 정해진 병역면제기준을 확대한 책임자가 베이커 장관과 윌슨[41] 대통령이라고 밝혔다.

하원의원 모씨는 "베이커 씨는 양심적 병역거부자라는 낙인 하나만 가지고는 부족합니다. 그는 57가지나 가졌습니다."라고 선언했다.

41) Thomas Woodrow Wilson(1856~1924): 미국의 제28대 대통령을 역임(1913~21)했고, 미국이 제1차 세계대전에 참전하는 데 주도적 역할을 담당했다.

그러자 애리조나 주 출신 하원의원 모씨는 양심적 병역거부자로 확인된 20,000명 중 16,000명이 결국은 전쟁에 참전했다고 주장하면서 베이커 장관을 변호하고 나섰다. 그 하원의원이 전쟁부의 정책을 변호하느라 예시적으로 거명한 사람들 중에는 원래 양심적 병역거부자였다가 곧 마음을 바꿔 참전한 테네시 주의 전쟁영웅 앨빈 C. 요크(Alvin C. York)라는 육군하사도 있었다.

이처럼 미국국회에서 벌어진 격론과정에서 발견되는 군중현상 자체의 뚜렷한 당파적 요소는 여기서 일단 차치해두고 이른바 해병대아버지협회의 정신상태를 고찰해보기로 하자.

병역거부자들에 대한 미국정부의 처우방식은 영국정부의 그것보다 훨씬 엄격했지만, 한편으로는 당파심을 제외한 충성심을 가장 의심받은 전쟁부 장관을 포함한 많은 사람들이 인간애를 명분 삼아 미국의 군사감옥들의 여건들 중 일부를 완화하고자 노력했는데, 그런 식의 엄격성은 그 협회의 "아버지들"을 만족시킬 만큼 가혹하지는 않았다. 어쩌면 과거 종교재판소에서 자행되던 이단화형식만큼 가혹한 방식이 아니면 그들의 찬성을 얻기는 어려웠을 것이다. 미국 북서부 출신의 단순한 농부들이 자신들을 위한 가학행위를 내심 즐기는 사디스트들이었다고 믿을 사람은 지금 전혀 없을 것이다. 나는 인용기사의 저변에서 작동하는 심리과정은 대략 다음과 같을 것이라고 추측한다.

41) Thomas Woodrow Wilson(1856~1924): 미국의 제28대 대통령을 역임(1913~21)했고, 미국이 제1차 세계대전에 참전하는 데 주도적 역할을 담당했다.

　　　　인용기사에서 주목할 것은 이 농부들의 아들들이 "프랑스에서 죽어갔다"는 문구이다. 애국적 동기(動機)들은 아버지들에게 아들들을 전장의 고난과 위험 속으로 내보내라고 정당하게 요구했다. 그리고 아들들의 희생은 고통스러운 의무를 수행하겠다는 의지를 따라 그리고 심지어는 그리 행하는 긍지를 따라 의식적으로 행해졌지만 심리적 투쟁 없이는 완수되지 않았다 — 즉 무의식은 희생을 요구하는 의식에 저항했다. 그런 무의식은 그토록 중대한 요구와 화해할 수 없었던 것이다. 바꿔 말하면, 이 아버지들뿐 아니라 어쩌면 그들의 아들들 중 다수도 무의식적으로는 "양심적 병역거부자들"이었을 것이다. 그들은 무의식적으로 이 고통스러운 의무를 기피하려는 열망을 느꼈겠지만 그 열망은 부끄럽고 비겁한 — 즉 의식적 자존심이 용납할 수 없는 — 것이라는 이유로 "억압"되어 망각되었을 것이다. 그때 필요한 것은 그 열망에 대항하는 이기적 자아를 지키는 것이었다. 그런 애국적 희생에 대한 보상이 요구되었고 그런 희생의 가치가 범국민적으로 인정되었다. 그렇게 개인은 자신의 애국심을 타인들에게 표명함으로써 보상받았고 자신의 자존심도 고양시켰다.

어디서든 그런 희생을 유도하는 의무를 거부하는 데 성공한 의식은 그런 의무를 기피하려는 무의식의 욕망을 강화해왔다. 그런 무의식의 추론은 대략 다음과 같을 것이다.

그들도 이것을 거부했는데 우리라고 그리 못할 까닭이 있겠는가? 우리가 이런 희생을 감수했으므로 그들도 희생을 감수해야 마땅하다. 우리는 의무를 지키느라 고통을 감수했다. 그들로 하여금 고통을 감수하도록 만들면 우리가 상실감을 견디고 의무를 기피하려는 욕망에 대항하여 지켜온 이 '의무감'을 그들도 인정할 수밖에 없을 것이다.

아버지들의 이기적 자아가 적대시하여 투쟁하는 가치들을 보면 알수 있듯이, 그들이 겪은 것보다 미약한 고통을 겪는 양심적 병역거부자들의 존재는 그들의 내면에 존재하는 "부끄럽고 비겁한" 무의식적 열망만큼이나 용납될 수 없는 것이다. 따라서 양심적 병역거부자들에 대한 증오심은 그들의 내면갈등이 "투사"된 것이다. "아버지협회"원들은 군중이 됨으로써 양심적 병역거부자들에 대한 그들의 증오심을 서로에게 지극한 애국심 같은 것으로 재현해보일 수 있다. 그런 증오심에 젖은 사람들에게 베이커 장관이 보여줄 것으로 추정되는 관용은 이제 오히려 "아버지협회"원들에 대한 모욕일 뿐 아니라 국민 전체에 대한 모욕이기도 할 것이다.

아래 인용문은 자존심에 이바지하는 증오심의 기능을 보여주는 약간은 상이한 또 다른 예문인데, 워싱턴에서 발생한 인종폭동의 원인들을 조명하는 데 다소 도움이 된다. 이것은 물론 그 폭동에 연루된 여러 군중들 중 한 군중을 위한 변론이기는 하지만 심리학적으로는 흥미로운 것이다.

흑인 편집장, 인종폭동을 유발한 백인들을 비난하다.

유색인종진보를 위한 국민협회(National Association for the Advancement of the Colored People)의 활동과 연계되어 출판되는 잡지《위기 *The Crisis*》의 편집장으로서 75번가에 거주하는 듀보이스 박사는 어제 워싱턴에서 발생한 인종폭동의 원인들로 모든 폭동연루자의 과민성, 전쟁이 유발한 많은 통념들의 불안정, 워싱턴에 미국남부 출신자들이 대거 유입, 백인 인종차별주의자들이 혐오하는 '교육받고 좋은 옷을 입는 흑인계층들의 대표자들이 워싱턴에 많다'는 사실을 꼽았다.

그는 워싱턴 경찰들은 유색인종들에게 불친절하기로 악명 높다고 덧붙이면서, 그들은 백인과 흑인이 언쟁을 벌일 때마다 곁에서 지켜보고 입회하지만 언쟁 끝에 흑인이 폭행당해도 그들은 흑인만 체포하고 먼저 언쟁을 유발한 백인은 체포하지 않는다고 지적했다.

그 유색인 편집장은 이번에 발생한 워싱턴 인종폭동과 12년 전에 발생한 애틀랜타 인종폭동의 유사성을 지적했다. 그는 두 도시에서 매번 백인깡패들이 먼저 흑인들을 폭행하고 죽이기 시작했다고 말했다. 흑인들이 들고 일어나서 보복하기 시작하자 비로소 당국이 개입했고 폭동이 중단되었다는 것이다.

유색인종진보를 위한 국민협회의 회계담당대리 스핑간 소령은 **워싱턴 폭동에 가담한 육해군 백인병사들이 흑인을 폭행한 이유는 그 흑인이 전쟁에서 임무를 수행하다가 얻었을 자부심을 과시하는 태도를 보고 분개했기 때문**이라고 말했다.

인종폭동이 발생한 공동체들의 대부분에서 일부 유색인종들이 백인 이웃들을 명백하게 공격했다면 폭동의 책임을 면치 못할 가능성은 농후하다.

　하지만 그런 공격을 감행한 자들의 개인적 사연들도, 아무리 그런 사연들이 존재할지라도, 죄 없는 사람 수백 명을 공격할 만한 정당한 이유는 되지 못한다. 그리고 일반적으로 백인들이 느끼는 개인적 우월감의 사회적 근거는, "조금이라도 으스대는 흑인"을 보기만 해도 본능적으로 자존심에 상처를 입는 백인종 — 이들은 흑인들을 공격하는 모든 폭도에서 발견되리라고 나는 생각한다 — 에 그들이 속한다는 단순한 사실 밖에 없는 것이 확실하다. 자부심에 찬 흑인을 보면 그들의 우월성이 도전받는다고 느낀다. 그들의 의식은 도전을 조금이라도 용납하는 순간부터 그들 자신의 가치를 확고히 고수해야 한다는 생각에 강박될 것이다. 따라서 그들의 의식은 그런 도전을 용납하지 못한다. 그 의식은 그토록 불편한 생각을 유발하는 건방진 흑인들이 "원위치로 돌아가야 마땅하다"고 여긴다. 그것은 곧 백인이라는 단순한 우월감이 유색인종보다 못한 사회적 지위로 전락한 고귀한 백인종을 지키는 방어기제로 이용될 수 있는 사회에서 건방진 흑인들은 백인종의 발아래 납작 엎드려야 한다는 말이다.

　사회의 도덕기준들은 이런 부류의 백인들에게도 자기인정을 위한 폭행을 허용하지 않을 것이므로 이런 폭행욕구를 다른 것으로 위장하거나 "대체"해버리면 그 욕구가 자극한 폭행들은 폭행자들의 무의식에는 필경 정당한 것들로 나타날 것이다. 그리하여 흑인들 중 한 명이라도 범행을 저지르면 이런 부류의 백인들은 곧바로 난폭한 군중으로 돌변한다. 흑인의 범행은 백인들이 원하는 폭행의 정당한 빌미를 제공한다. 백인들은 이제 모든 유색인공동체에 대한 그들의 폭력을 스스로 그리고 서로 정당화할 수 있다. 이런 정황을 감안하면 이른바 "인종편견"의 대부분을 설명할 수 있다고 나는 믿는다. 다른 모든 군중의 증오심과 마찬가지로 인종 간 증오심도 의식이 용납할 수 없는 생각들에 맞서 싸우는 군중의 이기적 자아에 투사되도록 꾸며진 "방어기제"의 일종이다.

군중의 가장 강력한 증오심이 직격하는 대상은 바로 이단자, 불온분자, "배반자"이다. 나는 군중심리가 아는 것은 오직 하나의 죄악, 하나의 이단밖에 없다고 이따금 생각해왔다. 정치군중, 종교군중, 도덕군중을 막론한 모든 종류의 군중은 자신들의 통념들을 부인하려는 인물을 향해 그리고 자신들과 결별하여 위협을 가하는 인물을 향해 휘두를 도끼 같은 증오심을 품는다. 군중들의 맹렬한 당파적 증오심은 배반자에 대한 그들의 증오심에 비하면 아무것도 아니다. 경건한 신도(信徒)군중에게 이단자나 종파분리론자는 "무신론자보다 더 사악한 자"로 간주된다. 그런 반면에 도덕군중은 최악의 난봉꾼조차도, 만약 그가 양심의 가책을 느끼며 용서를 구하고 도덕군중이 신봉하는 인습들을 철저히 믿겠다고 언명하기만 한다면, "참고 받아들일" 것이다. 또한 "자신의 원칙들을 지키며 살아갈" 수 없는 자의 무능력도 그가 지키기로 공언한 원칙들이 군중의 것들과 같기만 하다면 용서받을 수 있을 것이다. 그러나 니체의 경우를 예로 들자면, 그가 아무리 금욕주의자처럼 살았을지언정 군중의 도덕적 가치들을 공개적으로 문제시하고 거부하면서부터 그의 이름은 저주받은 것이 되어버렸다.

군중의 증오심을 잘 보여주는 기사를 나는 어느 과격파 신문에서 발견했다. 그 기사는 진정 유식하고 친절한 사람이 제정신으로 쓴 것으로는 도저히 믿기지 않지만, 내가 그것을 인용하는 이유는 그것이 예시용으로는 쓸 만해보이기 때문이다.

해명기사

　　편집과정에서 실수로 존 스파고의 볼셰비즘 관련저서에 대한 광고가 저희 신문에 실렸음을 밝힙니다. 저희는 광고비로 받은 돈을 환불했고 향후 정세를 감안하여 광고계약도 파기했습니다. 감이 밝히건대 저희는 가짜약품을 특허의약품으로 속여 파는 약장수들, 부동산 사기꾼들, 가짜통조림을 속여 파는 사기꾼들, 프토마인 독살자들[42], 감언이설을 일삼는 사채업자들, 자릿세나 보호비로 금품을 갈취하는 불량배들, 지하철승차권 암표상들, 우표 위조자들, 불량 파이나 불량 팬케이크를 속여 파는 장사꾼들, 표절을 일삼는 사기꾼 필자들, 음란한 포르노작가들, 전문빈집털이들, 공갈협박갈취를 일삼는 악덕정치꾼들과 예비부부의 불화를 유발

42) 프토마인(ptomaine)은 단백질이 부패할 때 생기는 유독물질이다. 따라서 "프토마인 독살자들"은 '식품의 유통기한을 속여 판매하는 사기꾼들'을 가리키는 표현으로 보인다..

하는 결혼상담원들, 언론계의 협잡꾼들, 강도들, 소매치기들, 야바위꾼들, 광고계의 모리배들, 밀렵꾼들, 인쇄용 활판 도둑들, 불길한 암살자들, 자유시(自由詩)의 방탕한 내재율을 유포하는 자들로부터 저희 신문의 독자님들을 보호해드리는 척하지도 않습니다. 저희는 이렇게 자연스러운 현상들로부터 저희의 독자님들을 보호해드린다는 장담도 아예 하지 않겠지만, 존 스파고의 볼셰비즘 관련저서를 광고할 의도가 저희에겐 일절 없었다는 것도 밝히는 바입니다.

　　이 기사에 표출된 증오심의 원인도 역시 "자기방어"로 보인다. 군중심리와 정신병의 한 가지 중요한 차이는, 정신병의 심리 메커니즘들은 불충분하게 억압된 소망을 위장하는 반면에 군중심리의 심리 메커니즘들은 억압을 요구하는 세력 — 이를테면 당면한 사회환경 — 을 이완시킴으로써 억압된 충동의 배출을 허용한다는 사실에 있다. 이런 이완작업은 관심의 전면적 고착을 통해 완수된다. 그렇게 고착된 관심은 그것의 공유자들을 위해 사회적 요구의 도덕적 의미를 변화시킨다. 이제 억압된

소망은 고착된 관심에 사로잡힌 개인들끼리 서로 찬동하는 형태로 의식에 등장한다. 사회환경은 소망환상의 실현 여부를 확인하는 역할을 하는 대신에 오히려 그 환상과 동일한 방향으로 움직인다. 이렇듯 동일한 것을 믿으려는 의지야말로 모든 군중의 특징이다. 그런데 이런 상호관계가 깨지자마자 현실의 습관적 기준들이 다시 작동하기 시작한다. "제정신을 차린" 모든 개인은, 자신의 발언이 필수적으로 참작되기만 하면, 모든 타인에게 행사되던 군중통념들의 지배력을 약화시킨다. 군중은 모든 수단을 동원하여 소속구성원들을 하나의 공통신앙에 영구적으로 묶어두려고 한다. 군중은 자신들이 상상 가능한 최악의 재난으로 여기는 분열에 저항한다. 분열은 곧 군중인간들이 총애하던 허구 — 즉 그들의 "신앙" — 를 상실한 것이 틀림없음을 의미한다. 그런 분열이 발생하면 무의식의 체계 전체가 제대로 기능하지 못한다. 보상용이나 방어용이나 정당화용으로 쓰이는 그 체계의 가치들은 잠에서 깬 사람의 꿈처럼 사라져버린다.

군중과는 달리 강한 정신력의 소유자들은 이런 환멸을 견딜 수 있다. 그들은 새롭고 실현가능성이 더 높은 이상들을 창조할 능력을 지녔다. 그들은 스스로를 분석할 능력을 지녔다. 그들은 가치의 입법자들이 되는 방법과, 자신들의 믿음을 자신들을 위해 수정하는 방법을 익힌다. 그들의 신념은 피난처가 되기보다는 경험한 사실들을 종합하고 활용하여 그것들에 의미를 부여하는 수단이 된다. 그들은 자신들의 삶을 현실세계에서 감행하는 정신적 모험으로 만들 수 있다. 그들의 "진리들"은 강박관념들이 아니라 작업가설(作業假設)들이다. 그들은 필요하다면 심대한 개인적 위험도 마다하지 않고 그 가설들의 진실성을 입증하기 위해 노력할 것이고 만약 그것들이 오류로 판명되면 서슴없이 그것들을 포기할 것이다. 그들은 방어기제들보다는 그들이 실행할 수 있는 의지의 노력들을 통해 그들이 중시하는 개인의 가치를 입증한다.

윌리엄 제임스는 다음과 같이 말했다.

'우리의 마음과 감정에 대한 탐구'가 인간연극의 목적이라면, 우리가 추구하는 것이 곧 우리가 노력해야 할 일인 듯이 보인다. 아무것도 할 수 없는 사람은 그림자에 불과하다. 많은 일을 할 수 있는 사람은 영웅이다. 우리를 둘러싼 거대한 세계는 모든 종류의 질문을 우리에게 던지고 모든 종류의 방식으로 우리를 시험한다. 그런 시험들 중에는 우리가 쉬운 활동들로 대응할 수 있는 것들이 있고, 그런 질문들 중에는 우리가 세련하고 정련한 언어로 답변할 수 있는 것들이 있다. 그러나 지금까지 던져진 가장 심오한 질문은 우리가 "좋다, 그래도 나는 결코 의지를 꺾지 않겠다!"고 다짐할 때처럼 묵묵히 의지를 다지고 우리의 심금을 팽팽히 긴장시키는 일 외에는 어떤 답변도 용납하지 않는다. 두려운 대상이 모습을 드러낼 때, 혹은 삶 전체가 암흑한 심연을 우리의 눈앞에 들이밀 때, 우리 중 무가치한 자들은 그런 상황 전체에 대한 장악력을 상실한 채로 아예 관심을 끊고 난관들을 피해 도망치거나, 그리도 못할 경우 압도적 슬픔과 두려움에 짓눌려 자포자기해버린다. 그런 대상들을 대면하고 승인하는 데 요구되는 노력은 그런 자들이 발휘할 수 있는 능력으로는 감당할 수 없는 것이다. 그러나 영웅정신은 다르게 행동한다. 물론 영웅정신에게도 그런 대상들은 사악하고 두려우며 불쾌해서 바람직한 대상들과 양립할 수 없는 것들이기는 마찬가지다. 그러나 영웅정신은 필요하다면 여생에 대한 지배력을 잃지 않고도 그것들을 대면할 수 있다. 그래서 영웅적 인간이 볼 때 세계는 그가 대결할 만한 호적수 겸 동료와 같은

43) 윌리엄 제임스, 「심리학 원론」 VOL. II, pp. 578~579.

가치를 지닌 것이다. 그는 이 우주와 **대결**할 수 있는 인간이다.[43]

모방하기보다는 현실을 살아가는 모든 사람을 위한 길은 다름 아닌 제임스가 말한 이른바 "위험한 경계선"을 따라가는 길이다. 단순한 허구가 아닌 역사를 구성하는 모든 개인의 역사는 독창적인 어떤 것, 즉 공분모를 전혀 갖지 않는 하나의 분수(分數) 같은 것을 함유한다. 역사가 요구하는 것은 바로 구체적 현실에 관심을 쏟으려는 노력이다. 그러나 군중 속에서는 언제나 익숙하고 동질적인 추상개념들과 진부하고 보편적인 것들로 관심을 돌려버림으로써 도피구를 찾는 것이 바로 우리의 모습이다. 우리는 군중강박관념들을 차례로 "극복하여", 노르웨이의 극작가 입센(Henrik Ibsen, 1828~1906)이 말한 대로, "독립독행"할 만큼 충분히 강해져야만 비로소 "스스로를 각성"할 수 있다.

군중사고방식과 신경증적 사고방식이 대표적으로 공유하는 "'**위장**' 철학"에 비하면 소심한 정신들이 자발적으로 현실에 접근하여 각성할 확률은 극히 낮다. 그렇다면 군중이라는 것이, 우리 모두가 서로에게 의존하면 스스로를 지키고 드높일 수 있다는 믿음을 안겨주는 허구가 아니라면, "관심을 끊는 방식으로 난관들을 피해가는 도피구"가 아니라면, 길에 박힌 작은 돌부리에라도 걸려 넘어질까 노심초사할 정도로 무기력한 서로의 이기적 자의식을 지탱하느라 우리가 기대는 정신의 가장 안전한 혹은 "절대 안전한" 메커니즘이 아니라면, 과연 무엇일까?

군중인간은, 자신이 믿는 허구에 대한 어떤 이견(異見)에도 무조건 반대하기만 하면, 정신파탄지경에 빠지지 않을 수 있고 자신의 방어기제들을 보존할 수 있으며 자신이 속한 군중의 해체를 막을 수 있다고 믿는다. 따라서 군중이 믿는 허구들에 대한 어떤 이견도 철저히 묵살당하기 마련이다. 이견을 제기한 사람에게는 어떤 발언도 허용되지 않는다. 그가 증언한 것의 가치는 필시 불온한 증언으로 폄하됨으로써 불신될 것이 틀림없다. 입센의『민중의 적 *Enemy of the People*』(1882)은 바로 그런 처지에 몰린 개인을 매우 잘 예시하는 희곡이다. 이 희곡에서 군중은 토론회에 참석한 스톡만 박사에게는 발언권이 없다고 간주한다. 그 토론회에 참석한 시장(市長)은 공중목욕탕에 공급될 물의 수질이 나쁘다는 스톡만의 진술이 "믿기지 않는 과장된" 것이라고 공식적으로 밝힌다. 그러자 가정주부협회의 대표는 박사가 비밀리에 **혁명을 도모한다**고 고발한다. 마지막에 가서야 발언권을 얻은 스톡만 박사가 자신의 동료시민들에게 그들이 하는 언동의 현실적 의미를 설명해주고 "결집된 다수"에 관한 몇 가지 명백한 진실들을 폭로하자, 군중은 박사의 오류를 증명하기보다는 박사를 조롱하고 "민중의 적"으로 지목하여 박사의 집 창문에 돌을 집어던짐으로써 자신들의 체면을 지키려고 애쓴다.

군중은 겉은 멀쩡해보여도 속은 부패한 은행과 닮았다. 사람들은 그렇게 부패한 은행이라도 당장 문제가 눈에 띄지 않으면 그 은행에 돈을 예금하기 마련이다. 이례적인 대규모 인출사태가 돌발하지 않는 한 그 은행은 파산지경까지 몰리지는 않을 것이다. 그래도 예금자들 중 불안감을 떨치지 못한 많은 이들은 되도록 비밀리에, 혹은 다른 예금자들에게 불쾌감을 주지 않는 방식으로, 자신들의 예금을 인출하고 싶을 것이다. 그런 상황에서 모든 예금자는 그 은행이 완벽하게 안전하다고 강조하면서 저마다 다른 예금자들의 예금인출을 막으려고 애쓸 것이다. 그들 중 거의 대부분이 두려워하는 것은 누군가 먼저 "은행으로 달려가기 시작"하여 예금인출을 요구함으로써 결국 그들 모두가 예금을 날려버리는 사태이다. 이렇듯 군중은, 그들의 이상들과 가치들이 지속적으로 신뢰되는 현상이 유지되는 한에서, 내부적으로 부패해가는 은행과 똑같은 방식으로 기능한다. 군중인간들 각자의 정신적 자본은 동일한 군중에 속한 타인들의 신용에 의존한다. 그 결과 그들은 모두 서로에게 선량한 군중인간이 되라고 호소하느라 대부분의 시간을 소비한다. 그들은 그들이 속한 군중이 부여받은 의무를 실제로 다 이행할지 여부를 의심하는 사람을 제외하고 누구도 두려워하거나 증오하지 않는다.

군중으로 하여금 그들이 신봉하는 가치들과 상반되는 가치들을 피력하는 증인을 불신하는 방법을 잘 보여주는 고전적 예가 셰익스피어(William Shakespeare, 1564~1616)의 희곡 『줄리어스 시저』에서 행해지는 앤터니[44]의 연설이다. 앤터니는 연설로써 로마시민들의 정신상태를 군중상태로 만들 수 있었다. 물론 앤터니가 연설을 시작하기 직전에 브루투스(Marcus Junius Brutus, 서기전85~서기전42)가 나서서 군중을 상대로 행한 인사말을 겸한 연설이 앤터니에 대한 우호적 인상을 남겼다는 것도 기억되어야 할 것이다. 로마시민들은 "여기 죽은 시저는 폭군이었다"는 브루투스의 말을 확신하는 상태였다. 앤터니는 연설을 시작하면서 "브루투스의 이름으로" 시민들에게 고맙다고 말한다. 시민들은 "브루투스에게 불리한 말을 일절 하지 말아야 좋을 것"이라고 말한다. 앤터니는 브루투스의 영향력을 파괴하지 못하면 시민들을 결코 자신을 지지하는 군중으로 만들지 못한다는 것을 알고있다. 브루투스의 영향력을 파괴하여 시민들을 군중으로 만드는 것이 바로 앤터니가 단계적으로 추진하는 작업이다.

그는 대단히 정중하게 연설을 시작한다. "숭고한 브루투스께서는 시저가 야심가였다고 여러분에게 말씀하셨습니다. 만약 그가 정말 야심가였다면 그건 중대한 결함이었습니다. 그러므로 브루투스께서는 훌륭하신 분이고, 그래서 여러분도 모두 훌륭하신 분들입니다."라고 연설 첫 부분에서 네 번이나 반복한다. "확실히 브루투스께서는 훌륭하신 분이

44) 이 희곡의 제목이자 등장인물 "줄리어스 시저"는 "율리우스 카이사르(Julius Caesar, 서기전100~서기전44)"의 영어식 발음이다. 이 희곡의 등장인물인 "앤터니(Antony)"도 "안토니우스(Marcus Antonius, 서기전82~서기전30)"의 영어식 표기 및 발음이다.

고, 저는 그분의 말씀을 반박하지 않습니다"만, "사람들은 이성을 상실
했"고 "저의 심장은 시저와 함께 저 관(棺) 속에 누워있습니다." 이제 시
민들은 눈물 흘리며 연설하는 앤터니를 딱하게 여기며 그가 하는 말에
더욱 귀를 기울인다. 그는 연설을 재개한다. "만약 제가 여러분의 마음
과 정신을 자극하여 반란과 폭동을 일으키게 할 의도를 품었다면" 그
것은 "여러분 모두가 아시는 훌륭한 분들인"
브루투스와 카시우스[45]를 오해하는 것이라고
말한다. 이 순간에 앤 터니는 더욱 인상적인
반어법을 구사한다. 앤터니는 그런 훌륭한 사

45)가이우스 카시우스 롱기누스(Gaius Cassius
Longinus, 서기전 85~서기전 42): 고대 로
마의 군인.

람들을 오해하기보다는 "죽은 자를, 저 자신을 — 그리고 여러분을 —
오해하는"편을 선택하겠다고 말한다. 이런 식의 표현은 브루투스를 연
설자 및 청중들과 정면대립하게 만든다. 시저의 의지도 언급하면서, 청
중이 그 의지에 내포된 의미를 알기만 한다면 앤터니는 그것을 굳이 설
명하지 않고 "여러분은 나무도 아니고 돌도 아닌 인간입니다"라고만 말
하며 군중의 심리를 자극한다. 이제 연설자는 자신이 그 의지를 언급하
지 말아야 했다는 듯이, 그것을 설명해달라는 청중의 요구에 저항한다.
그는 "시저를 찌른 칼을 지닌 훌륭한 분들"을, 결국은, 자신이 오해할까
봐 두렵다고 밝힌다. 시민들은 드디어 앤터니의 반어법이 암시하는 사
실을 간파한다. 그것은 훌륭한 분들이 결국 "반역자들", "원흉들", "살인
자들"이라는 사실이다.

이쯤 되면 연설자는 순조롭게 작업을 완결할 수 있다. 시민들은 군
중으로 돌변한다. 이제 그들은 모든 살인공모자를 죽여야 한다는 생각,
브루투스의 집에 불을 질러야 한다는 생각에만 사로잡힌다. 그런 상황
에서도 앤터니는 시저의 의지를 잊지 말라고 군중에게 호소해야 한다.
그렇게 브루투스가 완전히 불신되는 순간부터 재난이 시작된다.

이 연설은 군중사고방식의 발달과정을 명료하게 예시한다. 여느 선동적 연설을 분석하더라도 이렇듯 브루투스가 증오의 대상으로 조작되는 단계들을 전부는 아닐지라도 일부나마 폭로할 수 있을 것이다. **군중은 스스로를 믿기 위해 증오한다.**

제 6장

군중심리의 절대주의

무의식 메커니즘들이 의식적 생각뿐 아니라 적든 많든 모든 생각을 결정하는 모든 곳에서 의식적 생각은 독단주의적 특성을 드러낸다. 무의식의 목적에 부응하는 신념들은 명백한 근거를 요구하지 않는다. 그런 신념들은 단지 그것들이 요구된다는 이유만으로 집요하게 고집된다. 이것은 다양한 심리신경증들도 공유하는 증상이다. 통념 내지 강박관념들은 심리신경증환자의 "생각을 집요하게 사로잡는다." 그는 그것들을 떨쳐버리지 못한다. 어리석은 생각들이라는 것을 알지만 통념에 강박되고 만다. 강박증이 심각해지면 환청을 듣거나 강박관념들이 상징적으로 날조한 또 다른 환각들을 체험할 수 있다. 그렇지 않으면 그의 심리가 하나의 고정관념에 흡수되어버릴 수도 있는데, 그런 고정관념은 강박관념을 상징하는 어떤 몸짓이나 단어 또는 숙어의 부단한 반복을 조장한다.

편집병자의 고정관념들은 하나의 체계로 조직된다. 브릴은 다음과 같이 말한다.

내가 아는 많은 편집병자들은 수년간 지속된 심리적 격동기를 보냈지만 지금은 마치 전혀 다른 세계에 와있다는 듯이 느긋하게 살아간다. 그런 식의 세계변환은 편집병자들이 공유하는 심리적 경험이다. 그들은 자신들에게 현실적인 것은 하나도 없다는 듯이 현실적인 것에 관심을 보이지 않는다. 그들은 주위사람들과 외부세계에 투사하던 그들의 리비도 일체를 철회해버린다. 세계종말은 그런 내면의 파국이 투사된 것이다. 그들의 주관세계는 그들이 주관세계에 대한 그들의 사랑을 철회하면서부터 종말로 치달았다. 그리하여 편집병자들은 불쑥불쑥 떠오르는 그들의 어떤 불가해한 생각도 모두 합리화하여 설명하고 그들만의 체계로 고정해버린다. 그래서인지 나의 환자들 중

한 명은 자신을 일종의 메시아로 착각하고 자신의 부모는 자신이 아직 완전히 정복하지 못한 자신의 적 — 악마 — 이 만든 유령들에 불과하다고 말하면서 부모의 현실적 존재마저 부정해버린다. 뉴욕 센트럴이슬립 주립병원의 또 다른 편집병자는 자신이 제2의 그리스도라고 착각하는데, 그는 많은 건물들을 둘러쌀 수 있을 만큼 커다랗고 조악한 천막들의 여기저기에 의사들의 사진들을 붙이고는 그 천막들을 바늘로 꿰매어 이어붙이는 데 거의 모든 시간을 소비한다. 그는 그 것을 아주 자세히 보면 **새로운 세계체계**처럼 보인다고 설명했다. 그런 식으로 편집병자는 자신의 망상들을 가지고 자신이 들어가서 살아갈 수 있는 새로운 세계를 재건한다.

그러나 리비도 철회는 오직 편집병에서만 진행되는 과정도 아닐 뿐더러 반드시 참담한 결과를 초래하는 과정도 아니다. 실제로 정상적인 생활에서도 리비도가 편집병이나 여타 신경증들을 유발하지 않으면서 사람들과 사물들로부터 부단히 철회되기 때문이다. 그런 과정은 단지 특수한 심리적 분위기를 조장할 따름이다. 따라서 그런 정상적 리비도 철회는 편집병을 유발하는 원인으로 간주될 수 없다. 편집병의 리비도 철회와 다른 심리병들의 리비도 철회를 분간하려면 또다른 특성을 알아야한다. 그 특성은 우리가 리비도의 추가적 이용과정과 그것에 이어지는 철회과정을 추적할 때 이미 발견한 것이다. 정상 상태에서 우리는 어떤 대상을 향한 애착심[리비도]을 철회하는 즉시 또 다른 애착대상을 찾는데, 그런 새로운 대상을 발견하지 전까지 리비도는 심정에서 자유롭게 떠돌며 우리의 기분에 영향을 끼치는 긴장들을 유발한다. 히스테리 환자의 심정에서 자유롭게 떠도는 모든 리비도는 두려움에 휘둘리는 육체의 신경감응들로 변질된다. 임상적 징후들은 편집병자의 리비도가 대상에서 철회되는 데 특용된다는 것, 편집병자의 자유로운 리비도는 이기적 자아로 복귀하여 그 자아를 확대하는 데 이바지한다는 것을 우리에게 가르쳐준다.[46]

여기서 주목해야 할 것은 편집병자의 고정관념체계와 외부세계에 대한 관심의 철회과정이 필연적 관계를 가진다는 사실이다. 그 체계는 그를 위한 현실기능을 획득하는데, 그 과정은 세계에 있는 것들도 사랑하지 않는, 공통적 인간세계를 비현실적인 것으로 착각하는 과정과 똑같이 진행된다. 자아로 복귀한 그의 사랑은 그를 또 다른 세계의 — 말하자면, 그에게는 경험사실의 세계보다 더 쾌적한 "순수이성"의 세계의 — 창조자로 만든다. 그는 그렇게 창조한 세계로 도피하여 위안을 얻고 마침내 평화를 얻는다. 이 대목에서 우리는, 적어도 편집병에만 국한해보면, 통념체계의 기능을 간파할 수 있다. 브릴이 말했듯이 편집병자의 심리치료과정은 그가 심리적 "억압"을 감내하는 과정이거나 평범한 남녀들의 관심사들에서 그의 관심을 철회시켜 그가 인생의 초기에 애착한 것들로 복귀시키는 과정이다. 철학용어를 사용하자면 편집병자는 진정한 "유아론자(唯我論者, solipsist)"이다. 그리고 퍼디낸드 쉴러가 증명했듯이 선험적 생각방식이 지금껏 유아론(solipsism)에 경도되었다는 사실을 감안하면, 여기서 우리는 체스터턴[47]이 합리주의와 광증(狂症)을 재치 있게 비교하여 드러낸 진실의 성질을 이해할 수 있다.

"억압" 혹은 리비도 철회는 모든 형태의 신경증이 다소라도 겪는 과정이라고 나는 믿는다. 그러나 우리는 리비도 철회가 정상인들의 심리에서도 발생할 수 있고 또 빈발한다는 것

을 안다. 다른 여느 경우와 마찬가지로 이 경우에도 신경증에 관한 지식은 정상인들로 간주되는 사람들의 어떤 생각과정들을 조명하는 데

46) 브릴, 『심리분석』, pp. 203~205.
47) G(ilbert) K(eith) Chesterton(1874~1936): 영국의 비평가·시인·수필가·소설가.

유용하다. 브릴은 "정상상태에서 우리는 어떤 대상에 붙은 애착심을 철회하면 또 다른 애착대상을 찾는다"고 말한다. 새로운 관심사들과 새로운 애착대상들은 기왕의 관심들과 애착심들이 떨어져나간 대상들을 때맞춰 대신한다. 분석심리학은 이런 대상교체가 완수되는 과정을 "감정전이"라고 부른다.

군중은 어떤 의미에서 "감정전이 현상"이다. 일시적 군중이나 폭도의 심정에서 이런 감정전이는 과도기적으로 진행되어서 명확히 간파하기가 매우 어려운데, 그런 경우에도 언제나 일정한 단결심이 발견되리라고 나는 믿는다. 영구적 군중들의 심정에서는 각자가 속한 군중의 다른 구성원들을 향한 뚜렷한 감정전이가 심심찮게 이루어진다. 그런 감정전이는 새로운 전향자나 신규가입자가 느끼는 기쁨들뿐 아니라 "동지"나 "형제" 같은 우애적 용어들도 뚜렷이 드러낸다. 하지만 그렇게 전이되는 감정은, 군중에 속한 개인들 사이에서만 진실로 통용되는 것인 한에서, 다소 긴밀하게 결합된 개인들 사이에서라면 어디서나 생겨날 수 있는 선의나 호감과 크게 다르지 않으리라고, 혹은 누구나 일상적 인간관계를 통해 정상적으로 교제하는 개인적 친구들로 구성된 소집단을 벗어나서까지 실제로 확대되지는 않으리라고 나는 생각한다.

그러나 군중심리의 차원에서 감정전이는 모든 군중성원에게 확대될 것이다. 그들은 서로를 좋아하고 서로의 내심까지 속속들이 알기 때문이 아니라 그저 동료들이기 때문에 동지들이요 형제들이다. 바꿔 말하면, 그런 감정전이는, 그것이 군중현상의 하나인 한에서, 다른 개인들이 아닌 군중자체의 통념을 향해 진행된다. 선량한 시민이 이웃들의 사랑스러운 면들을 발견하더라도 그는 오직 이웃들만 사랑할 수는 없다. 그는 자신의 나라도 사랑해야 한다. 교회목사에게는 교회 자체가 바로 신앙과 예배의 대상이다. 선량한 동료로 여겨지는 개인도 무턱대고 박애주의자가 되지는 않는다. 박애주의자가 되려면 "인류" — 즉 모든 개별 인간을 보편화해버리는 추상개념 — 를 사랑해야 한다. 나는 언젠가 중국으로 가는 어느 기독교 전도사에게 "고통을 겪는 인류를 보살피기 위하여 그토록 먼 곳까지 가게끔 당신을 강요한 것은 도대체 무엇인가요?"라고 물어본 적이 있다. 그는 "그건 사랑입니다"라고 대답했다. 그래서 나는 "당신의 말씀을 지금껏 당신이 알아온 누구도 아닌 중국인들에게 유독 많은 관심이 끌린다는 뜻으로 이해해도 되겠습니까?"라고 되물었다. 그는 "그건 말이지요 — 당신도 알다시피 — 저는 예수 그리스도를 통해서 중국인들을 사랑한다는 말입니다"고 대답했다. 즉 어떤 의미에서 그의 사랑은 언제나 군중인간에 대한 사랑이다. 요컨대 그는 **군중을 통해서** 사랑한다는 말이다.

신성한 어떤 것, 목적 자체인 것, 소속되면 명예로운 것으로 이상화된 군중은 자기애가 위장한 사랑의 대상이다. 그러나 군중통념은 자기애보다 더 많은 것을 심하게 위장한다. 군중통념은 부모의 이미지를 위장하고, 그렇게 위장된 이미지와 자신을 상상으로써 동일시 내지 재결합하는 데 이바지한다. 국가는 군중인간에게 "조국"이요 "모국"이자 "엉클 샘(Uncle Sam)" — 만화가들이 미국의 정식명칭을 이루는 두 단어(United States)의 첫 철자 U와 S를 이용하여 의인화한 비유어 — 이다. 엉클 샘은 아버지 이미지를 살짝 위장한 것이기도 하다. 교회는 "어머니"요, "신부(新婦)"이다. "성부(聖父)"와 "성모(聖母)" 같은 종교상징들도 부모 이미지를 대표하는 가치를 지녔다. 특히 카를 융의 『무의식 심리학 *Psychology of Unconscious*』은 그런 상징들을 상세히 설명한다.

나는 또다른 맥락에서 군중이 소속구성원들을 대할 때 **부모를 대신하는 태도**를 고수한다는 사실을 언급한 적이 있다. 여기서 내가 지적해두고 싶은 것은 부모 이미지를 향한 회귀가 심리신경증들에서 공통적으로 발견되고, 그것이 곧 "퇴행"을 의미한다는 사실이다. 나는 또한 군중이 당면한 사회환경의 변화를 이상적으로든 실제적으로든 정당화함으로써 억압된 소망의 배출을 허용한다는 사실에 관해서 꽤 오랫동안 숙고해왔다. 그런 식의 사회변화는 군중성원들을 단숨에 "각별한 사람들"로 부각해준다. 사회 전체에서 철회된 관심은 군중으로 변한 집단의 중심으로 옮겨가는 경향을 보인다. 교회는 "사회의 것은 아니되 세계 속에" 있다. 국가의 목적은 국가 자체이고 모든 군중의 목적도 군중 자체이다. 그래서 군중통념을 향한 감정전이는, 애착심이 철회된 대상을 교체한다. 그것은 우리가 생각하는 정상적 대상교체 과정들과는 다른 과정이다. 감정전이 자체는 퇴행의 일종이다. 심리신경증 ─ 가장 뚜렷하게는 편집증 ─ 을 앓는 환자가 그런 관심의 이행[즉 퇴행]을 합리화하는 데 기울이는 노력은, 앞에서 인용된 브릴의 설명에도 언급되었듯이, 세계의 폐쇄체계들과 이상주의적 세계재건작업들을 유발한다. 군중사고방식은 상상세계를 건설하고 통념체계로 도피하여 숨는 성향을 일반적으로 드러내는가? 이 단원의 처음에 논의했다시피, 군중사고방식은 그런 성향을 일반적으로 드러낸다. 추상적인 것과 보편적인 것에 대한 관심의 집중은 군중심리가 발달하면서 거쳐야 할 필수단계이다.

군중은 문제를 해결하기 위한 생각을 하지 않는다. 군중심리에는 어떤 문제도 존재하지 않는다. 군중심리는 모든 문제가 이미 해결되었다고 지레짐작해버린다. 이것이 바로 르 봉이 군중의 "고지식함"이라고 부른 것의 내막이다. 더구나 군중은 오로지 그들이 믿고 싶은 것만 믿는다. 공교육에 종사해온 사람이라면 누구나 군중사고습성이 거의 보편화되었다는 사실과 군중으로 하여금 스스로 생각하게 만들기가 어렵다는 사실을 잘 안다. 그래서 '군중은 생각을 하지도 않으며 진리를 알려고도 하지 않는다'고 흔히 말해지는 것이다.

입센은『민중의 적』제4막에서 스톡만 박사로 하여금 다음과 같이 말하게 한다.

다수자들이 흔히 지지한다는 진리들은 어떤 종류입니까? 그것들은 부패하기 시작한 과거세대의 진리들입니다. 이런 "다수자들의 진리들"은 작년에 절여둔 고기 같은 — 고약한 냄새를 풍기며 부패하는 햄 같은 — 것들입니다. 따라서 그것들은 우리의 공동체들에 만연하는 도덕적 괴혈병을 유발하는 원인들입니다. 우리들 가운데 진리와 자유의 가장 위험한 적은 단결한 다수자들, 그러니까, 저토록 지독하게 단결한 자유주의적 다수자들입니다. 저 다수자들이 그들 나름대로는 불행했을지 몰라도 **정의로웠을 때**는 결코 없었을 것입니다.

민중이 싸구려, 통속적인 것, 반쪽짜리 진리 따위만 편애하는 까닭은 실제로 그들 중 다수가 무지하기 때문이 아니라 군중사고방식 특유의 논리가 그들의 무의식을 향해 발휘하는 호소력에 합리적으로 저항할 수 있는 사람이 극히 드물기 때문이다. 다수를 이루는 평균인(平均人)은 교조주의자이다. 그는 자신의 생각과 남들의 생각은 같다고 생각한다. 선전선동에 익숙해져있으므로 어떤 문제에 관해서도 다른 관점으로 생각하기 힘들다. 그는 당파적 군중딜레마들을 초월한 전체의 이익과 유관한 어떤 주제에 관해서도 지속적으로 숙고하기가 거의 불가능하다. [평균인들로 구성되는] 민중은 토론이 진행되는 어디서나 그 토론을, 자신들의 의례가 절대진리라고 복창하면서 상투적 구호나 표어를 섞은 욕설들을 서로에게 퍼붓고 악을 써대는 패거리들의 합창대회 같은 것으로 변질시킬 수 있다. 대다수 민중이 추구하는 진리는 자신들이 신봉하는 강령을 복창하는 것이다. 그들이 행하는 거의 모든 운동은 시작되자마자 광신적 종교의례로 변질된다. 민중윤리의 형식주의는 도덕적 진보에 종지부를 찍는다. 정치적 주제들에 대한 정직한 생각은 당파의 목적들에 굴복한다. 선동구호들과 주술적 관용구들은 과학적 정보들과 지식들을 대신한다. 심지어 스스로를 엘리트 지식인들로 느끼는 사회주의자들 — 여기서 나는 이들의 정신이 불편부당하기 때문이 아니라 단지 이들의 다수가 실제로 박식하고 "진보한" 생각을 하기 때문에 이들을 예시적으로 거명할 따름이다 — 도 "종교적 민중들"의 정신보다 대체로 더 독단적이고 편협한 정신의 교조주의적 경제학설로부터 자신들을 지키지 못했다. 그런데도 모든 사회주의자는, 심지어 마르크스주의의 코란[48]에서 인용한 내용들을 일상적으로 반추할 따름이면서도, "협소한 정신"의 소유자들로 추정되는 "종교적 민중들"보다 자신들이 더 우월하다고 생각한다.

군중심리는 어디서나 이상주의자요 절대주의자이다. 군중심리의 진리들은 주어진 것들, 기성(旣成)된 것들이다. 군중심리의 논리체계들

48) 카를 마르크스(Karl Marx, 1818~1883)와 프리드리히 엥겔스(Friedrich Engels, 1820~1895)의 주요 저서들.

은 자아감정을 고양하도록 무의식적으로 창조된 것들이기는 하지만 의식에는 고도로 비(非)개인적이고 추상적인 것들로 나타난다. 지식주의 철학들에서도 그렇듯이 군중심리에서도 생각형식들은 생각대상들과 같은 것들로 간주된다. 일반적 개념체계들은 바깥으로부터 사람들의 정신에 부과되는 것들로 보인다. 그것들은 보편적 승인을 요구한다. 그 결과 생각은 상투적인 것이 된다. 존재해야 할 것은 존재하는 것과 — 당위는 존재와 — 혼동되고 이상은 사실보다 더욱 현실적인 것이 된다.

『실용주의 Pragmatism』(1907)에서 윌리엄 제임스는 합리주의 체계를 결정하는 것은, 그 체계가 아무리 뛰어난 철학자의 것일지라도, 대부분이 생각자 특유의 "기질"이라고 밝혔다. 다른 저서에서 그는 "합리성의 감

정"을 언급한다. 철학적 합리주의의 다양한 유형들에 관한 논의는 윌리엄 제임스, 퍼디낸드 쉴러, 존 듀이를 위시한 여러 실용주의자들의 비평들에서 다뤄졌다. 여기서는 합리주의적 유형에 속하는 심리는 어디서나 일상적 경험세계의 비현실성을 주장하려는 경향과, 논리적으로 정연한 체계나 "순수이성"의 세계를 관조하면서 위안과 안정을 구하려는 경향을 보인다는 사실을 기억해두는 것만으로 충분할 것이다. 합리주의 심리에서는 구체적인 것들이 아닌 이상들이 참된 현실들이다. 우리가 항상 씨름하는 세계는 윌리엄 제임스가 "절대자 안에 존재하는 호화판"이라고 반어적으로 말한 것의 왜곡된 표현도 아니며 난잡하고 상투적인 복사본도 아니다. 플라톤이 『국가 Republic』에서 말한 동굴우화에 비춰보면 일반지식은 망상에 불과하고, 경험적으로 알려진 세계는 우리가 갇힌 동굴의 벽에서 어른거리는 그림자들에 불과하다.

영국의 고전학자 리처드 리빙스턴(Richard Winn Livingstone, 1880~1960)은 플라톤주의가 일종의 염세관(厭世觀)을 함유했다는 것과, 고대 그리스 정신을 규정하던 건강한 현실주의로부터 그리스 정신을 멀어지게 만들었다는 것을 아주 일찍 간파했다. 리빙스턴은 다음과 같이 말한다.

그래서 그리스가 인간본성을 신뢰하고 단출한 인간생활을 영위하는 방법과, 세계를 직시하고 세계의 표면에서 그들이 목격한 아름다움을 이해하는 방법을 인간들에게 알려주었다면, 어떤 그리스 작가들은 이것들과 판이하게 다른 교훈을 설교했다. 그들은 시선을 정반대로 돌려서 과거 사건사물들에 함유된 "상상되지 않은 현실적" 성질들의 부수적 의미들과 내부적 상징체계를 주시하라고 우리에게 가르쳤다. 그들은 자유와 인문주의의 반대편에서 우리의 본성을 의심하라고, 그 본성의 취약성, 구제불능성, 치유 불가능한 결함을 주시하라고, 인간성을 벗어나서 신과 교섭하라고, 현세의 삶보다는 내세의 삶을 더 중시하라고 우리에게 가르쳤다. 아마도 이렇게 가르친 작가가 바로 플라톤이라는 사실을 알면 놀랄 사람들도 있을 것이다.[49]

이런 관점에서 보면 현실은 "순수지식"의 수단에 불과해 보일 것인데, 플라톤의 대화편 『파이돈 *Phaidon(=Phaedo)*』에서 소크라테스가 심미아스에게 들려주는 비교적 유명한 설명도 이런 관점을 잘 보여준다.

> 우리가 만약 어떤 것에 관한 순수지식을 얻으려면 육체를 탈피해야 할 것이네. 그리고 오직 영혼만으로 사물 자체들을 주시해야 할 것이네. 그래야만 우리는 우리가 원하던 지혜, 우리가 사랑한다고 말하던 지혜를 얻을 수 있을 것이네. 따라서 그런 지혜는 우리가 살아서는 얻을 수 없고 죽고 나서야 비로소 얻을 수 있는 것이네. 그러므로 영혼이 육체와 함께하는 동안에는 순수지식을 얻을 수 없다면, 지식은 아예 얻을 수 없는 것이거나 아니면 죽어서야 비로소 얻을 수 있는 것이거나 둘 중 하나일 것이네.[50]

물론 지식주의가 위 인용문에서 플라톤이 드러내는 것만큼 뚜렷한 내세지향성(來世志向性)을 항상 드러내지는 않을 것이다. 그러나 지식주의는 흔히 "착각을 유발하는 감각경험"이 이루어지는 가시적 세계의 배후에 참된 근거와 원인 — 경험의 모순들을 은폐하거나 해소하는 비가시적(非可視的) 질서, 영원불변하는 "실체", 저마다 결함들과 문제들을 지닌 우리의 덧없는 개인성들을 모르고 침묵하는 절대자 — 이

49) 리처드 리빙스턴, 『그리스인의 천재성과 그것의 현대적 의미 *The Greek Genius and its Meaning to Us*』(Oxford University Press, 1912), pp. 181~182.
50) 플라톤, 『전집 Complete Works』, 존 쿠퍼(John M. Cooper) 편집(Hackett Publishing Company, 1997), Phd. 66d~e., p. 58. 참조.

있다고 주장한다. 그것이 우리의 경험을 초월하는 "사물 자체" 혹은 존재법칙이라는 것이다.

이상주의나 합리주의, 지식주의나 절대주의로 알려진 이런 생각방식은 심리학적 관점에서 철학을 연구하는 사람들의 공감을 거의 얻지 못한다. 퍼디낸드 쉴러의 『인문주의 연구 *Studies in Humanism*』(1907)에서 발췌한 아래 인용문이 증명하는 것은 기술적 분석방법을 이용하지 않으면 이런 종류의 사고체계들을 구성하도록 자극하는 원인들을 발견하기가 힘들다는 것이다. 이 원인들 중 하나로 언급된 당파주의는 차라리 군중심리에 대한 우리의 연구를 연상시킨다. 쉴러는 다음과 같이 말한다.

논리의 결함들은 사람들이 심리적 이유들 때문에 계속 집착하는 믿음들을 거의 없애지 못한다. 이 사실은 우리가 어쩌면 절대주의를 부지불식간에 오해할 수 있어서 그것을 매우 부당하게 다룰 수 있음을 암시한다. 그런데 그것의 현실적 호소력이 논리적인 것이 아니라 심리적인 것이라면?

영국 절대주의의 역사는 특히 이처럼 기왕에 발견된 사실들을 증명한다. 영국 절대주의는 원래 어떤 목적을 따라 의도적으로 독일로부터 수입되었다. 그 목적은 종교적인 것 — 반(反)종교적 과학의 발전을 저지하는 것 — 이었다. 영국에서 자생한 철학인 경험주의는 그 목적에 전혀 부응하지 못했다. 왜냐면 영국 경험주의도 지식주의적 형식을 띠긴 했지만 그것의 감상주의는 결코 과학에 적대적인 것이 아니었기 때문이다. 또한 반대로 그것이 드러내는 모든 욕망은 과학과 제휴했고, 1859~1870년에 옥스퍼드로 침투하여 그곳을 거의 다 점령해버린 19세기의 대대적인 과학운동을 촉진했기 때문이다.

그러나 이 운동은 신학계의 거두들로 하여금 자연스럽고 정당한 경계심을 품도록 자극했다. 왜냐면 힘겹게 획득한 자유 덕분에 의기 양양해져서 철학을 무시하고 자체의 한계들도 아직 의식하지 못하던 과학은 공격성과 자부심을 노골적으로 드러냈기 때문이다. 과학은 그것의 존재법칙에 따라 자연주의적인 것, 부정적인 것, 유물론적인 것으로 보였다. '존 스튜어트 밀의 논리', '진화철학', '민주주의와 자유와 유물론의 노선에 입각한 진보에 대한 확신'은 신학자들을 사방에서 위협했다.

그렇다면 할일은 무엇이었을까? 당장 할일은 없었다. 왜냐면 과학은 기반부터 굳건하게 보였고, 순수한 과학적 사실의 압도적 파괴력으로써 가장 난해한 변증법들조차 분쇄할 만큼 숙련된 기교를 보유했기 때문이다. 그러나 재판장소를 바꿀 가능성 즉, 어떤 확고한 터전도 닦을 수 없는 땅으로 항해가 불가능할 만큼 꽁꽁 얼어붙은 바다로 허상들이 쉽사리 실상들로 보일 만큼 자욱한 안개 속으로 — 요컨대, 메타자연학의 왕국으로 — 전투장소를 옮길 가능성은 과연 없었을까?

그래서 가장 무례한 과학자로 하여금 그의 이해력 부족을 통감하도록 만들려면 그에게 선험범주들의 황공한 목록을 열거해주기만 해도 충분했을 것이다. 왜냐면 이 시대의 "진보한 사상가들"조차 헤겔의 변증법이라는 단어만 듣고도 모두가 기겁하여 도망치기 바쁘기 때문이다.[51]

퍼디낸드 쉴러의 유머감각은 독일의 메타자연학을 수입한 영국 신학계의 의도를 다소 과장하도록 유도한 것이 분명하다. 하지만 그렇게 차용된 초월적이고 변증법적인 사고체계들이 과학에 대항하여 전투

51) 퍼디낸드 쉴러, 『인문주의 연구』(The Macmillan Company, 1912), pp. 275~279.

하는 전통 신학계의 목적에 기여했다는 것은 진실의 반쪽에 불과하다. 나머지 반쪽은 변증법적 논리공식들이 내면갈등을 겪던 유식한 신도들[신학자들]에게 방어논리나 안전한 도피처 같은 것을 제공해주었다는 것이다.

그것이 사실이라면 쉴러는 필경 그것을 거의 의심하지 않았을 것이다. 그는 절대주의 자체도 종교의 일종이라고 주장하면서, 얼핏 보면 유가치(有價値)한 듯이 보이는 절대주의의 "표어들"도 "우리의 현실경험에 적용될 수 없기" 때문에 논리적으로 무의미하다고 밝힌 연후에, 그런 종류의 사고방식을 결정하는 무의식적 원인들을 검토한다. 그런 원인들에 대한 그의 설명은, 액면만 놓고 보면, 꽤 훌륭한 분석심리학에 속한다. 그는 다음과 같이 말한다.

그렇다면 절대주의는 어떻게 종교가 될 수 있을까? 절대주의는 다양한 종류의 심리적 원인들에 호소하는 것이 분명한데, 그 원인들이 절대주의를 완전히 이탈시키는 경우는 드물지만, 절대주의를 편드는 광신(狂信)을 강요하고 세월이 흘러도 똑같은 구닥다리 반대론을 되풀이하는 고집을 강요하는 경우는 흔하다. 그 원인들 중에는 우리가 더욱 중요시하고 존중할 만한 것도 있다.

(1) 그 원인은 스스로 절대정신의 "소속자"나 "표명자"나 "전달자"나 "재생산자"라고 느끼는 개인의 정신적 자존감을 확실히 고무하는데, 이 감정은 어떤 사람들에게는 이 표현들의 의미에 대한 탐구를 자제할 수 있을 만큼 강한 인내력과 위안과 극도의 희열을 선사한다. 무엇보다도 이 감정의 힘 때문에 절대주의자들은 자신들이 신봉하는 이론의 논리적 결함들을 전혀 알아보지 못하는 것이다.

(2) 광범한 일반화 작업은 색다른 기쁨을 준다. 일반화 작업은 그것이 공헌하는 목적들을 감안하지 않은 채 그리고 그것의 현실 기능을 고려하지 않은 채 추구되면 흔히 일종의 논리적 현기증을 유발하는 것에 불과하다. 그것은 아마도 유독 철학들만 앓는 병이라고 주장되는 특유의 "통합열망"과 유관할 것이 분명하다. 하여간 모든 것을 아우르는 일자(一者) 혹은 전체자(全體者)에 관한 사상은 그것이 지식과정에서 수행하는 모든 규정된 기능과, 혹은 그것이 현실적인 모든 문제에 던지는 빛과, 매우 동떨어진 유가치하고 고무적인 것으로 여겨지는 듯이 보인다.

(3) 어떤 절대적 통일성에 관한 사상은 우주의 안정성을 보증하는 것으로서 소중하게 여겨진다. 그 사상은 현상들의 끊임없는 변천들에 직면하여 우리가 우주로부터 나가떨어지지 않도록 우리를 지켜주는 듯이 보인다. 그것이 우리에게 선험적인 것 — 과 그것의 최상가치 — 을 보장해주는 만큼 우주질서는 산산조각 날 수도 없고 그렇게 조각난 파편들 사이에 우리를 멍청하고 어리둥절한 상태로 방치할 수도 없을 것이다. 우리는 미래에 관한 선험적이고 절대적인 확신을 원하고, 절대자에 관한 사상은 그런 확신을 제공하도록 설계된 듯이 보인다. 절대주의자들의 강령을 신봉하는 심리를 의식적으로나 무의식적으로 가장 무겁게 짓누르는 것은 아마도 최근에 등장한 이런 견해일 것이다.[52]

이 인용문을 읽으면서 [본서의 제4장에 언급된] 알프레드 아들러의 『신경증의 본질』에서 발췌한 인용문을 떠올리는 사람도 있을 것인데, 그 인용문은 신경증환

52) 앞 책, pp. 289~290.

자와 정상인 모두가 품는 허구적 "유인관념들" 혹은 합리화체계들도 이런 안전보장을 원하는 열망에서 발원한다는 것을 증명한다. 그러나 통념체계가 과학과 상식에서처럼 객관적 세계에서도 현실적 문제들을 해결하는 데 이용되느냐 아니면 주관적 불안감에 대항하는 이기적 자아의 인위적이고 가상적인 방어용으로 만들어지느냐 여부가 세계의 모든 차이를 만든다. 즉, 안전을 원하는 열망이 열망자로 하여금 어떤 계산된 행동 — 그가 실제로 상대해야 할 세력들을 그의 의지에 더 적합하고 우호적인 것들로 만들기 위한 계산된 행동 — 을 하도록 유도하느냐 아니면 그로 하여금 그가 처한 상황의 현실성을 이론적으로 부정하는 형태로 환경의 도전에 대한 항변을 철회하고 보류하는 데 찬성하도록 유도하느냐 여부가 세계의 모든 차이를 만드는 것이다.

절대적 이상주의라는 사고방식이, 너무 진지하게 받아들여지지만 않는다면, 삶의 전장(戰場)에서 어떤 사람들의 신경을 안정시키는 기능을 담당한다는 사실은 결코 부정될 수 없다. 그래서 내가 믿기로 절대적 사고방식이, 논리적으로는 유지될 수 없는 것일지언정, 결국은 유익한 것들로 변할 수 있고, 메타자연학적 함정들과 동떨어지면 불결한 것들로 변할 수 있는 신념가치들의 합리화에 기여하는 경우도 드물지 않다. 하지만 그 사고방식은, 특유의 논리적 결론들을 내릴 때면, 개인적 삶의 의미를 불가피하게 왜곡하고, 우리의 세계와 우리의 행위들에 대한 현실감각을 강탈하며, 현실적 과업들과 대상들에 쏠리는 관심을 "퇴행"시키거나 철회하는 수단으로서 봉사하고, 실제로 심리병자(psychopath)가 품는 이상체계들의 목적과 정확히 동일하지는 않더라도 매우 흡사한 목적에 부응하는 기능을 수행한다.

이상주의를 판단할 때 추가로 감안해야 할 것은 이상주의가 합리주의의 유일한 형태가 결코 아니라는 것이다. 온갖 과학적 허튼소리들을 늘어놓는 수많은 결정주의적 이론들은 현실적으로 우연한 요소를 내재한 세계를 수락하지 못하는 무능력의 소산들이다. 과학은 원소들이 정해진 방식대로 화합할 때마다 명확히 예상된 결과가 나오리라는 것을 발견함으로써, 시간을 무시하고 미래시간들을 마치 현재의 소맷자락들 속에 미리 챙겨 넣어둔 것들처럼 다룰 수 있는 정당성을 획득한다는 사실은 기억해둘 만한 것이다. 과학적 결정주의는 순전히 방법론적인 것이고 다른 모든 사고방식과 마찬가지로 어떤 목적 — 구체적 상황들로 이루어진 세계에서 바람직한 결과들을 성취하는 일 — 에 봉사한다는 것은 특히 유념해야 할 것이다.

미래의 모든 변화 일체를 무시하려는 열정이 목적을 대신할 때면 과학은 과학주의로 혹은 비현실적인 철학으로 퇴행해버린다. 주술(혹은 마술)공식의 심리적 가치는 "절대자"의 심리적 가치와 동일하다. 예컨대, 내가 아는 수많은 경제결정주의자들은 사회진화는 조금도 의심할 여지 없이 절대적으로 보증·보장·예정된 과정이라는 신념을 결코 버리지 못한다. 그런 신념과 일맥상통하는 결정론적 역사철학이 생각하는 개인은 당연히 "그가 속한 환경의 산물"에 불과하고, 자신의 고유가치를 전혀 창출하지 못한다. "유물론적" 이론이 생각하는 개인은, 정통 플라톤주의가 생각하는 개인과 마찬가지로, 사실상 집단적으로 진화하는 세력들의 표현에 불과하다. 이런 생각에서 발전된 논리는 사람들의 정신적 차이를 낳는 원인들을 최소화하는 데서 찾는 위안의 가치 — 즉, 어떤 사람들의 자아감정을 고양하는 비개인주의의 기능 — 는 모호할 수밖에 없다. 이런 비개인주의적 통념이 군중심리가 된다는 것은 의심할 여지없다. 이런 이유로 나는 이렇게 주장하고 싶다. **군중이 매우 자연스럽게 합리주의 철학들을 추종한다는 사실은 결코 단순한 우연의 결과가 아니다.**

군중인간은 아무리 천진난만할지언정 본질적으로 플라톤주의자이다. 그는 인식론이라는 단어를 결코 들어본 적이 없지만 그의 지식이론은 본질적으로 플라톤의 지식이론과 동일하다. 플라톤의 대화편들을 숙독해본 사람에게 종교군중들은 놀라울 정도로 플라톤주의적인 사람들로 보일 것이다. 그들은 하나같이 일반적 통념들에 기능적 가치보다는 존재론적 가치를 부여하는 동일한 습성, 동일한 내세지향성, 동일한 도덕적 딜레마들을 드러내고, 물질적인 것·인간육체·자아개성을 동일하게 경멸하며, 동일하게 합목적성을 주장하며, 동일한 체제순응적 기질을 공유한다.

개혁군중들과 종교군중들은 단지 겉보기만 다르게 보일 따름이다. 애국군중들은 저마다 서로 다른 용어들을 사용하지만 그들의 정신습성들은 동일하다. 사회혁명을 지향하는 군중들 사이에서는 19세기 유물론의 특색들을 차용하여 그들의 주장들을 윤색하는 일이 대대적으로 유행하기도 했다. 하지만 그 모든 것은 단지 그들 자신을 무섭게 보이도록 과장하여 부르주아를 겁주기 위한 과시용 큰소리와 "위협시위"에 불과하다. 그 모든 과격한 언행에 속아 넘어갈 사람은 하나도 없으리라고 나는 확신한다. 급진적 군중이 주장하는 그런 위협적인 유물론적 교리들은 판자로 만든 나무총들에 불과하다. 사실상 급진적 군중들은 지극한 이상주의자들이다. 프롤레타리아와 지식주의는 양립할 수 없다고 줄기차게 떠들어대는 사회주의자들이라도 피히테(Johann Gottlieb Fichte, 1762~1814)나 헤겔이 되지 않으면 결코 군중이 될 수 없다. 여기서 기억해둘 만한 사실은 마르크스는 헤겔의 딜레마들을 탈출하는 데 결코 성공하지 못한 채 그 딜레마들을 엉망으로 만들어 시대의 유행을 추종했을 따름이라는 것이다.

급진적 군중들은 보수적 군중들과 마찬가지로 우리의 경험세계에서

변동하는 현상들을 폐쇄적 통념들의 체계로 대체하고, 추상적 사고형식들을 동일하게 숭배하며, 하나같이 만장일치를 주장하는 완고한 기질과 고집을 지녔고, 동일한 정통관행을 추종한다. 모든 정통관행은 단합을 유지하려는 군중의지의 발로에 불과하다. 뿐만 아니라 모든 종류의 군중은 개인적인 것과 구체적인 것에 대한 관심을 비개인적인 것과 전체적인 것으로 돌리려는 동일한 성향, 현실을 피하여 도피처·위안·방어수단·변명거리를 찾아 초월세계로 도주하려는 동일한 노력을 공유한다.

플라톤, 아우구스티누스, 토머스 아퀴나스, 안셀무스, 루소, 칸트, 헤겔, 토머스 힐 그린 같은 중요한 선험사상가들은 흔히 고독한 인간으로 불렸지만, 그들의 학설들이 지위고하를 막론한 모든 영구적 군중의 신조들과 표어들 속에 대중화된 형태로 존속해왔다는 것은 주목할 만한 사실이다. 그동안 프로타고라스, 에피쿠로스, 아벨라르, 프랜시스 베이컨, 로크, 흄, 쇼펜하워, 니체, 베르그송, 윌리엄 제임스 같은 인문주의자들, 명목론자(名目論者, nominalist)들, 경험주의자들, 현실주의자들, 실용주의자들은 그들의 가르침이 군중심리를 해체하고 자아성찰을 요구하는 경향을 띤다는 이유 때문에 유해한 인물들로 간주된다. 그들의 이름은 그들을 의심하고 모욕하는 경우를 제외하면 대중들의 모임이나 집회에서 언급되는 경우가 드물다. 하지만 그들은 모두 현실세계에서 우리가 나아갈 방향을 우리에게 알려주고, 우리가 다루어야 할 사실들을 직시할 용기를 우리에게 주며, 우리의 의지를 자극하고, 우리의 개념들을 그것들의 본래 취지대로 — 더 나은 삶을 위한 도구들로 — 사용할 정신력을 우리에게 주며, 사건사물들의 가치를 더 현명하고 더 정확하게 평가하도록 우리를 자극하고, 자유 속으로 과감히 진입하려는 사람들에게 길을 가르쳐준다.

건전한 생각체계에서 원칙들은 당연히 필요한 것들이다. 나는 그것들을 "선도적 발상들"로 부르고 싶다. 그것들의 기능은 더욱 만족스러운 생각들 — 또 다른 바람직한 발상들 — 을 선도하는 것이다. 혹은 그것들은 우리가 의도하고 소망하던 결과들을 낳는 행위들로 우리를 선도하는 데 유용한 것들이다. 그것들은 목적들을 선택하는 우리를 지도하는 가치평가 원칙들일 수도 있다. 어떤 원칙들에 대한 우리의 실질적 합의가 이루어지지 않으면 우리는 행위들을 결코 서로 연관시키지 못할 것이고, 그 결과 사회생활도 불가능할 것이다. 하지만 그런 선도적 발상들은 목적들이 아닌 수단들이다. 따라서 우리는 환경의 요구를 따라 그런 수단들을 변경하거나 예외적으로 적용할 수도 있다.

군중심리는 원칙을 목적 자체로 생각한다. 그 원칙은 어떤 경우에도 지켜져야 한다. 그 원칙을 일말이라도 어기는 것은 그 원칙 전체를 파괴하는 죄악으로 간주된다. 군중들은 언제나 그들의 원칙들을 강경하게 고수한다. 그들은 자신들의 원칙들이 모두에게 똑같이 적용되어야 한다고 생각한. 이런 견지에서만 보면 군중들은 사람들을 차별하지 않는다.

일련의 원칙들이나 불가해한 어떤 대의(大義)가 없는 곳에서 군중인 간들의 면모는 결코 드러나지 않는다. 군중들은 바위 밑에 숨어사는 벌레들처럼 그들만의 원칙들 밑에 숨어산다. 그들은 꼬물대는 무의식의 움직임 일체를 엄폐하고 외부공격으로부터 무의식을 보호한다. 모든 군중은 자신들만의 원칙들을 보편적 요구사항들처럼 이용한다. 모든 군중은 그런 식으로 자신들과 다른 군중들을 비교하여 거짓우월감을 얻고, 자신들의 잘못을 다른 군중들의 탓으로 돌리며, 자신들의 현실적 목적을 공식적으로 정당화하는 데 필요한 정당성을 부정하도록 다른 군중들을 도발함으로써 결국은 자신들의 목적에 동의하도록 만들어버린다. 북아메리카 원주민 수족(Sioux族)은 몇 년 전에 여자들과 어린이들을 전쟁터의 최전방에 내세우곤 했다. 수족 전사들은 그렇게 죄 없는 여자들과 어린이들을 방패막이로 삼아 백인병사들에게 총격을 가할 수 있었는데, 왜냐면 그 전사들은 '여성들과 어린이들에게 총구를 겨누어 사살하려는 시도는 인도주의 원칙들에 위배된다고 백인병사들이 생각하리라는 것'을 알았기 때문이다. 군중들이 자신들의 원칙들을 이런 식으로 사용하는 경우는 비일비재하다. 군중들 각각은, 마치 잠자는 브룬힐트[53]의 주위에 불(火)울타리를 쳐놓는 신들처럼, 자신들의 주위에 논리적 추상들, 제재규약들, 터부들로 이루어진 불울타리를 쳐놓는다. 극소수 용감한 지식인들 말고는 아무도 그 울타리를 통과할 수 없다. 군중심리의 잠재적 비판능력들은 외부로부터 강요되는 이단적 현실들의 침입을 이런 식으로 막아낸다. 그런 군중성원들의 지식적 호기심은 소정의 한계선을 넘지 않는다. 군중이 적대시하는 개인들이나 집단들은 그 군중에게 감히 저항하지 못하는데, 만약 그리했다가는 진리의 적, 도덕의 적, 자유의 적 등으로 낙인찍혀버리기 때문이다. 정당원들도 똑같은 충동에 이끌려 "당기(黨旗)로 자신들을 감싼다." 특히 흥미로운 사실은 가장 상반되는 군중들도 매우 흡사한 일련의 원칙들을 신봉한다는 것이다. 미국 남북전쟁기간에는 남부와 북부의 군중들 모두가 아메리카의 자유와 기독교도덕이라는 전통적 원칙들을 동원하여 "부차적 합리화"를 수행했다. 평화적 군중이나 호전적 군중이나 똑같이 기독교 『신약전서』의 가르침을 언급하는 선언서들을 발표하는 장면들도 목격되었다. 기독교의 다양한 종파들도 오직 "기독경전에서 논리적으로 연역한 단일한 교리체계"를 가르치기 위해서만

53) 브룬힐트(Brunhild/Brynhildr/Brünnhilde/ Brynhild): 고대 게르만족들의 영웅전설문학들에 나오는 아름답고 용맹한 공주. 브룬힐트 전설은 고대 노르웨이의 『에다 시집 Poetic Edda』과 『뵐숭가 전설 Völsunga saga』, 그리고 독일의 『니벨룽겐의 노래 Nibelungenlied』에서 시작되었다고 알려졌는데, 『에다 시집』에서 그녀는 주도적 역할을 담당하지만, 『니벨룽겐의 노래』에서 그녀의 역할은 상당히 줄어든다. 하지만 두 경우 모두 그녀는 오직 자신을 이길 수 있는 최고의 능력과 힘을 겸비한 남자하고만 결혼하겠노라고 맹세하는데, 특히 『니벨룽겐의 노래』에서는 지크프리트(Siegfried)만이 오직 그녀의 결혼 요건들을 충족시킨다. 하지만 지크프리트는 그녀가 아닌 다른 사람을 위해 그녀에게 구애하고 그녀와 싸워 이기는데, 그 과정에서 그에게 속았음을 알아차린 그녀는 복수를 감행하여 결국 지크프리트를 죽음에 이르도록 만든다.

존재하는 듯이 보인다.

　이런 식의 연역추론은 아래 인용할 선전선동용 출판물에서 발췌한 몇 건의 인용문들이 잘 예시해준다. 그것들에서 발견되는 지배지향성 군중의지는 그것이 신봉하는 통념들을 규제적이고 도덕적인 입법을 통해 사회 전체에 강요하려고 진력할 때면 전형적인 미국식 방법을 동원한다. 일요일에 영화상영을 금지하려는 노력이 그 예다. 입법요구의 대부분은 빈민의 가난탈출을 집요하게 저지함으로써 개혁자들의 경제적 이익을 향상시키도록 계획된 것이 분명하다고 나는 생각한다. 그 속셈은 아래 번갈아 인용된 두 종류의 다른 견해들로도 여실히 드러난다.

　(1) 일요일에는 영화를 상영할 필요가 없다. 사람들은 매주 6일씩 밤낮으로 영화를 본다. 그럴 정도로 모두의 시간이 남아돌지 않는가?

　(2) 일요일에 영업하는 영화관들은 기독교 안식일을 상업화한다. "안식일이 인간을 위해 만들어졌다"지만 여전히 그날은 주님의 날이다. 그날을 사업목적에 팔아넘길 권리가 우리에게는 없다. 그날은 휴식과 예배를 위한 날이지 탐욕과 소득을 위한 날이 아니다. 물론 일요일은 재정적으로 영화를 관람하기에 가장 좋은 날이다. 그날은 술집들과 경마장들이 영업하기에도 가장 좋은 날인데, 이런 영업들을 굳이 일요일에 허용해야 할 이유도 없다. 안식일은 상업화되지 말아야 한다.

　(3) 일요일에 영업하는 영화관들은 많은 사람들, 특히 도시의 주택지역과 그런 영화관들 인근에 거주하는 '사람들의 휴식과 평온을 깨뜨린다. 대규모 군중들이 그런 영화관들에 인접한 도로들을 따라 몰려다니면서 고함을 지르거나 시끄럽게 떠들어대면 그 지역의 일요일 평온은 깨져버리기 십상이다.

매년 수천 명의 사람들이 일요일을 평온하게 보내기 위해 시끄러운 도심지를 떠나 조용한 주택지역으로 이사한다. 하지만 영화관들이 그들의 집 근처나 주거지역으로 몰려와서 영업을 개시하는 경우도 비일비재한데, 그리되면 일요일 오후와 저녁마다 그들의 집 앞을 지나서 영화관으로 몰려가는 군중들이 유발하는 극심한 소음이 난무하여 결국 그들은 도시의 조용한 지역에 그들이 돈을 들여서 집과 함께 구입한 평온을 도둑맞는 셈이다.

(4) 기독교 안식일을 해치는 모든 것은 기독교 교회들까지 해치므로, 일요일에 영업하는 영화관들은 영업이 허용되는 모든 곳에서 기독교 안식일을 해칠 것이 확실하다.

아마도 미국에서 안식일 문제에 관한 최대의 권위자일 워싱턴DC의 윌버 그랩츠 박사[54]는 "안식일을 엄수하는 국민들은 신체적으로, 정신적으로, 도덕적으로, 재정적으로, 정치적으로 가장 강하다"고 말한다. 조지프 쿡[55]은 "안식일을 가장 철저히 지키는 국민들은 가장 많은 정치적 자유가 보장되는 나라에 사는 국민들이다"고 말했다. 안식일을 어기는 국민들은 정치적 자유를 차츰 상실했다.

(5) 일요일에 영업하는 영화관들은 기독교 안식일을 해치므로 국민도덕도 해친다. 국민도덕을 해치는 모든 것은 국가자체를 해친다. 애국적 견지에서도 우리는 안식일을 엄격히 준수해야 마땅한데, 왜냐면 과거의 경험과 수많은 목격자들이 증언하듯이 기독교 안식일을 경시하면 범죄와 부도덕이 발생하고 그것들은 우리나라를 부강하게 만드는 데 유익한

54) Wilbur Fisk Crafts(1850~1922): 미국의 기독교 교회들과 신도들의 개혁을 주창한 자칭 기독교 로비스트로서 1895년 워싱턴에 국제개혁사무소(International Reform Bureau)라는 명칭의 로비사무실을 개설하여 이혼규제법, 성욕규제법, 중독성 약물 및 알코올 규제 및 금지법 따위의 입법을 위해 미국국회에 압력을 행사했다. 특히 그는 국가적 영화검열을 위한 캠페인도 주도했지만 실패하고 말았다.

55) Joseph Cook(?~?): 19세기말엽~20세기 초엽 보스턴에 연고를 두고 순회강연을 하며 번 돈으로 생활한 목사 겸 기독교 로비스트로서 일부다처제 금지법이나 안식일 위반 금지법 따위의 입법을 주장했다.

자유로운 제도들을 파괴하려고 들기 때문이다.

근본적으로 그런 모든 **악법은 헌법에 위배된다.**

일요일에 영업하는 영화관들은 노동자의 권리들을 경시한다. 캐넌 윌리엄 쉐프 체이스[56]는 "일요일을 다른 모든 타인에게 기꺼이 할애하기보다는 그날의 더욱 평온한 시간을 바라는 그리스도의 정신을 가진 사람은 하나도 없다"고 적절하게 말했다.

콜 페어뱅스(Col. Fairbanks)라는 유명한 설비공장 사장은 이렇게 말했다: "나는 스포츠를 즐기며 일요일을 보낸 직원들과 집이나 교회나 주일학교에서 일요일을 보낸 직원들이 월요일에 일하는 모습을 관찰한 결과를 밝힐 수 있다. 집이나 교회나 주일학교에서 일요일을 보낸 직원들이 더 열심히 더 능률적으로 일한다."

56) Canon William Shaefe Chase(1858~?): 미국 브루클린의 예수교회 교구목사로서 연방동영상위원회(Federal Motion Picture Council)를 창설하여 1920~30년대 영화 반대운동을 주도하며 영화검열제도를 입법화하기 위한 로비활동을 벌였고, 『각 주에서 상영되는 상업영화들에 관한 교리문답 Catechism on motion pictures in inter-state commerce』(1922)이라는 책자도 집필했다.

밀워키를 포함한 여러 도시에 있는 대형공장들의 관리자들은 "일요일에 스포츠나 소풍을 즐긴 우리 직원들의 일부는 월요일에 일을 아예 못하고 그들의 다수는 봉급도 제대로 다 받아가지 못하지만, 스포츠나 소풍을 전혀 즐기지 않고 일요일을 보낸 직원들은 월요일에 가장 능률적으로 일한다."

첫째 종류의 견해에서는 현실도피처였던 폐쇄적 통념체계가 둘째 종류의 견해에서는 이 견해를 피력한 자의 의지를 동료들에게 강요하기 위한 수단이 된다는 사실에 우리가 놀랄 필요는 없다. [기독교 안식일을 믿는] 신자의 이기적 자아는 그런 현실도피에도 의지강요에도 모두 공헌한다. 그런 이기적 자아감정이 군중사고방식에서는 완전히 상반된 모습을 띠고 나타난다는 것도 주목할 만한 흥미로운 사실이다. 따라서 **개인성의 최대적(最大敵)은 군중**이다. 군중은 귀중한 사람들을 원하지 않는다. 군중은 오직 유용한 사람들만 원한다. 모든 군중인간은 비(非)자아에 호소하여 자기존재를 정당화해야한다. 물론 그런 인간도 자신을 위해서는 아무것도 하지 않을 수 있다. 그런 이유로 그는 자신의 정신을 고양하기 위한 노력도 하지 않을 수 있다. 대신에 그는 "원칙"을 위해, "대의(大義)"를 위해, 비개인적 추상들을 위해 살아야 한다. 다시 말하면, 그는 자신이 속한 군중을 위해 살아야 하고, 그래야만 그 군중의 다른 구성원들로 하여금 웃는 얼굴로 그와 똑같은 식으로 살게 만들기도 더 쉽다.

여태껏 우리가 살펴본 군중심리가 도피처로 삼는 통념들의 복합체는 필연적으로 추상적 일반개념들로 구성될 수밖에 없는데, 그것은 그 통념들이 발휘하는 보편성을 강조함으로써 사회를 지배하기 원하는 군중의지에 부역한다. 군중의지가 한 번 진리로 공인해버린 통념은 모든 경우에 모든 사람에게 진리여야 마땅한 것이 된다. 그래서 군중은 군중이상(群衆理想) — 군중자체 — 을 위해 사람들을 희생시킴으로써 정당성을 얻는다. 군중통념은 이제 삶의 수단이 아니라 정언명령이 되어버린다. 그 결과 인간이 통념을 사용하는 것이 아니라 통념이 인간을 사용하기에 이른다. 이런 통념의 현실에 동참하지 않는 인간과 유관한 모든 것은 존재할 권리를 상실하고 이런 통념의 기준을 벗어나는 모든 경험도 존재할 권리를 상실한다. 왜냐면 그런 경험들은 이제 "피상적 존재이유"밖에 갖지 못하기 때문이다. 군중은 자신의 권력의지를 이런 통념과 동일시함으로써 **절대자 자체**가 되어버린다. 목적으로서 개인의 자아는 절대자에게 반겨질 수 없듯이 군중에게도 반겨질 수 없는 것이다. 개인의 특성은 군중의 생각이나 행동원인에 결코 포함될 수 없다. 군중인간은 모든 사람의 사업을 자신의 것으로 생각함으로써 자신의 사업을 모든 사람의 것으로 생각해버린다. 그가 지켜야할 기준은 단 하나뿐이다. 하지만 그것은 그가 속한 군중의 기준이다. 왜냐면 그것은 극히 보편적이고 비개인적인 성격을 지녀서 어떤 개인도 현실적으로 독점할 수 없는 기준이기 때문이다.

필연적으로 의식의 개성을 적대시할 수밖에 없는 군중심리의 절대주의는 칸트의 윤리철학 속에서 완벽하게 합리화된다. 의무개념의 절대주의는 대중적 군중정견 발표들을 통해서 다소 어설프게 구체화되지만, 그것의 본질적 차원에서는 신중히 분석된 의지가 드러나는 어디서나 항상 선전선동구호 같은 것으로 현존한다. '개인이 목적'이라는 칸트의 단언에 우리는 속지 말아야 한다. 목적인 개인은 당신도 나도 어느 누구도 아니다. 그런 개인은 단순한 논리적 추상에 불과하다. 칸트는 모든 인간이 똑같은 목적이라고 선언함으로써 모든 개인적 차이를 무시하고 결국 개체성 같은 엄연한 사실도 무시했다. 그래서 오직 우리가 동일한 존재들이라는 것 ― 우리가 이른바 "합리적 존재들"이라는 것 ― 을 대변하는 속성들만 국한해보면 우리는 각자가 목적이라는 것이다. 그러나 이런 합리적 존재는 개인적 지성이 아니다. 그것은 하나의 허구이자, 선험적으로 존재한다고 가정되며 모든 실존하는 지성에 보편적으로 평등하게 적용될 수 있는 것처럼 취급되는 정신기능들의 총합이다.

"나는 오직 내가 할 수 있는 행위만 할 것"이라는 말은 "나의 좌우명이 보편법칙이 되어야 한다는 말도 될 것"이라는 칸트의 주장은 결국 자신들의 좌우명들을 보편법칙들로 만들려고 애쓰는 모든 군중에게 정당성을 제공한다고 이해되어도 무방할 것이다. "보편법칙"을 안다고 감히 주장할 수 있는 자가, 그리하여 양심을 위한 법률을 제정하려는 뻔뻔한 시도를 감행할 수 있는 자가 합리주의자나 군중인간이 아니면 과연 누구겠는가? 하지만 그렇게 뻔뻔한 자도 응분의 희생을 치르기 마련이다. 따라서 그가 자신의 도덕의지를 보편적인 것으로 만들려면 그 의지를 완전히 비개인적인 것으로 만들어야 한다. 칸트는 『실천이성비판 *Kritik der praktischen Vernunft*』(1788)에서 다음과 같이 말한다.

우리가 이 원칙의 현실성을 인간본성의 특성들로부터 연역하려고 생각하지 말아야 함을 기억하는 것은 극히 중요하다. 왜냐면 의무는 행위의 실천적이고 무조건적인 필수요소이기 때문이다. 따라서 의무는 [정언명령이 완벽히 적용될 수 있는] 모든 합리적 인간의 버팀목일 수밖에 없고, 오직 이런 까닭에 모든 인간의지의 법칙도 될 수 있는 것이다. 그런 반면에 의무가 인류의 자연적 특성들로부터 즉 특수한 감정들이나 성향들로부터 연역한 것들과 무관하게, 아니면, 심지어 이성의 타고난 어떤 특수한 경향으로부터 연역할 수는 있을지라도 모든 합리적 인간의 의지에 반드시 부합할 필요는 없는 것들과도 무관하게, 의무가 우리에게 제공할 수 있는 것은 법칙이 아닌 좌우명이다. 그 좌우명은 객관적 원칙이 아니라 우리의 성향이나 경향대로 행위할 수 있게 해주는 주관적 원칙이다. 실제로 의무에 담긴 명령의 **숭고성과 고유한 위엄이 자명해질수록 그 명령에 순종하려는 주관적 충동들은 약화되므로**, 법칙을 준수할 의무를 일말이라도 약화시키지 못하거나 법칙의 효력을 일말이라도 줄이지 못하면 **그 명령에 반발하려는 주관적 충동들은 점점 강해진다.**[57]

의무를 따르는 행위는 그 행위로 달성할 **목적으로부터가 아닌** 그 행위를 결정하는 좌우명으로부터 그 행위의 도덕적 가치를 도출한다.

57) 칸트, 『실천이성비판 *Critique of Practical Reason*』, 토머스 애버트(Thomas Kingsmill Abbott) 영역(英譯)(Longmans, Green and Co., 1898), p. 43[53].

그것[이런 도덕적 가치]은 그 행위로 달성할 목적들과 무관하게 다른 어느 곳에도 아닌 오직 **의지의 원칙**에만 존재할 수 있다.[58]

여기서 우리가 가장 주목해야 할 것들이 바로 이런 '보편자(普遍者) 안에서 소멸하는 의식적 자아', '경험지식에서 멀어지는 과정', '지향하는 **목적들과 무관한** 치명적 결과마저 초래할 수 있는 선험원칙에 대한 요구'이다. 이것들은 편집병자가 당대의 유행을 좇아서 행하는 것들과 정확히 일치한다. 군중사고방식에서 이것들은 흔히 무차별적 파괴와 대량학살을 위한 수단들로 조작된다. 지금까지 폭도군중을 자극해온 것들은 이런 부정논리와 무의식적 행동논리였다. 그 결과 강박적 사고방식은 거대한 남녀집단의 의지를 좌우하면서 다름 아닌 진리나 정의의 이름으로 그들에게 가장 잔학한 행동들까지 강요한다. 대중운동들의 대부분에서 지식의 합목적성을 박탈하고 광신성과 고집불통기질을 폭발시키며 하나의 관용구를 위해 사람들을 죽음으로 내몰아 살해하는 것도 바로 강박적 사고방식이다. 이런 사고방식은 세일럼 마녀재판[59]으로, 로스메르 저택[60]의 고문실(拷問室)로, 시체더미로, 물방아용 저수지로 직통한다.

이렇듯 강박적인 군중사고습성(群衆思考習性)은 바야흐로 광범하게 확산된 나머지 그것의 합리주의적 부정(否定)들이 우리 대부분의 일상적 정신습성들에까지 미치는 영향력들을 추적하기는 불가능할 지경이다. 우리는 마치 누군가 우리에게 지시한 행동밖에 할 줄 모르는 듯이 살아간다. 그러다가 우리 자신들이 하늘에서 내리는 비만큼 불가피한 존재들이고 바

58) 앞 책, p. 16[20].

59) 세일럼 마녀재판(Salem witch trials): 미국 동부의 매사추세츠 주에 있는 세일럼이라는 마을에서 부두교(Voodoo敎)의 악마에 홀린 "마녀"로 몰려 유죄판결을 받은 여성 19명이 교수형을 당하고 200명에 달하는 다른 많은 여성들까지 혐의자로 몰려서 박해당한 광란적 종교사건으로 1692년 5월부터 같은 해 10월까지 계속되었다.

60) Rosmersholm: 입센이 1886년 창작한 동명의 희곡 『로스메르 저택 *Rosmersholm*』의 무대배경.

위들과 언덕들의 것과 똑같은 존재권리를 지닌 현실적 존재들이라는 사실을 깨달으면 우리는 화들짝 놀라고 만다. 그런데도 우리는 마치 삶의 목적과 목표가, 마치 우리와 무관하게 자족적이고 독립적으로 존재하는 어떤 선(善) — 결코 누구에게도 현실감을 주지 못할 어떤 선 — 에 봉사하거나 그선을 변호하는 데 있기라도 하다는 듯이, 그선에게 용서를 구하고 우리의 존재이유를 해명해야 한다고 느낀다. 또한 우리는 정작 우리가 만들고도 우리 위에 군림하도록 내버려둔 분노한 통념들 앞에서 굽실대며 오직 지시받은 일밖에 하지 않는 하인들처럼 행동한다. 우리는 미덕들을 바람직한 선(善)들을 실현하는 습관적 방식들로 생각하기보다는 자아가 아닌 다른 어떤 것이 우리에게 억지로 요구한 것들이라는 듯이 생각한다.

우리가 우상시하는 선이니 미덕이니 하는 따위의 거창한 단어들은 우리를 알아보는 눈도 우리의 행동을 이해하는 가슴도 지니지 못했다는 것, 그리고 그런 단어들은 통념들의 상징들에 불과하므로 우리가 담대하게 그것들의 주인들이 되기만 하면 아주 유익하게 활용할 수도 있으리라는 것을 우리는 잊지 말아야 할 것이다.

우리가 현실적으로 존재한다는 사실과 우리가 현실적으로 원하는 사실을 정직하게 직시한다면, 이런 인식을 바탕으로 우리의 관계들을 서로 재조정한다면, 그리하여 신경증환자에게 그의 무의식적 소망을 알려줌으로써 그를 치료한다는 심리분석학의 방법과 어떤 면에서 동일한 방법을 우리도 사용한다면, 우리는 틀림없이 군중사고방식의 강박을 벗어날 수 있을 것이다.

그런 치료법 같은 것이 불가피한 것이라면 사회에 필요한 것도 자명해진다. 오늘날 군중은 무식자와 유식자를 불문한 우리 대다수의 피부 바로 밑에 숨어서 암약한다. 군중폭력이 돌발하는 빈도가 지속적으로 증가해온 원인은 모든 곳에서 고무되는 군중사고방식이다. 언제든지 우리를 삼켜버릴 수 있는 군중은, 결국은, 아주 존경할 만한 것들, 이상주의적인 것들, 도덕적인 것들로 여겨지는 사고방식들의 우발적 숙성결과에 불과하다.

제 7장

혁명군중의 심리

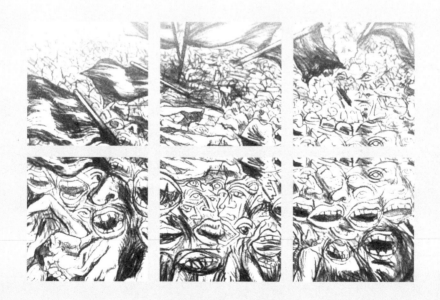

혁명기간의 군중심리는 최선으로도 보이고 최악으로도 보인다. 많은 견해들을 참고해볼 때 혁명은 본질적으로 군중현상이라서 혁명이라는 용어와 군중지배라는 용어도 거의 동의어나 마찬가지라고 할 수 있다. 1917년 봄[61] 러시아의 급진사회주의자(볼셰비키)들은 "만세, 군중은 러시아를 지배하고, 민중은 세계를 지배하라"고 외쳤다. 그들보다 더 보수적인 또 다른 사회주의자들은, 군중이 지배하는 곳에서 필연적으로 발생하리라고 예상되는 사건만 러시아에서 발생했다는 근거 없는 주장에 자극된 모든 과격행위와 잔학행위를 목격했다. 혁명이념 자체는 군중통념이나 거의 마찬가지다.

"혁명"이라는 단어가 인간들의 사고습성들, 삶의 방식, 인간관계들이 근본적으로 변하는 과정을 의미하는 것으로 이해된다면, 중대한 "혁명들은 비교적 소규모의 군중사고방식과 군중폭력으로도 달성될 수 있고 또 달성되어왔다"고 말해질 수 있을 것이다. 문명의 정규적 발전과정의 대부분, 예컨대, 19세기의 대대적인 과학발전, 문화보급, 예술적 가치들의 창조, 생활수준의 향상 등도 혁명적 변화들이다. 하지만 그런 변화들은 점진적으로 이루어진다. 그것들은 무수하게 실행되는 현실적응들을 통해서, 언제나 실현 가능한 목적들을 지향하는 생각들을 통해서 이루어진다. 그런 과정에서 새롭거나 이따금 예기치 못한 결과들이 달성된다. 하지만 그 결과들은, 모든 유기체의 성장과 모든 건전한 생각도 그렇듯이, 현실세계 안에서 성공하는 일련의 적응들을 통해서 달성된다. 진정한 진보가 그런 식의 변화들을 통해서 이루어진다는 것은 의심할 여지없다. 그렇지만 우리가 순조롭게 진보의 여정을 달리려면 개인행동을 할 때도 사회행동을 할 때도 언제나 우리는 이성적 존재들이 되어야 할 것이다.

어리석은 짓이나 위선적 행동은 사회적으로나 정치적으로 흔하게 저질러진다. 성공적인 적응이 "최대다수 행복"을 계획적으로 실현하는 과정에서 발생하는 사회문제의 해결책이 되는 경우는 드물다. 저마다 자기만 중요하다는 허구, 자기이상화(自己理想化), 지배욕의 자극을 받아 투쟁하는 군중들에게 흔히 제시되는 해결책은 현상유지 아니면 세력균형이다. 그것은 일시적으로 우세한 위치에 있는 군중이 유지하는 불안한 균형상태이다. 우세한 군중 자체는 서로 티격태격하는 당파들로 구성될 수도 있지만, 그 당파들은, 그들의 이기적 자존감(自存感)을 유지해주는 우월한 세력을 충분히 공유하는 한에서, 그들의 구성원들이 상위서열에 속한다고 실제로 믿을 수 있는 한에서, 혹은 그들이 사회적 경쟁에서 승리하리라는 희망을 계속 품는 한에서, 그들이 속한 군중세력에 정당성을 제공하는 선동구호들을 반복하여 외치는 방식으로 통합된다. 그 통합에 의해 몇 가지 질서는 사회혼란 때문에 무너질 수 있다는 견지에서 보면 군중통합을 가능케 하는 어떤 진리의 요소가 존재한다.

그렇더라도 우세한 군중은 그들의 우세한 위상을 처음부터 굳건히 확립해준 군중기질의 대부분을 항상 유지한다는 사실은 변함없다. 모든 군중의 통념들과 마찬가지로 우세한 군중의 통념들은 구성원들의 자존감 유지, 자체보호, 통합성 유지, 정당성 획득을 위해 고안된 수단들이다. 따라서 그 통념들은 사회적으로 발생하는 새롭거나 당혹스러운 사태들에 대응하기 위한 보조수단들에 불과하다. 특정한 부류의 견해들, 편견들, 관행들, 격식들이 저마다 상응하는 사회적 위상을 "존경하여 따른다"는 것은 부정될 수 없다. 그것들은 "부류"나 계급의 진부한 습관들이다. 비유컨대, 그것들은 "국회의원"을 특별한 인물로 보이게 해주는 금배지 같은 것들이다. 그런 군중격식들 중 다수는 일상적 가치들을 재현하는데, 그런 가치들 중 일부는 우리가 현실을 상대하는 데 유용한 것들이다. 그런데 만약 그렇지 않다면, 즉 정신에 각인된 문신들 혹은 습관적 격식들 일체가 해로운 것들이라면, 그것들을 실행하는 군중은 스스로를 유지할 수 없는 불행한 처지에 놓일 수 있다. 격식주의의 실익을 우선시하는 계산적 생각들이 군중의 사고방식들과 행동방식들을 직접 관할하지 못한다는 것은, 섬녀가 "사회적 관행습속들"에 관해서 말한 대로, 그런 생각들 중 다수가 현실문제들을 다루는 데 해롭거나 소용없는 것들이다.

그래서 우세한 군중은, 자신들의 우세한 지위를 굳건히 유지하기 위해서라도 계속 군중으로 남고자 한다. 그리고 자신들이 겪는 갈등 및 딜레마의 형식들 속에 모든 사회현실을 윽박아 넣으려고 진력할 것이 분명하다. 우세한 군중집단으로부터 아무 보상 없는 위안과 노동을 강요받는 사람들 대다수의 자아감정은 필연적으로 상처받을 수밖에 없다. 그 사람들은 자신들보다 더 행복한 이웃들의 운명과 자신들의 운명을 대조해볼 수밖에 없을 것이다. 짐작컨대 인간들은 무엇보다도 열등감에 가장 강하게 저항할 것이다. 사회적 지위의 차이가 개인의 가치나 능력의 차이 같은 것들에서 비롯된다고 암시하는 듯한 모든 의견은 극심한 원한감정을 유발한다. 원한감정이 생기는 즉시 무의식은 보상심리들을 꾸며내기 시작한다. 중세유럽에서 "모든 인간은 형제였으므로 교회제단 앞에서와 천국에서는 모두가 평등했다." 따라서 사회질서 안에서 널리 인정되던 차이들보다는 오히려 가치의 차이들이 평민의 관심을 사로잡았다.

르네상스의 영향이 동시대 모든 인간의 관심을 영혼의 왕국에서 속세의 실생활로 돌림으로써 보상심리들도 '미래세계에 대한 생각들'에서 '현재세계의 미래에 대한 꿈들'로 바뀌었다. 상처받은 자아감정은 지배군중의 지배력에서 유출된 경제적 불평등이나 정치적 불평등을 집요하게 물고 늘어졌다.

프랑스 혁명기간에 옛 귀족들만큼이나 노골적으로 빈민착취 능력을 발휘한 제3계급 또는 부르주아 계급은 학대와 착취에 시달리는 "민중"의 편은 오직 자신들밖에 없는 줄 알았다. 귀족에게 착취당하는 빈민의 고통들은 증오스러운 귀족에 대항하던 모든 인간의 불만들을 재현했다. 이 상인시민(부르주아)들이 설교하던 "자유, 평등, 우애"의 개념들도 여태껏 우리가 논의해온 것들과 같은 종류의 보상용 군중통념들로 쉽사리 변했다.

사회적 지위를 얻는 평민(상인시민)들은 장식용 가발을 즐겨 쓰며, 사륜마차를 즐겨 타고, 고급의상을 즐겨 입으며, 그들만의 배타적 사교모임을 즐기고 참으로 거만하게 굴면서 거드름을 피워댔다. 자신들도 단 한 번이나마 기회만 잡는다면, 조상들의 우월성을 그대로 물려받기만 한 귀족들과 하등 다를 바 없는 고상한 신사숙녀들이 될 수 있다고 생각했다. 그래서 그들은 외쳤다. 귀족들을 타도하라! 모든 인간은 평등하고 또 언제나 평등하다! 우애와 **마음껏 재능을 펼칠 기회**, 형제애와 자유로운 경쟁이 허용되어야 마땅하다!

여태껏 내가 사회적 폭동과 불안에 관해서 이해하거나 알아낸 모든 것을 근거로 확신하는 바는 그렇듯 상처받은 자아감정이, 혹은 개인적 열등감에 저항하는 방어심리가, 사회적 폭동과 불안의 유일한 원인은 아니되 가장 강력한 원인이라는 것이다. 그런 자아감정 혹은 방어심리는 어디서든, 예컨대, 종교개혁시대 성직자들에 대한 평신도들의 증오심으로부터도, 교육받지 못한 사람 특유의 통념복합체로부터도 돌출할 수 있다. 그런 복합감정이 참으로 일반적인 것임을 간파하는 사람은 극히 드물다. 복합감정을 자극하여 지식인을 풍자하는 교묘한 언변은 미국에서, 특히 보드빌[62]이나 대중연설장에서, 가장 흔히 발견되는 군중

유머의 형식이다. 나는 오늘날 종교부활이 학자들에 대한 대중의 저항을 광범하게 대변하는 중대한 특징이라는 것을 이미 지적한 바 있다. 빌리 선데이 전도사의 장황한 설교를 제대로 이해할 사람도 없을 것이고, 또 그 사실을 부정할 사람도 없을 것이다. 뉴욕 시 역사상 시장선거에서 가장 많은 표를 얻어 당선된 시장은 선거운동기간에 부각된 주요현안에 대한 "전문적 연구조사"를 반대한 후보였다. 나는 청중의 환심을 사려고 교묘한 언변에 의존하는 대중연설자들을 누차 목격했다. 복합감정을 유발하는 언변을 구사하고도 청중의 갈채를 받지 못한 대중연설자들을 나는 보지 못했다. 이런 언변은 엄정한 학술대회들이 아닌 일반적인 집회들에서 효과를 발휘한다.

여기서 흥미로운 점은 그토록 동일한 청중들이 군중연설자에게는 대학교육을 조롱하라고 부추기면서도 오히려 대학교육의 가치를 무엇보다도 과대평가하는 통념을 지녔다는 것이다. 나는 그동안 아주 많은 사람들과 개인적으로 대화하면서 그들로부터 그런 모순점을 드러내는 이야기를 이끌어내려는 시도를 꾸준히 해왔는데, 그 결과 나는 누구나 그런 모순점을 거의 똑같이 드러낸다는 사실을 알았다. 예컨대, 어느 담배제조업자는 "아, 기회가 왔을 때 학교를 다닐 만한 충분한 분별력만 제게 있었더라도 좋았을 겁니다!"라고 말한다. 어떤 기계정비공은 "교육받을 기회가 제게 주어졌다면 저는 다른 사람이 되었을 겁니다"라고 말한다.

이런 식으로 말하는 사람들을 만날 때마다 내가 수년간 지루하게 공부한 것들은 지금 조금밖에 기억하지 못한다고 그들에게 누차 말해주지만, 이런 말도 — "교양인이 되려고 대학에 다닐 필요는 없고, 학습능력과 진정한 지식적 관심들을 가진다면 거의 누구나 어디서든 많은 것을 배울 수 있다"고 내가 부연해주기 전까지는 ─ 언제나 위로효과밖에 발휘하지 못한다. 나의 이런 말을 듣고 당혹한 사람들은 자신의 정상참작을 구하는 변명을 늘어놓는다. 그들은 "하지만 당신도 알다시피 하루일과를 마친 직장인이나 노동자는 너무 피곤하여 공부할 엄두도 내지 못한다"거나 "노동계급은 더 많은 여가를 얻을 때까지 기다려야하고 또 넉넉한 여가를 얻어야 비로소 교양도 쌓을 수 있을 것이다"고 말한다. 군중심리가 사실은 내면의 열등감에 저항하는 방어기제의 일종이라는 나의 견해는 거의 부정될 수 없을 것이다. 그런 열등감과 관련된 흥미로운 것은 대학졸업자의 우월성을 과대평가하는 통념인데, 비(非)대학졸업자들은 주로 이 통념을 위안으로 삼는다. 여기서 확인되는 것은 이런 통념이 결국 우월성의 개념을 싸구려로 만드는 것에 불과하다는 것이다. 그리하여 개인적 탁월성은 아무나 획득할 수 있는 것으로 여겨진다. 그것은 선천적인 것이라기보다는 후천적인 것이기 때문이다. 이제 인간은 "교육을 받으면", 즉 단지 몇 년간 교과서들을 관행적으로 탐독하기만 하면, 우월한 어떤 장점을 지닐 수 있다고 통념된다. 그래서 아무나 우월해질 수 있는 것이다. 그러므로 "나도 기회만 잡았다면, 혹은 내게 기회만 주어졌다면, 지금은 유명해졌을 것이다." "나 자신과 세상에서 가장 위대한 천재의 차이는, 최소한으로 가정하더라도, 내가 건너지 못할 정신적 간격에 있는 것은 아니다." "그것은 차라리 '습득한 자격'이요 특별한 기회의 단순한 결과이지 영원한 것은 아니다. 그래서 본질적으로 우리는 모두 평등하다."라고 말한다.

이런 통념에 대한 우리의 분석결과들을 확증해주는 많은 사실들이 예시될 수 있다. 군중은 언제나 칼라일, 윌리엄 제임스, 니체, 괴테의 천재이론에 대해 원한감정을 품는다. 천재성은 선천적 우월성이 아니다. 그것은 노력의 결과이다. 천재는 독특한 개인의 능력이 아니다. 그는 일종의 "대표인간"이다. 그는 동시대인들이 생각하는 것을 정확히 말할 줄 알뿐이다. 즉 동시대인들이 정확히 말할 수 없는 생각을 쉽게 정확히 말할 수 있는 인간이 바로 천재이다.

군중의 관점에서 보면, 루터는 종교개혁운동의 창도자가 아니고, 페트라르카는 르네상스운동의 창도자가 아니다. 군중은 그 운동들 자체가 그런 창도자들을 배출했다고 통념한다. 그런 통념을 따르면, 천재는 오직 민중의 의지를 해석하고 충실히 따르기만 했을 뿐이다. 그러므로 천재가 되려면 민중이 기존에 생각하는 것들을 민중에게 정확히 설명해줄 수 있을 정도로 열심히 공부만 하면 된다고 생각한다. 그래서 천재의 우월성은 교육받은 여느 사람의 우월성과 하등 다르지 않고, 다른 것은 응용력밖에 없으므로 우리는 누구나 이런 우월성을 획득할 수 있다고 통념된다. 다시 말해서, 군중이 원망(怨望)하는 "지식인의 속물근성"이란 군중인간이 질투하는 가상의 우월성을 지닌 사람들에게 투사한 그의 자존심이 꾸며낸 허구에 불과하다는 말이다. 교육받지 못한 사람은 그런 허구를 받아들이고 심지어 과대평가하기도 한다. 왜냐면 그것은 그가 "기회만 잡았다면" 과시할 수 있었으리라고 상상하는, 심지어 지금도 그가 지녔지만 인정받지 못한다고 상상하는, 그러나 사실 그는 알지 못하는, 우월성과 동일한 것이기 때문이다.

지금까지 나는 우회적으로 설명해왔는데, 왜냐면 나는 이렇게 우회적인 설명방법이, 혁명선전선동 및 혁명활동들의 배후에서 작용하는 심리과정들을 예증하는 데도 유용하다고 생각하기 때문이다. 나는 중세시대나 봉건시대나 자본주의시대에 우세한 군중이 열세(劣勢)한 군중들을 상대로 자행한 사회적 부당행위와 경제적 노예화의 정도(定度)와 범위를 최소화하기 위한 시도는 하지 않을 것이다. 그러나 향후 다른 여느 군중들만큼 빠르게 형성된 "프롤레타리아 계급"의 특정 파벌들을 포함한 모든 우세한 군중은 그렇게 부당한 실천들에 의존할 것이고, 여타 군중들보다 조금이나마 우월한 세력 덕분에 효력을 발휘할 기회를 얻은 도덕적 표어들을 동원하여 자신들의 실천들에 정당성을 부여할 것이다. 그리하여 "주인계급"을 끔찍한 패악들의 주범들로 몰아서 비난하는 동어반복이 상당기간 지속될 것이다. 그러나 우세한 군중과 열세한 군중을 반목시키는 진정한 쟁점은 우세한 군중이 자행한 경제적 "착취"라기보다는 오히려 우세한 군중의 구성원들이 지녔을 것으로 추정되는 개인적 우월성이다. 그것은 프랑스 혁명의 지도자들이 부유한 부르주아들이었다는 사실, 그리고 오늘날 노동계급을 이끄는 혁명지도자들은 자본주의적 착취에 시달리는 "불우한" 희생자들이 아닌 고도로 숙련된 기술을 보유한 고임금노동자들로, 전혀 "프롤레타리아들"이 아닌 특정 지식인들이라는 사실로도 증명된다.

이제 우리는 문제의 핵심에 도달했다. 지식인들의 것으로 추정된 개인적 우월성과 흡사한 우세한 군중의 우월성이라는 허구는 열세한 군중의 원한감정을 자극하는데, 왜냐면 열세한 군중이 그런 허구를 **암암리에 인정하기** 때문이다. 물론 우세한 군중은 다른 모든 군중과 마찬가지로 자존감들에 강박되어있고, 그런 자존감을 확실히 지켜주는 것은 우세한 군중의 사회적 위상이다. 하지만 그런 허구적 우월성은 우세한 군중이 노골적으로 인정하는 가치라서 열세한 군중의 원한감정을 자극한다. 왜냐면 그것은 열세한 군중도 열망하는 개인적 우월성과 똑같은 것이기 때문이다.

오늘날 민주주의의 표어들을 소속 군중의 유행어들로 만들어버린 자들은 흔히 현대사회의 쟁점은 민주주의와 자본주의 사이에 있다고 말한다. 어떤 의미에서 이 말은 사실일 수도 있지만 피상적으로만 그럴 수 있을 따름이다. 진정한 쟁점은 '사회적으로 존재하는 개인의 자아'와

'군중' 사이에 있다. 내가 볼 때 자본주의는 이른바 민주주의라는 논리의 제1결과이다. 자본주의는 상인군중의 사회적 우월성을 표현하는 것에 불과하다. 지난 100년 동안 우월한 상업능력 ─ 산업을 조직하고 상품들을 판매하는 능력 ─ 은 다른 어떤 능력들보다 많은 보상을 받았는데, 왜냐면 무엇보다도 상업능력은 일반인들이 가장 쉽사리 인정하고 선망하는 종류의 ─ 대저택, 고급의복, 자동차, 배타적 사교모임 따위로 대변되는 ─ 성공을 가능하게 해주기 때문이다. 예컨대, 휫티어[63] 같은 훌륭한 시인이 만약 지금도 살아서 작은 시골마을 잡화점의 난롯가에 쪼그려 앉아있다면 아무도 그를 훌륭한 시인으로 생각하지 않을 것이다. 그의 명성을 시샘하는 사람들은 있을 수 있어도 그들이 이해하지 못하는 그의 시심(詩心)을 시샘하여 그것에 매료되는 사람은 거의 없을 것이다. 하지만 그들의 공동체에서 신흥졸부는 이해된다. 즉 누구나 그 졸부의 성공을 이해하고 시샘할 수 있다는 말이다. 따라서 그 졸부는 시샘받는 동시에 존경받는다.

63) John Greenleaf Whittier(1807~1892): 노예제 철폐를 열렬히 지지한 미국의 시인. 그는 19세기 미국 뉴잉글랜드에서 활동한 이른바 '노변시인(爐邊詩人)'들로 불리던 시인들 중 한 명으로 유명하다.

더구나 상업능력은 보통사람이 자신도 어느 정도는 지녔다고 가장 일반적으로 생각하는 종류의 능력이다. 그래서 그가 현대사회에 존재하는 부당한 경제적 불평등에 대한 불만을 늘어놓으며 성공한 사업가를 착취자로 비난하는 동시에 그 사업가의 권력을 두려워할지라도, 결국은 그 모든 불평등을 참고 견딜 것인데, 그런 그의 정신상태는 학생동아리에 가입하여 신고식만 잘 치르면 재미있는 동아리활동을 즐기게 되리라는 기대감에 젖어 가혹한 신고식도 참고 견디는 학생의 정신상태와 흡사하다. 열세한 군중의 구성원들은 혁명이념들을 이해하기 시작하면서부터 비로소 "부자(富者)들처럼 되고 싶은" 자신들의 꿈이 결코 실현될 수 없으리라는 의구심을 품기 시작한다. 다시 말하면, 열세한 군중은 현재 우세한 군중에 합류하겠다는 희망을 억지로 포기해야만 비로소 자신들이 우세한 군중을 타도하고 우세를 점할 수 있으리라는 꿈을 꾸기 시작할 수 있다는 말이다.

그런데 우세한 군중도 열세한 군중만큼이나, 어쩌면 더욱 맹렬하게, 사회의 부당한 사태를 비난한다. 그것은 혁명에 선행하는 모든 기간의 역사가 증명한다. 나는 이제부터 그런 혁명에 선행하는 역사를 비교적 자세히 살펴볼 것이다. 내가 주장하고 싶은 두 가지 사항은, 첫째, 혁명이라는 단어가 기존질서에 대항하여 발생하는 폭력을 의미한다고 본다면 혁명은 심리적 군중현상이라는 것, 둘째, 혁명이 발생하여 전개되는 데 필요한 군중은 두 종류라는 것이다.

르 봉 같은 학자들은 혁명적 사건들에서 우세한 군중이 담당한 역할을 무시했다. 그들은 혁명을 오직 열세한 군중의 행동으로만 생각했다. 그들은 군중과 민중이 동일하다고 추정한다. 그들이 쓴 글들은 일단 자극된 민중심리의 과격성과 위험성을 경고하는 보수적인 글들에 불과할 수 있다. 섬너는 다음과 같이 말한다.

> 도덕전통들은 아무도 무시할 수 없는 지침들이다. 그것들은 사회 관습들 속에 존재하고, 그런 관습들이 겪는 모든 중대한 혁명의 와중에 사멸한다. 그 결과 민중도 도덕을 상실해버린다.[64]

르 봉은 『프랑스 혁명과 혁명심리 *La Révolution Française et la psychologie des révolutions*』(1912)에서 다음과 같이 말한다.

민중은 살인, 방화, 약탈, 파괴를 포함한 가

---

64) 섬너, 「사회적 관행습속들 *Folkways*」(Dover Publications, Inc., 1906), p. 653.

장 끔찍하고 잔인한 짓들도 저지를 수 있고, 그들이 오늘 찬양하던 영웅을 내일 시궁창에 처박아버릴 수도 있다. 그들은 하나같이 그렇다. 프롤레타리아들은 민중의 미덕과 높은 지혜를 자랑하고 민중의 모든 결정에 굴복하기를 중단하지 않을 것이다.

그렇다면 이런 민중이라는 실체는, 즉 혁명주의자들이 무려 1세기가 넘도록 숭배해온 이 불가사의한 물신(物神)은, 과연 어디에 존재할까?

민중은 두 범주로 분류될 수 있다. 첫째 범주는 생업을 지속할 수 있는 평온과 질서를 원하는 모든 종류의 농민들, 상인들, 노동자들을 포함한다. 이런 종류의 민중은 다수를 형성하지만, 이들의 다수는 결코 혁명을 유발하지 않는다. 부지런한 침묵 속에서 살아가는 그들을 역사학자들은 무시한다.

둘째 범주는 알코올중독과 빈곤에 찌든 타락자들, 도둑들, 거지들, 가난한 "떠돌이 노동자들", 매사에 냉담한 실업자들 — 이들이 폭동 군중의 위험한 다수를 이룬다. 이 불길한 하층민들은 모든 혁명을 더럽히는 대량학살을 자행한다. 하층민들 중에서도 가장 저열한 자들과 게으르고 냉담한 자들까지 쉽사리 폭동에 가담한다. 그들은 다른 사람들이 함성을 지르기 때문에 함성을 지르고, 폭동이 발생했기 때문에 폭동에 가담한다. 그들은 함성이나 혁명을 유발한 원인에 관해서는 아예 생각조차 하지 않는다. 환경의 암시력(暗示力)이 그들을 절대적 최면에 걸어버렸기 때문이다.[65]

65) 르 봉, 『프랑스 혁명과 혁명심리 The Psychology of Revolution』, 버나드 마이얼(Bernard Miall) 영역(英譯), (T. Fisher Unwin, 1913), pp. 70~71.

섬너, 고비노, 파게, 윌리엄 마틴 컨웨이가 약간씩 변주하여 주장하는 이런 견해는 절반의 진실에 불과하기 때문에 비(非)역사적인 동시에 비(非)심리학적인 것이라고 나는 믿는다. 이 하층민들은 혁명이 터지는 순간에 위험한 폭도군중이 된다. 그들은 어떤 사회질서에도 순응하지 않지만, 판에 박힌 일상생활의 틀을 조금만 벗어나도 평정심을 잃어버린다. 사회를 통제하는 어떤 집단을 다른 집단이 타도하는 순간 사회의 권위는 약해진다. 그런 과정은 하층민들이 볼 때, 첼리니[66)]가 묘사했듯이, 사망한 율리우스 2세(Pope Julius II, 1443~1513)의 교황직위를 레오 10세(Pope Leo X, 1475~1512)가 계승하던 2~3일간의 공백기간과 비슷하게 보일 것이다. 자신들을 통치할 수 있는 누군가를 원하는 사람들은, 자신들이 다수를 이루면, 전면적 혼란의 와중에 원하는 기회를 포착할 수 있을 것이다.

66) Benvenuto Cellini(1500~1571): 이탈리아의 금세공자, 조각가, 화가, 군인, 음악가.

그들은 그 순간까지 아랑곳하지 않던 혁명용 선동구호들에 갑자기 반응하고, 몽유병자처럼 혁명적 군중통념들에 좌우되면서, 그 통념들이 조종하는 자동인형들처럼 치명적 결말로 곤두박질해버린다. 하지만 그런 군중은 진정한 혁명군중이 아니라서 결국에는 언제나 새롭게 등장한 우세한 군중에 밀려 제자리로 복귀하고 만다. 진정한 혁명군중의 구성원들은 혁명의 정당성을 증명하는 자신들의 "태도들"에 대한 선망을 자극할 만큼 우세한 집단이다.

르 봉 같은 학자들은 지배계급도 폭동군중과 마찬가지로 군중일 수 있다는 것과, 혁명군중들의 폭력행동은 군중사고방식의 논리가 곧바로 실천된 결과에 불과하다는 것을 무시한 듯하다.

흔히 혁명은 통치형태의 돌발적이고 폭력적인 변화로 여겨진다. 그러나 지금까지 말해진 사항들을 감안하면 그런 개념정의는 너무 협소하게 보일 것이다. 나의 이런 의견은 역사가 증명해줄 것이다. 프로테스탄트의 종교개혁은, 르 봉도 밝혔듯이, 분명한 혁명이었지만, 그것은 정치체제에나 심지어 교회조직에도 많은 영향을 끼쳤다. 프랑스 혁명은 이

전에도 몇 차례 변화를 겪었던 프랑스의 정치체제를 급변시켰고 이후에 등장하는 제정시대를 거쳐 왕정복고시대에까지 영향을 미쳤다. 나중에 부르봉(Bourbon) 왕가나 오를레앙(Orléans) 왕가의 사람이 프랑스 국왕에 다시 등극하지만, 그렇게 복위된 왕이나 왕위승계자는 명색뿐인 왕에 불과했다. 신흥계급으로 등장한 제3계급은 프랑스의 실질적 지배세력으로서 존속했다. 토지소유권도 변화를 겪었다. 소유재산을 통제하는 권력은 1789년 미라보의 지휘를 받아 혁명을 개시한 집단의 것이었다. 그리하여 새로운 독재가 낡은 독재를 계승했다. 이런 과정이 바로 혁명이라는 것 — **새로운 군중독재** — 이다. 러시아의 혁명가들도 바야흐로 "프롤레타리아 독재"라는 말을 사용하면서 이런 사실을 솔직히 인정한다. 당연히 그들은 이런 독재야말로 진정한 "모든 민중의" 독재라고 주장한다. 하지만 그런 주장은 모든 우세한 군중이 권력탈취를 위장하는 데 동원하는 낡은 허구에 불과하다. 자본주의 공화정체도 모든 민중의 지배체제이고, 이른바 신의 권위를 위임받았다는 교황과 국왕도 사실은 "만민(萬民)의 종복들"에 불과하다.

이렇듯 군중심리는 지배를 원하는 의지 같은 것이다. 사회는 서로 투쟁하는 집단들 혹은 조직된 군중들로 구성된다. 그들은 저마다 외치는 구호들을 실현하기 위해 애쓰고 사회를 통제하는 위상을 차지할 기회를 추구한다. 사회질서는 언제나 우세를 점하는 특정한 군중에게 완전히 장악된다. 혁명은 새로운 군중이 옛 군중을 밀어내고 명실상부한 우세를 점할 때 발생한다. 새로운 군중이 기존의 우세한 군중에 속하는 일개 당파로서만 머무는 경우에는 권력승계가 폭력에 의존하지 않은 채 이루어진다. 왜냐면 그런 경우에는 지배군중을 구성하는 모든 파벌이 게임규칙들을 인정하기 때문이다. 똑같은 이유로 그런 식의 권력승계는 심원한 사회변화들로 귀착하지 않을 것이다. 진정한 혁명은 기존의 우세한 군중과 그 군중의 자리를 탈취한 새로운 우세한 군중의 차이가 너무 커서 전면적 사회격변을 촉발할 때 발생한다. 종교개혁, 프랑스 혁명, 러시아의 "볼셰비키" 혁명은 모두 그런 혁명에 속한다. 그런 혁명들이 발생한 곳마다 재산소유권의 관리자들이 변경됨으로써 새로운 사회지도세력이 확립되고 그들의 권리들도 보장되었다. 종교개혁시대에 교회재산은 지역교회 신도들이나 국가나 지역단체로 이전되었다. 프랑스 혁명기간에는 토지재산이 이전되었다. 러시아 혁명가들은 몰수한 토지재산을 농민들에게 분배했고 자본을 산업노동자들의 수중으로 넘겼다.

무엇보다도 그런 식의 재산이전을 가장 중시하는 자들은 당연하게도 혁명운동들을 촉발한 경제적 원인들만 주목한다. 그러나 경제학은 비인간적인 사물들을 다루는 학문이 아니다. 그것은 오히려 인간들이 사물들과 맺는 관계들을 다루고 나아가 인간들과 사물들의 상호관계들까지 다루는 학문이다. 그것은 교환 및 소유의 가치들 및 원칙들과 유관하므로 모두 심리학적으로 다시 진술될 필요가 있다. 혁명기간에 재산소유권을 새로운 계급으로 이전하는 것은 목적이 아니라 새로운 군중의 사회지배를 위한 수단이다. 혁명군중이 신봉하는 강령이나 교리들, 이상들, 원칙들도 이처럼 새로운 지배군중의 지배를 확실시한다는 목적에 이바지하는데, 그 군중이 일단 권력을 잡으면 시행하는 사회변화들도 같은 목적에 이바지한다.

혁명들을 직접 촉발하는 것은 권력남용이 아니다. 왜냐면 모든 우세한 군중이 권력을 남용해왔고, 그 결과는 언제나 혁명밖에 없기 때문이다. 흥미로운 사실은 권력남용들이 자행되고 나서야 — 즉, 지배군중이 개혁을 위한 노력을 개시하고 나서야 — 혁명이 발생한다는 것이다. 종교개혁은 교황 레오 10세의 재위기간에 발생했다. 그것이 단지 무자비한 권력남용의 결과에 불과했다면, 교황 알렉산데르 6세의 재위기간

(1492~1503)에 혁명이 발생했을 것이다. 프랑스 혁명은 루이 16세의 머리를 단두대에 올려 잘라버렸지만, 그 혁명이 바로잡으려던 폐단들의 대부분은 루이 16세 이전 왕들의 재위기간에 발생한 것들이었다. 대부분의 경우에 권력남용은 혁명군중이 정치선동을 위해 이용하는 권력의 존재방식이기도 하기 때문에 그들이 지배세력으로 등극하고 나면 새로운 형태로 반복되는 것이다. 16~17세기의 종교개혁자들도 자신들이 예전에 감내하던 것과 흡사한 박해에 의존하여 개혁을 실행했다. 애초에 자유를 요구하면서 구성된 프랑스 국민의회도, 성립된 지 얼마 지나지 않아, 과거 루이 왕가가 꿈꾸던 것보다 더 가혹한 폭정을 자행하기 시작했다. 자본주의 국가들에서 볼셰비키(급진사회주의자)들은 자유언론의 가장 강력한 옹호자들이지만, 러시아에서 그들은 매우 효과적인 언론탄압-검열제도의 창시자들이다.

민중의 폭동이나 반란을 촉발하는 것이 그들을 괴롭히는 지배군중의 권력남용이나 박해일 확률은 극히 낮다. 민중은 가장 끔찍한 폭정들도 수세기간 말없이 참고 견뎌왔기 때문이다. 러시아 민중의 역사는 그것을 단적으로 예증한다.

따라서 **혁명은 지배군중이 약해지기 시작할 때 발생한다.** 나는 이 명제의 증거를 선전선동심리에서 찾을 수 있다고 생각한다. 전면적 혁명은 단 하루 만에 이루어지는 것이 아니다. 혁명이 유발한 격변은 기존질서와 그것의 수혜자들에 반발하는 불안과 선전선동이 장기간 지속된 연후에야 비로소 완료된다. 로마 공화국도 악티움 해전[67]이 개시되기 100여 년 전부터 이미 서서히 붕괴하기 시작했다. 포에니 전쟁[68]과 그라쿠스 형제의 반란이 유발한 사회불안

---

67) Actium 해전: 서기전31년 그리스의 서북부 해안의 작은 곶(串)인 악티움[악티온(Aktion)]의 앞바다에서 발생한 해전. 이 해전에서 안토니우스와 클레오파트라의 연합군을 격파한 옥타비아누스가 황제로 즉위함으로써 로마 공화국이 로마 제국으로 바뀌었다.

68) 포에니 전쟁(Bella Punica): 서기전264년~서기전146년에 로마와 카르타고가 세 번에 걸쳐 벌인 전쟁들의 총칭.

은 이후 1세기가 지나는 동안에도 결코 완전히 진정되지 않았다. 우세한 당파는 내분을 유발하는 이 성가신 "선동정치가들"을 축출하지 못했고, 그 결과 시칠리아의 노예들은 반란을 일으킬 수 있었다. 또한 이탈리아 농민반란도, 스파르타쿠스의 반란[69]도, 마리우스와 술라가 벌인 내전도, 로마 공화정치의 전복을 기도한 카틸리나의 음모사건도, 율리우스 카이사르가 로마 원로원을 상대로 거둔 짧은 정치적 승리도, 카이사르 암살로 실현된 원로원의 보복도, 제2차 삼두정치(三頭政治) 시대에 몇 년간 진행된 혼란도 역시 장기간 지속된 사회불안의 결과들이었다.

69) 발칸 반도 남동부의 트라키아 지방 출신의 글라디아토르(gladiator: 노예검투사)이던 스파르타쿠스가 글라디아토르들을 이끌고 로마에 대항하여 일으킨 반란(서기전73~서기전71).

　그렇게 불행한 세기 동안 연발한 문제들이 어느 순간에라도 아주 뚜렷이 혹은 광범하게 의식되었을 확률은 그다지 높지 않았을 것이다. 민중의 다양한 구성원들을 대표하여 처음 형성된 대항군중과 이어서 형성된 또 다른 군중은 지배권의 문제를 해결하려고 노력했을 것이다. 이 모든 사태를 관통한 하나의 지속적 작용요소는 지배당파의 점진적 해체였다. 로마에서 평민출신 및 중류시민출신 원로원 의원들의 지배권은 티베리우스 그라쿠스가 토지귀족들의 토지를 몰수하자고 요구한 날부터 사실상 사회적으로 시대착오적인 것이 되어버렸다. 지배군중이 자신들의 기득권을 정당화하는 데 동원하던 기존의 통념들도 기능적 가치를 상실하기 시작했다. 남은 것은 노골적이고 잔인한 폭력관행밖에 없었다. 그런 와중에 지배군중 안에서 성장하여 비범한 정신적 독립성을 지녔거나 야망을 품은 자들은 자신들이 품었던 통념의 마력을 떨쳐버리기 시작했고, 그들의 군중을 방치함으로써 지배적 위치에 있었던 군중을 내부로부터 점점 약화시키기 시작했다. 다른 집단들이 그런 약화현상을 감지하자마자 모든 종류의 불평불만과 당파이익은 지배자들을 타도하기 위한 노력들에 도덕적 정당성을 부여하기 시작했다. 전통적인 정당화용 상투어들을 반복하는 식으로 자신들의 지배권을 유지하려는 지배군중의 시도는 키케로[70]의 웅변들을 통해 확인될 수 있을 것이다. 웅변가 겸 도덕적 에세이들의 작가(키케로)가 설명하는 그 시대의 사회상황 및 심리상태와 오늘날의 그것들은 상당히 많은 유사점들을 공유하는 듯이 보인다.

70) Marcus Tullius Cicero(서기전106~서기전43): 고대 로마의 철학자, 정치가, 법률가, 웅변가.

종교개혁도 프랑스 혁명도 100여 년 넘게 지속된 오랜 사회불안 끝에 발생했다. 두 혁명은 모두 동일한 과정을 겪었다. 그 과정을 요약하면, 먼저 지배군중은 기존에 누리던 특권들을 차츰 상실한다. 그들은 시대의 변화들에 발맞춰 변하지 못할 정도로 무기력하고, 더는 신뢰받지 못하게 된 그들의 낡은 제재규약을 대신할 새로운 제재규약을 마련하지 못할 정도로 무능력하다. 그들은 적응력을 상실하고 그들의 지식과 도덕도 파탄한다. 그들은 내부로부터 점진적으로 해체되고, 감상주의와 비효율적 폭력에 의존한다. 굶주린 대항군중들은 아직 굴복하지도 않은 지배군중을 여차하면 덮칠 태세로 침을 흘리며 지배군중의 주위를 어슬렁대면서도 자신들의 게걸스러운 탐욕은 원칙에 대한 헌신이라고 정당화한다. 기존질서에서 흔히 자행되는 권력남용이나 박해를 개혁하려는 완전한 충성욕망이 태동하여 환멸감이나 열등감의 모든 표시와 함께 도덕적 분노로, 통제적인 통념들에 대한 노골적 공격으로 표출된다. 성장하는 대항군중의 심리적 찬성을 더는 얻지 못한 채 현상유지를 고수하려는 지배군중이 채택한 억압수단들에 의해 대항군중의 심리는 맹렬한 적대감으로 증폭되다가 마침내 겁 없는 만용으로까지 성장한다. 그리하여 마침내 폭력사태가 발생하고, 새롭게 지배군중으로 득세한 대항군중은 그때까지 자신들조차 거부하지 못했던 원칙들을 자신들의 지배근거들로 내세운다.

　변화를 원함과 동시에 반대하는 모든 계급의 많은 사람들이 자신들의 사고방식을 군중심리 메커니즘들에서 해방시킬 수 있다면, 어쩌면 우리를 짓누르는 사회문제들의 일부나마 해결할 수 있는 유력한 해법을 발견할 수 있을 것이고, 또 다른 혁명을 감내하는 두려운 체험을 겪지 않고도 우리 사회를 지킬 수도 있을 것이다. 그래서 우리의 희망은 현실을 충분히 접촉함으로써 군중심리에서 벗어날 수 있는 능력을 지닌, '사회적으로 생각하는 개인'에게 있다.

　갈수록 위험해져서 광범한 재건과 변화를 요구하는 사회상황이 존재한다고 가정해보자. 그런 상황에서는 가장 절망적인 군중만이 그 사실을 감히 부정하려고 들 것이다. 미래의 모든 것은 절망의 상황에 적응하려고 애쓰는 우리의 정신과정들에 좌우된다. 군중을 두 패로 분열시켜서 반목하게 만들어도 쓸데없는 불행밖에 생기지 않는다. 내가 앞에서 말했다시피, 군중사고방식은 문제들을 해결하지 못한다. 그것은 단지 우리의 내면적 갈등들을 잠재우기 위한 이상적(理想的) 보상심리들과 방어수단들밖에 만들지 못한다. 보수적 군중행동은 언제나 혁명을 재촉하는 역할 이외에 거의 아무 역할도 하지 않았다. 급진적 군중행동은 사태를 해결하지 못하고 단지 역행(逆行)시키기만 할 따름이다. 어떤 현실적 해법도 당면한 군중딜레마들을 완전히 벗어나 있다. 사회상황이 가장 시급히 요구하는 것들은 전혀 다른 종류의 사고방식, 새로운 교육, 스스로를 이해하고 군중통념들의 독재적 폭정을 탈피한 독립적 지식과 도덕을 지닌 인구의 증가이다.

　앞에서도 말했다시피, 혁명적 선전선동은 반란이나 폭동의 직접원인이 아니다. 그런 선전선동 자체는 약해지는 군중과 강해지는 군중 사이에서 무의식이 반응한 결과이다. 그것은 많은 사람들이 현재 우세한 군중의 지속적 지배력에 대한 믿음이나 찬성을 중단하고 또 다른 우세한 군중의 등장을 기대한다는 사실을 나타내는 징후이다.

보수적 군중들은 언제나 새로운 문제의 심각성을 부정한다. 보수적 군중들은 자신들이 몇 년 전 우세를 점하던 시점에서 처리하고 해결한 옛 문제들로 관심을 돌리려고 애쓴다. 그들은 옛 주문(呪文)들과 표어들이 더는 효력을 발휘하지 못하고, 현실에 당장 적용될 수도 없다는 사실과, 성장한 대항군중이 그것들에 함유된 심리를 분석하고 숨은 동기들을 찾아내어 그것들을 조롱거리로 만들 수 있다는 엄연한 사실을 완강히 부정한다. 보수적 군중들의 그런 허구 내지 허위의식은 현재의 불안이 해소되고, 만사가 제대로 돌아가며, "민중을 비하하는" 자들이 사회에서 소외되고 좌절하거나, 언로(言路)를 강제봉쇄당하거나 국외로 추방당할 때까지 계속 유지된다.

'참견을 일삼는 불순분자들이 민중들을 찾아다니며 민중들의 불행한 참상을 설명해주는 수고를 감수하지만 않으면 민중들은 자신들이 불행하다는 사실을 결코 모르리라'고 확신한 성직자들과 귀족들이 종교개혁 전에도 프랑스 혁명 전에도 대단히 많았다고 나는 믿어 의심치 않는다. 그래서인지 로마인들은 기독교도들이 당나귀 대가리를 경배한다고 믿기를 꺼려하지 않았다. 중세유럽의 가톨릭교도들뿐 아니라 레오 10세의 교황청도 북부독일에서 발생한 농민반란의 의미를 제대로 파악하지 못했다. 종교개혁에 동참한 수천 명의 사람들도 루터 수사(修士)가 아내와 결혼하기를 원한다는 근거 없는 사실밖에 몰랐다.

군중은 까닭 모를 불안들과 싸우기 위해 죽음도 불사하고, 현실의 적들이 휘두르는 칼을 향해 거침없이 돌진하기도 한다. 그 이유는 군중은 일단 자기의 마음속에 통념들의 별자리가 형성되면 **결코 아무것도 더 배우려고 하지 않는다**는 데 있다.

군중집단은 그 집단 자체가, 그리고 군중방식으로 생각하는 그들의 본능이, 군중들을 저열하게 만드는 원인들이다. 일군의 대규모 대항군 중이 처음으로 우세를 점하면, 그 군중은 그때까지 옛 질서에 대한 불만감을 공유해왔다는 단순한 이유로 자신들에게 통합된 수많은 군중들의 이질적 요소들을 권좌로 가져간다. 그때부터 그 군중에 속한 여러 집단들의 특수한 이익들은 차츰 분열된다. 그 결과 새로운 지배군중 내부에서는 파벌싸움의 형태를 띠는 권력투쟁이 지속된다. 그런 파벌투쟁은 모든 혁명운동을 대단히 복잡다단하게 만든다. 우리는 프랑스 혁명의회에서 발생한 적대적인 당파갈등들에서 그런 투쟁현상을 목격할 수 있다. 그것은 종교개혁운동이 아직 완결되지 않은 상황에서 모든 종류의 종파들이 경쟁하다가 분열로 치달은 과정에서도 목격되는 현상이다. 차르 정권이 몰락한 후 러시아에서도, 디아스 정권[71]이 타도된 후 멕시코에서도 그런 현상이 실제로 발생했다. 새로운 지배군중 안에서 발생한 파벌투쟁 내지 당파투쟁이 분열 ― 즉, 예전에 그들을 단결시킨 혁명신조에 대한 하나 내지 여러 파벌이나 당파들의 의식적 거부 ― 로 귀착되면 그 군중의

71) 포르피리오 디아스(José de la Cruz Porfirio Díaz Mori, 1830~1915)가 멕시코 대통령을 두 차례 역임한 1876~1880년과 1884~1911년에 멕시코를 통치한 정권. 이 기간을 '포르피리아토(Porfiriato)'라고도 한다.

해체는 불가피하고 옛 지배군중이 권좌를 되찾을 것이 분명하다.

그런 반동현상은 새롭게 승리한 군중의 한 파벌이 다른 파벌들을 같은 군중에 소속된 파벌들로 인정하기를 거부할 때도 발생할 수 있다. 새로운 군중이 승리한 후에도 단결을 유지할 수 있다면 혁명은 성취된다. 새로운 지배군중을 지도하는 파벌이 수행해야 할 과업은 단결이다. 하지만 그 파벌은 혁명으로 획득한 이익이권들을 가장 많이 차지하고, 나머지 파벌들에게는 새로운 사회질서와 함께한다는 믿음을 심어주고 유지하는 데 필요한 특권만 나눠준다. 그들 모두가 신봉하는 혁명의 강박

력(强迫力)을 이용하여 지배적 파벌의 지휘권에 정당성을 부여한다. 혁명에 대한 믿음은, 앞에서도 살펴봤다시피, 혁명에 참여해서 지속적으로 존재하려는 모든 군중에게 필수적인 것이다. 따라서 지배군중이 존속하려면 그 군중의 구성원들과 희생자들이 동시에 그 군중의 믿음을 맹목적으로 공유하고 자동적으로 반복하여 실행에 옮겨야만 한다. 군중을 지도하는 파벌에 밀려 불리한 처지에 놓인 파벌들이 그 믿음을 포기하거나 자신들이 "속았다"는 사실을 깨닫는 순간부터 군중은 해체되기 시작한다.

군중신조와 군중행동 사이에는 넓은 간격이 존재한다. 그러나 자신들의 행동들은 자신들이 신봉하는 대원칙들을 올바르고 충직하게 실행하는 과정이라고 믿는 군중의 허구는 변함없이 유지된다. 앞에서 우리는 군중통념들을 전반적으로 탐구하면서 그런 통념들은 실행계획들이 아니라, 군중행동의 진정한 무의식적 동기(動機)를 가리고 표면적으로 정당화하는 위장막들이라는 것을 알았다. 군중은 가장 먼저 자유, 정의, 우애 같이 일반적으로 공인되는 추상적인 원칙들을 ― 마치 그런 보편적 "진리들"을 자신들이 발명하여 배타적으로 독점한다는 듯이 ― 선포하고 나섬으로써 자신들의 통제권을 확립하려고 든다. 그런 연후에 군중은 그런 원칙들로부터 일정한 논리적 연역추론들을 진행하는데, 그런 추론들은 군중의 현실적 소원과 행동의 정당성을 입증하는 증거들로 보이도록 만든다. 군중신조와 군중행동 사이에 존재하는 간격은 미국 남부의 애국주의자들의 행동에서도 확인할 수 있다. 그들은 미국독립선언문에 명시된 인권들을 지키기 위해서라면 서슴없이 싸우고 죽음도 불사할 태세였던 반면에 모든 인간의 양도 불가능한 권리의 원칙을 그들이 소유한 흑인노예들에게는 적용하기를 거부했다. 여기서 비근한 다른 예를 들자면, 19세기 자본주의가 동시대의 모든 인간에게 똑같은 자유를 부여한 것은 사실이다. 그 자유는 균등한 기회를 의미한다. 그런데 균등한 기회는 곧 사업자들의 자유로운 경쟁을 의미한다. 자유로운 경쟁은 "이익요소(incentive)"가 있는 곳에서만 존재한다. 그래야만 투자자의 의욕도 고무되고 그의 이익도 법의 보호를 받을 것이다. 그 결과 반(反)자본주의적 신조나 학설들은 자유로운 제도들을 전복시킨다는 이유로 탄압될 것이 틀림없다.

이렇듯 허구적이고 편집병적인 군중논리는 군중 속 개인이 일소해버릴 수 있다. 자신의 위장된 충동들을 면밀히 살피고 그 충동들을 본모습대로 의식하며, 그 충동들의 진정한 속셈에 속지 않고 거부한다면, 그는 군중의 무리에서 벗어나게 될 것이고, 최선의 의미에서 사회적 존재가 될 것이다.

그러나 군중들이 고수하는 원칙들을 계속 찬성하고 군중의 선험적 추론습성을 여전히 버리지 못하는 — 자신들의 무의식적 욕망들을 숨기고 정당화하는 데 이바지하는 — 사람들은 군중의 마수를 벗어나더라도 새로운 대항군중에게 잡혀 먹히고 말 것이다. 그런 사람들은 현실적으로 변하지 않는다. 그들이 예전에 속했던 군중집단을 비난하는 까닭은 "그 군중이 원칙대로 살지 않았다"는 것이다. 이처럼 옛 군중집단의 지배권에 반기를 드는 자들도 오히려 이전 집단의 추상적 통념들을 그들의 반대근거들로 내세운다는 것은 중요한 사실이다.

예컨대, 자유가 그런 통념이다. 모든 군중은 권력을 추구할 때 자유를 요구한다. 그러나 권력을 획득한 군중들 중에서 자유를 용납하는 군중은 없다. 우세를 점하려고 투쟁하는 군중은 현실적으로 자신들과 최대한 많은 사람들을 적대군중의 통제권에서 해방시키려고 애쓴다. 그 결과 권력투쟁은 그런 식의 자유를 획득하기 위한 자연스러운 투쟁으로 의식된다. 권력투쟁의 과정에서 통제권을 가진 군중은 영락없는 폭군이나 독재자로 보인다. 대항군중이 인식하지 못하는 것은 권력투쟁의 저변에 은폐된 자신들의 '독재소망'이다. 우리는 앞에서 그런 군중심리의 무자비함을 살펴보았다. 혁명군중은 흔히, 그들이 품은 자유에 관한 모든 이상주의와 함께, 반동군중만큼이나 무자비하다. 물론 혁명군중이 계속 군중으로 존속하려면 그럴 수밖에 없다. 일단 승리한 혁명군중은 다른 방향으로 압력을 행사할 수는 있겠지만 그 과정에서 그 군중은 옛 지배군중과 똑같이 위기에 봉착할 것이다. 예전의 혁명군중들과 마찬가지로 그 군중도 새롭게 획득한 "자유" ― 비유하자면, 그 군중이 혁명으로 획득한 권좌 ― 를 계속 누리려면 필요할 경우 "공포정치"도 불사하는 탄압수단들에 의존할 것이 분명하다. 그래서 자유에 대한 부정이 오히려 혁명군중의 승리로 비치고, 민중은 그런 현상에 한동안 속는다. 민중은 모든 사람이 자유에 관한 이야기를 하기 때문에 자신들도 자유롭다고 생각한다. 그러다가 "자유"라는 주술적 단어만 복창한다고 민중이 자유로워지지는 않는다는 것을 깨닫는 개인이 마침내 나타난다. 새롭게 해방된 인간성에 실망한 당파는 그 당파의 "권리들"을 요구하기 시작한다. 군중은 그런 불순분자들을 비난하고, 필요하다면 폭력을 사용해서라도 새로운 권리를 요구하는 자들의 언로를 차단한다. 그 순간부터 급진적 군중은 반동적 군중으로 변하기 시작한다. 세계를 해방시키겠다는 군중의 꿈도 이제 꼼수로 여겨진다. 자유의 애호자들은 이제 새로운 반항군중과 결합한다. 이 과정에서 권력의지는 해방된 사회의 꿈같은 상징들로 다시금 치장되는데, 군중들과 자유는 공존할 수 없다는 것을 민중이 배워서 깨달을 때까지 그런 치장은 누차 반복된다. 어떤 군중도 인간들이 스스로의 주인들이 되는 것을 용납하지 않는다. 군중은 오직 군중이 될 자유만 원할 따름이다.

혁명군중들의 사회적 이상주의는 우리가 군중심리를 이해하는 데도 중요한 요인이다. 변함없이 누차 반복되는 혁명신조들이 있는데, 그것들의 획일성은 세월이 흘러도 거의 변함없는 민중의 무의식처럼 보일 수 있다. 혁명활동을 촉진하는 소망환상은 언제나 이상사회를, 우애·평화·정의가 지배하는 자유세계를 원하는 꿈으로 의식에 등장한다. 그런 사회 또는 세계에서는 인간의 우행(愚行)과 악행은 중단될 것이다. 그런 곳에서는 사람들로 하여금 악행을 저지르도록 자극하는 유인동기가 더는 존재하지 않을 것이다. 사자와 어린양이 함께 어울릴 것이다. 예전에 자행되던 강탈행위들과 폭력독재들로 사라질 것이다. 새로운 시대가 출범할 것이고, 빈곤은 타파될 것이며, 신의 의지가 지상에서 실현되거나 사람들이 마침내 합리적으로 살아갈 것이고, 모든 인간의 양도 불가능한 권리들이 보장될 것이다. 혹은 국민들이 더는 이권이익만 추구하지 않고 각자가 모두의 공동선(共同善)을 위해 일하며 서로 돕는 협동공화국이 건설될 것이다. 요컨대, 혁명군중들의 심리는 본질적으로 **내세론**(來世論, *eschatology*)이거나 메시아주의[72]이다. 군중은 언제나 자신들의 사회지배권이 천년만년 유지되리라고 상상한다. 그런 군중특성은 모든 역사의 혁명군중들이 공유하는 것이다.

72) Messianism: 구세주(메시아: Messiah)의 재림을 염원하는 신앙, 즉 메시아 신앙.

이로써 우리는 기독교문학 속에서 굉장히 자주 강렬하게 선포되는 메시아 신앙을 심리학적으로 설명할 수 있게 되었다. 유대교와 기독교 모두의 사회적 가르침에 담긴 혁명적 의미는 너무나 확실하니만치 내가 아는 정직하고 해박한 사람들 중에 그것을 감히 부정하려고 시도할 사람은 하나도 없다. 영리한 급진파들이 그들만의 단어들을 구사하여 현재 사회질서의 옹호자들을 설득하는 데 이용할 수도 있는 종교적 가르침은 오늘날 사회주의 선전문들의 대부분에도 분명히 담겨있다. 공인된 종교상징들로써 자신의 의견을 표현하려는 경향은 무의식이 군중행동 — 앞에서 우리는 이것이 무의식적 행동이라고 주장했다 — 에서 중요한 역할을 수행할 경우에 표출된다.

서기 전 8세기의 어느 유대인 예언자[73]는 집과 땅을 부단히 사들이는 자들(「이사야」 5장8절), 길에서 만난 주눅 든 약자를 옆으로 밀쳐버리는 자들(「아모스」 2장7절), 사마리아[74]에서 침대 모서리에 걸터앉고 비단 방석 의자에 앉는 자들(「아모스」 3장12절), 공명정대한 판결을 쓰디쓴 쑥처럼 만들고 정의를 헌신짝처럼 팽개쳐버리는 자들(「아모스」 5장7절) 등등에 대한 — "나의 백성들"을 학대한 이집트인들은 기필코 야훼가 치밀하게 준비한 천벌들을 받으리라고 예언하는 — 자신의 저주들과, "야훼가 재림하는 날"이 오면 피학대자들은 학대자들을 누르고 승리할 뿐 아니라 만복을 누리리라는 약속들(「이사야」 19장19~25절)을 뒤섞어놓았다.

이것과 동일한 통념복합체는 서기전 6세기 유대인들이 바빌로니아에 포로로 잡혀가서 감금된 사건, 이른바 유대인들의 "바빌로니아 유수(幽囚)"사건과 마카베오 가문[75]의 반란에 관한 기록들을 통해서도, 기독교가 태동하던 시대를 전후하여 형성된 '로마인들에 대한 유대인들의 무기력한 증오심'을 통해서도 유사한 형태로 드러난다.

기독경전 중 『신약전서』의 거의 모든 갈피에서 그런 통념복합체의 면면들을 보여주는 구절들이 발견된다. 그 구절들은 대략 이렇게 요약될 것이다. "가난한 자들에게는 축복이, 부자들과 당장 행복한 자들에게는 천벌이 내린다. 메시아는 천국과 함께 이미 지상에 왔지만, 당장은 현세에 있되 거기에 속하지 않는 극소

73) 이 예언자는 이사야(Isaiah, 서기전8세기경)로 보인다. 하지만 아래 문장들에는 기독경전 『구약전서』 중 「이사야」의 내용들뿐 아니라 비슷한 시기에 활동한 유대인 예언자 아모스(Amos, 서기전 750년경)가 집필한 것으로 알려진 「아모스」에 수록된 내용도 포함되어 있다. 이런 점을 감안하면, 에버릿 마틴은 「이사야」 1장 1절 및 2장 1절, 「열왕기下」 19장 2절 및 20장 1절에서 이사야의 아버지로만 언급되는 아모스(Amoz)와 아모스(Amos)를 혼동한 듯하다.

74) Samaria: 팔레스타인(Palestine) 중부에 있던 고대 이스라엘 왕국의 수도로서 서기전 887년에 건설되었다. 그 후 헤롯 왕이 재건하면서 사바스테(Sabaste)로 개칭했다.

75) Maccabees 가문: 서기전 2세기 팔레스타인에서 활약한 유대교 제사장 가문이다. 유대교를 억압하던 시리아의 셀레우코스 왕조 통치자 안티오코스 4세에 대항하여 반란을 일으켜 성공했다.

수의 신자들에게만 천국이 계시된다. 그러나 야훼는 곧 재림할 것이다. 그래서 실제로 현 세대는 이 모든 일이 완결되어야만 비로소 끝날 것이다. 장엄한 심판과 고난의 시절이 지나면 옛 세상과 오염된 예루살렘을 대신하여 새로운 세상과 새롭고 거룩한 예루살렘이 천상에서 지상으로 내려올 것이다. 특히 가난한 자들을 학대하는 자들을 포함한 모든 악인이 지옥불길 속에 던져질 것이다. 남은 자들은 모두 서로를 얼싸안으며 환희의 눈물을 흘릴 것이고 암흑과 죽음은 이제 존재하지 않을 것이다."

메시아를 염원하는 희망에 대한 이렇게 간략한 소묘가 비록 만화에 불과해보일지는 몰라도 **'메시아주의는 혁명군중현상의 일종이다'**는 나의 주장을 명확히 하는 데 유용할 것이다. 이런 나의 주장은 근래 수년간 종교적 필자들이 매우 상세히 다룬 주제이기도 하다. 그래서인지 "사회복음[76]"에 다소라도 익숙하지 않은 일반독자는 거의 드물 지경이다. 내가 주장하고 싶은 것은 **'모든 혁명용 선전선동은 "사회복음"이다'**는 것이다. 18세기의 자연신론자(自然神論者, Deist)들처럼, 그리고 "유물론적 역사해석"을 따르는 수많은 현대 사회주의자들처럼, 혁명가들도 비록 반(反)종교적 신조를 주창하고 나설지라도, 반종교적 요소는 단지 혁명적 군중신앙의 표면적 함정들로 연장되기만 할 뿐 시종일관 유지되지는 않는다.

76) 사회복음(Social Gospel): 이것은 1870~1920년경 미국에서 사랑과 정의라는 기독경전의 원칙에 입각하여 산업사회를 개선하는 데 주력한 자유주의 개신교 단체들 사이에서 발생한 일종의 종교적 사회개혁운동의 통칭인데, 노동개혁운동에 속하는 어린이노동폐지, 주간 노동시간단축, 생계비보장, 공장규제법제정, 여성노동조건개선 등에 가장 많은 노력을 기울였다.

혁명군중은 새로운 세계질서를 원하는 자신들의 꿈을 — 기독경전에서 거론되는 "야훼가 재림하는 날"이나 "천국"이 지상에서 실현되는 데 필요한 것들을 누차 반복하여 상상하는 방식으로 — 합리화한다는 것에 불과하다. 그렇듯 우주를 재창조하려는 발상은 다양한 "유토피아적(공상적)" 사회주의이론들에서도 아주 뚜렷이 확인되는 것이다. 19세기초반의 푸리에주의자들과 생시몽주의자들도 극심한 메시아주의자들이었다. 이른바 "과학적 사회주의자들"은 지금 그런 이상주의적 발상을 비웃는 경향을 보이지만, 누구나 현재 사회주의 선전문구들의 밑면만 자세히 살펴봐도 그들이 주로 사용하는 특유의 유물론적 용어들에 함유된 옛 시대의 꿈과 똑같은 꿈을 발견할 것이 분명하다. 그들의 꿈에서는 대대적인 세계변동이 갑자기 발생한다. 그 과정에서 노동자들이 승리하면 빈곤도 무지도 사라질 것이고, 서로에게 악행을 저지르도록 인간들을 자극하는 유인동기도 사라지리라는 것이다. 저 유명한 『공산당선언 *The Communist Manifesto*』(1848)도 바로 이런 공상들로 채워진다. 그 선언문에서 부르주아사회는 곧 종말을 고할 운명에 있다. 사회의 진보세력들은 필연코 노동계급의 세계지배를 실현해나갈 것이고, 그렇게 관대한 지배체제에서 노동자는 자신의 노동생산물 일체를 전유(專有)하며, 어린이에 대한 노동착취는 중단되고, 진정한 자유가 실현되며, 어떤 면에서 부르주아를 위한 제도이기도 한 성매매제도는 철폐될 것이고, 모두가 교육받을 것이며, 생산물은 모두에게 충분해질 때까지 증산될 것이고, 도시들은 시골공동체들 위에 군림하지 않을 것이며, 모두가 똑같이 유용한 노동을 할 것이고, 공동계획에 따라 황무지는 농경지로 개간되어 토질은 비옥해질 것이며, 부르주아들의 착취도구인 국가는 사라질 것이라서 바야흐로 사악했던 과거의 모든 것이 역사의 뒤안길로 사라질 것인데, 왜냐면

77) 마르크스 & 엥겔스, 『공산당선언 *Manifesto of the Communist Party*』(The New York Labor News Co., 1908), p. 32.

공산주의 혁명은 전통적 소유관계를 가장 급진적으로 파괴하는 과정이고, 그것의 진척 과정은 전통적 개념들을 가장 급진적으로 파괴하는 과정이 틀림없다.[77]

그 결과

　　우리는 특유의 계급들과 계급적대관계들로 구성되던 과거의 부르
주아 사회 대신에 각자의 자유로운 발전이 모두의 자유로운 발전을
위한 조건이 되는 협동사회를 구성할 것이다.[78]

르 봉은 프랑스 혁명에 관해 다음과 같이 말한다.

　　혁명원칙들은 혁명 이전에 다양한 종교적 신앙들이 자극했던 것
들과 유사한 종교적 열광의 파도를 빠르게 자극했다. 그 원칙들은 단
지 수세기에 걸쳐 응고한 정신적 생성발달의 방향만 바꾸었을 따름
이었다.

　　따라서 국민공회 참가자들의 사나운 열정은 전혀 놀랄 것이 아니
다. 그들의 종교적 정신상태는 종교개혁시대 프로테스탄트들의 정신
상태와 똑같았기 때문이다. 공포정치를 자행한 주인공들 ― 쿠통, 생
쥐스트, 로베스피에르 등 ― 은 기독교의 사도(使徒)들과 똑같았다. 자
신의 신앙을 전도하고자 다른 신들의 제단들을 파괴한 폴리육토스[79]
처럼 그들도 세계변혁을 꿈꾸었다. 혁명지도자들의 종교적 정신은 그
들의 공적(公的) 생활의 가장 사소한 부분들에서도 드러났다. 자신이
신의 가호를 받는다고 확신한 로베스피에르
는 자신의 연설을 듣는 사람들에게 신은 "태
초부터 공화국을 선포"했다고 확언했다.[80]

최근에 어느 필자는 러시아 혁명이 마르크
스주의 원칙들을 현실에 적용하는 데 실패했

---

78) 앞 책, p. 34.

79) Polyeuctos: 원래는 고대 로마군대의 장교
　　였는데, 기독교로 개종하여 전도활동을 펼치
　　다가 순교함으로써 기독교 성자로 추앙되는
　　인물. 폴리육테스(Polyeuctes) 혹은 폴리육
　　투스(Polyeuktus)로도 불린다.

80) 르 봉, 『프랑스 혁명과 혁명심리』, pp.
　　87~88.

음을 증명하고, 레닌과 그의 협력자들에 관해 다음과 같이 말한다.

그들은 화려한 연설을 위한 공식을 습득했다. 그들은 군중들을 황홀경으로 몰아갈 수 있는 연설기법을 익혔다. 또한 그들은 볼셰비키 세상의 초라한 현실들을 화려하게 윤색하여 추종자들의 마음에 심어야할 천국의 미래도(未來圖)를 묘사하는 기법도 익혔다. 그들은 뛰어난 연설기술자(phraseocrat)들이었고, 러시아에서 그들은 연설기술자집단(phraseocracy)에 기반을 둔 하나의 제국을 수립했다.

러시아의 현실을 개탄하는 사람들도 러시아 사회의주의자들의 협박을 못 이겨 자신들의 사상을 포기하기 십상일 것이다. 러시아가 위협하는 것들은 우리의 산업들이 아니라 우리의 국가들이다. 볼셰비키의 위협은 경제적인 것이 아니라 정치적인 것이다. 그것은 모스크바의 망나니 같은 레닌이 구사하는 미사여구들에 취해 그를 경배하는 광신적 군대의 위협이다. 그것은 세계정복을 추구하도록 조작된 환상들에 도취된 프롤레타리아들의 위협이다.

사회주의자 레닌은 우리가 두려워할 인물이 전혀 아니다. 하지만 수백만 러시아인들의 정치지도자 레닌은 우리가 위협을 느낄 만한 인물이기는 한데, 왜냐면 그의 그림자가 세계를 엄습하고 있기 때문이다. 그가 읊어대는 볼셰비키 주문(呪文)은 모든 국가의 노동자들을 유혹해왔다. 그의 비밀선전기관은 세계 모든 군대의 사기(士氣)를 산산이 흩뜨려버렸다. 그의 꿈들은 나폴레옹의 꿈들만큼 비약하여 아예 그 스스로 신이 되겠다고 꿈꿀지도 모른다. 왜냐면 우리가 선동용 미사여구들에 머리를 조아리는 시대의 세계에서 가장 뛰어난 연설기술자가 레닌이기 때문이다.

'레닌의 개인적 야심들은 과연 무엇들일까?'라는 질문과, '우리의 군중우행(群衆愚行), 까닭 모를 공포, 무분별한 연합외교술이 볼셰비즘을 위협적인 것으로 만든 원인들을 제공하지 않았을까?'라는 질문을 차치한다면, 볼셰비즘이 다른 모든 혁명적 군중운동과 마찬가지로 지상의 비참한 현실들을 화려하게 윤색한 천국의 미래도에 좌우된다는 점은 거의 부정될 수 없을 것이다. 그래서 **모든 기록에 묘사된 혁명군중은 잃어버린 낙원을 되찾기 위한 여정에 나선 순례자들이다.**

그런 낙원 내지 이상사회를 되찾으려는 꿈은 분석해볼 만한 가치를 지녔다. 그런 꿈은 왜 언제나 군중이 세계지배권을 차지하고자 꿈꿀 수 있을 만큼 충분히 강해지는 순간에 나타나는 것일까? 그 꿈이 현실적으로 바람직한 어떤 사회가치들을 창출하는 과정에서 일정한 기능을 담당한다는 것은 쉽사리 인정될 것이다. 하지만 그런 가치들이 그 꿈의 심리적 발생요인들일 수는 없다. 그 꿈이 지금껏 실현되었더라도, 우리는 그것이 결국 "어린양의 천국 혹은 마냥 즐거운 풋내기들의 나라"에 불과함을 깨달을 것이고 또 그곳 생활은 너무나 "역겹고 지루한" 나머지 우리는 차라리 투쟁과 도전이 감행되는 여기 이 세계로 아니면 또 다른 세계로 기꺼이 돌아오리라는 윌리엄의 제임스의 말은 정확했다고 나는 생각한다.

우리는 앞에서 낙원의 꿈이 군중의 반란과 지배의지를 정당화하는 기능을 가졌다는 사실에 주목했다. 하지만 그 꿈의 기능은 결코 이것만이 아니다. 사회적 이상주의도 지금껏 꿈이라고, 더 정확히 말하면, 시대의 백일몽이라고 생각되어왔다. 그 꿈은 요정들에 대한 믿음이나 신데렐라 신화[81]에 대한 믿음과 비슷

81) 이것은 프랑스의 시인 겸 평론가 겸 동화작가 샤를 페로(Charles Perrault, 1628~1703)가 민담들을 수집하여 집대성한 『페로 동화집 Les Contes de Perrault』(1697)에 수록된 동화 11편에 포함된 「상드리용 Cendrillon」(「신데렐라 Cinderella」)의 주인공이 그랬듯이, 고난을 견디면 누릴 수 있는 꿈같은 행복을 의미한다. 한편 『페로 동화집』에는 「푸른 수염 Barbe-Bleue」, 「빨간 모자 Le petit Chaperon rouge」, 「장화 신은 고양이 Le Chat botté」, 「잠자는 숲 속의 미녀 La Belle au bois dormant」 같은 유명한 동화들도 수록되어있다.

하다. 그 꿈은 「잭과 콩나무」[82]의 철학이다. 꿈의 기능은 절대자의 기능, 편집병자의 이상적 세계체계들의 기능과 완전히 똑같다. 따라서 그 꿈은 가공의 현실도피처이다. 다른 모든 꿈과 마찬가지로 그 꿈은 소망을 실현하는 과정이다. 나는 오랫동안 꿈의 정태적(靜態的) 성격을 주목해왔다. 그 꿈은 시대를 막론하고 거의 동일할 뿐 아니라 언제나 상상력의 한계를 벗어난 최절정 상태에 있는

82) 「Jack and the Beanstalk」: 영국 잉글랜드 지방의 대표적 민담. 게으름뱅이 잭이 집에서 기르던 소(牛)와 교환하여 집에 가져온 콩이 하룻밤 사이에 구름을 뚫고 하늘나라까지 자라는데, 잭은 그 콩나무를 타고 하늘나라로 올라가서, 거인을 퇴치하고 거인이 아버지로부터 빼앗아갔던 수금(竪琴)과 황금알을 낳는 닭(또는 거위)과 금주머니를 찾아온다는 이야기이다.

듯이 보였다. 진화론적 현실관을 견지하는 사람들과, '삶은 변화의 연속이라는 것과 진보는 어느 순간에도 정지될 수 없다는 것'을 잘 아는 사람들조차, 아무리 풍부한 상상력을 지녔을지라도, 대개는 이상사회가 건설된 후에도 진보를 계속하여 더 나은 사회로 변모하리라는 상상만은 하지 못한다.

혁명용 선전선동은, 마치 19세기의 연애소설들처럼, "그런 일이 있고 나서부터 그들은 내내 행복하게 살았다"는 식의 막연하고 일반적인 진술과 함께 습관적으로 중단된다. 그것은 소설의 발단이나 중간도 아닌 현실적 결말이다. 그것은 만물을 창조하는 신이 창조를 마무리할 즈음 **중단하는** 거룩한 사건이다. 진화가 바로 그런 결말로 치달을 때 시간과 변화와 노력도 마침내 중단될 것이다. 그 후부터 아무 일도 더는 진행되지 않는다. 다시 말하면, 이상은 시간과 모든 역사적 맥락을 깨끗이 이탈해버린다. 다른 꿈들에서도 그렇듯 그 꿈에서도 경험적으로 알려진 사건들의 경과는 무시된다. 모든 세기에 걸쳐 진행된 진보와 투쟁과 조각난 경험들도 '이상'이라는 상상된 단 하나의 상징적 순간으로 요약되어버린다. 그 순간은 이제 모든 과정을 대표하든지 아니면 차라리 그 과정들을 **대체한다.** 그런 식으로 우리는 현실을 탈출하여 이상(理想)으로

도피해왔다. "천국", "낙원", "자연상태를 향한 인간의 회귀", "『신약전서』가 태동하던 시대의 기독교를 향한 회귀", "이성시대(理性時代)", "유토피아", "혁명", "협동공화국"도 모두 심리적으로 동일한 것을 의미한다. 따라서 그것은 과학적 사회계획은커녕 오히려 욕망들이 주술적으로 실현되는 더 편하고 더 나은 세계의 상징이요, 존재의 은행에서 발행되어 누구나 현금으로 바꿀 수 있는 만인의 수표이다. 이렇듯 **혁명군중들의 사회적 이상주의는 억눌린 욕망들의 보상과 도피를 위한 메커니즘이다.**

객관적 세계의 본성과 의미를 부정하는 가장 쉬운 방법은 '그 세계는 지금도 멸망할 운명에 처해있으므로 우리의 심중에 도사린 욕망의 나라로 어느 날 갑자기 변할 수밖에 없다'고 확신해버리는 것이 아닐까? 민중들이 자신들의 욕망들을 더욱 감동적인 감언이설로 달래는 기법과, 앞에서 우리가 거론한 군중수단들에 정확히 의존함으로써 보상심리와 도피심리를 만족시킬 수 있는 허구들에 그 욕망들이 집착하도록 서로를 격려하는 수법을 재빠르게 배우리라고 예상할 수는 없을까?

기독경전들이 형성되던 시대의 메시아주의자들은 대(大)격변과 세계 대홍수를 동반하는 신의 기적이 펼쳐지리라고 예상했다. 오늘날 복음주의교회들을 휩쓰는 이른바 전천년기론[83]의 영향을 받은 사람들은 그 가설에 동원되는 많은 원시적 용어들과 함께 그런 메시아 신앙의 부활을 경험하는 중이다.

진화론적 사회혁명주의자들은 경제진화가 최고조에 달하면 바로 그런 날이 오리라고 기대한다. 그런 날이 바로 "진화론적이고 혁명적인 사회주의"가 기대하는 것이다. 여기서 소망

[83] 전천년기론(premillennialism): 전천년설(前千年說)로도 지칭되는데, 이것은 천년왕국이 도래하기 직전에 예수 그리스도가 재림한다는 복음주의적 기독교의 가설이다.

환상은 '혁명이 진화를 부른다'는 학설로 합리화된다. 그래서 사회혁명주의자와 그리스도 재림론자(Second Adventist)의 차이는 아주 미세하여

두 사람을 분간하기 힘들 지경이다. 프로이트라면 그런 차이는 "명백한 꿈의 형성과정에 대한 부연설명"밖에 제공하지 않는다 — 즉 두 사람은 똑같이 잠재적 몽상에 사로잡혔다 — 고 말할 것이 틀림없다. 차이가 있다면 그리스도 재림론자는 과학 이전 시대의 용어들로 소망을 표현하고, 사회혁명주의자는 현대과학의 전문용어들로 소망을 표현한다는 것뿐이다. 그래도 두 사람이 저마다 신(新)세계를 기대하면서 현실을 벗어날 도피구를 찾는다는 것은 마찬가지다. 두 사람의 신앙은 결국 구원받기 — 즉 "보상받기" — 위한 기획이다. 두 사람은 저마다 "사악한 현재 세계"가 갑자기 격변하여 파멸할 것, 그리고 핍박받던 약자들이 지상에 세울 새로운 질서가 낡은 질서를 대체할 것을 기대한다. 두 사람 다 그렇게 중대한 사건은, 때가 무르익으면, 마치 야밤을 틈타는 도둑처럼, 기필코 도래하리라고 기대한다. 그 사건은 재림론자에게는 예언충족이고, 사회혁명주의자에게는 "경제진화"의 필연적 힘이 인준하고 보장한 약속이다.

그런 결정론은 재림론자에게는 베르그송이 "급진적 궁극원인론(窮極原因論, le finalisme radical)"이라고 부른 것이고, 사회혁명주의자에게는 "급진적 메커니즘"이다. 그러나 우주의 존재이유가 '신이 발상한 계획을 모든 세상에 풀어놓는 일'에 불과하든 아니면 '원인과 결과 사이를 기계적으로 왕복하는 일'에 불과하든 결국 종착점이 동일하다면 과연 무슨 차이가 있겠는가? 두 경우 모두 종착점은 태초 이전에 미리 결정되었고, 우주의 의미 역시 '모든 것은 다른 어디도 아닌 바로 그 종착점으로 귀결된다'는 것이니 말이다.

세계라는 기계의 구동축을 돌리는 손을 "신의 손"이라고 부르든 단순히 "진화"라고만 부르든 차이는 두 단어의 발음밖에 없다. 두 경우 모두 그것은 "정의(正義)를 위해 작동하는 비인위적 권능"일 따름이다. 그런데 왜 하필 정의일까? 그 까닭은 그것이 바로 우리의 군중정의(群衆正義) — 즉 우리의 소망환상이 하늘에 그려 넣어 우리의 머리 위에서 북극의 오로라처럼 춤추게 만든 일종의 군중권리장전(群衆權利章典) — 이기 때문이다. 모든 군중의 역사는 이처럼 북극의 밤하늘을 화려하게 수놓는 빛기둥(오로라)을 마치 야훼가 재림하는 날 "밝아오는 장밋빛 여명"을 반기듯이 환호하며 영접하는 과정에 비유될 수 있다.

그것이 아니라면, 약간 다른 비유를 들어보건대, 그 옛날 충직한 군중은 그들의 머리 위에서 빛나는 구름의 인도를 받아야만 젖과 꿀이 흐르는 약속의 땅으로 갈 수 있었다.[84] 마찬가지로, 사악한 부르주아가 지배하는 예리코[85] 성채(城砦) — 즉 부르주아의 아성(牙城) — 주위를 정해진 시간동안 행진하면서 선전선동용 음악을 연주해야만 비로소 그 음악의 마력에 성채는 무너지고 세계는 우리의 수중에 떨어질 것이다. 그래서 비유적으로 말하면, 기적과 행진악대 없이는 어떤 혁명도 불가능하다.

사회재건을 위한 현실적 과업들에 착수한 사람들의 용기를 북돋워주려는 욕심은 물론 내게는 없다. 그렇다고 이 연구를 기존사회질서에 대한 일종의 변명으로 만들고 싶은 소망도 내게는 없는 것이 확실하다. 너나 할 것 없이 이른바 "자본주의"라는 것을 고발하고 나서는 험악한 사태들에 직면하여 일정량의 냉소

84) 기독경전 중 「구약전서」의 「출애굽기」 13장 21절 참조.

85) Jericho: 요르단 강 유역 서쪽에 위치한 도시로 서기 전 9000년경부터 존재한 것으로 추정되는 세계에서 가장 오래된 도시들 중 하나이다. 기독경전에 기록된 역사에서 예리코(예리고, 여리고)는 여호수아(Joshua)가 이끄는 이스라엘인들이 요르단 강을 건넌 후 처음 공격한 도시로 유명하다. 여호수아가 예리고 성을 함락시킨 과정은 기독경전 중 「구약전서」의 「여호수아」 6장에 묘사되어있다.

나 은어(隱語)에 의존하지 않고 현체제를 방어할 수 있는 사람이 과연 있을지 의심스럽다. 현재 세대의 지식인 정신만큼이나 사회기능에 편입되어온 광범한 사회불안은, 그 불안이 사회에 도전하지만 않는다면, 소수의 "이간질하는 선동자들"이 조장하는 불안보다 더 현실화될 리는 결코

없을 것이다. 오직 군중만 현대사회에 도전하는 것은 아니기 때문이다.

현대사회의 각종 폐단들을 토론하는 자리에서 내가 수백 번이나 들어본 급진파들의 말은 "이 모든 것은 증상들, 결과들에 불과하므로 그것들을 없애려면 원인부터 없애야 한다"는 것이다. 그 원인은 언제나, 본질적으로, 현재의 경제체계라는 것이다.

만약 그런 주장이 사회행동의 다양한 측면들을 서로 고립된 것들로 생각하는 대신에 인과론적으로 결합된 조직체 같은 것들의 상호관계로 생각해야 한다는 것을 의미한다면 나도 동의할 것이다. 하지만 그런 주장이 다른 어떤 것을 의미한다면 — 더구나 그런 경우가 자주 발생한다면 — 그것은 논리적 오류에서 비롯된 것이다.

"체계"라는 말은 인과론적 용어가 아니라 순전히 묘사적인 용어이다. 따라서 문제의 사실들은, 설령 우리가 그것들 사이에서 어떤 관계들을 발견할 수 있더라도, 인간행동의 사실들 배후에서 작용하는 어떤 불가사의한 "체계"의 결과들이 아니다. 모든 정황을 감안하면, 사실들 자체가 바로 체계이다.

인과론적 개념과 묘사적 개념을 혼동하는 습성은 지식주의 철학자와 군중심리의 소유자가 공유하는 것이다. 그런 습성은 사람들의 시선을 경험적 다자(多者)에서 허구적 일자(一者)로, 현실에서 상상으로 이동시킬 수 있다. 세계체계, 논리체계, 사회체계, 자본주의, 사회주의를 불문한 모든 체계는 사실들의 배후에, 위에, 외부에 있다는 통념, 그리고 그것들은 "체계"라는 용어로 익숙하게 묘사되는 식으로 이해되는 "체계"는 허깨비 같은 것이다. 그것은, 예컨대, 기후(氣候)라는 용어가 — 윌리엄 제임스의 말을 쉽게 풀어서 부연하자면 — 우리가 일상적으로 경험하는 기온이나 날씨 같은 것들을 총칭하는 용어에 불과하다는 것을 모든 사람이 아는 상황에서 "노동절의 열기는 기후의 결과이다"고 말하는 경우와 동일한 논리적 오류이다. 우리는 앞에서 군중심리는 모든 것을 이런 식으로 일반화하는 데 익숙하다는 것을 알았다.

대중에게 인기 있는 어느 혁명적 역사철학은 시대들의 행진대열을 저마다 지정된 시간에 등장하는 다양한 허깨비사회체계들의 가장행렬로 구성된 듯이 묘사한다. 그러나 사회체계들은 마치 거대한 코끼리들이 저마다 앞에 가는 코끼리의 꼬리를 코로 감은 채 일렬로 행진하는 서커스단 행렬처럼 일렬로 행진하지는 않는다. 그런 "진화론적이고 혁명적인" 가장행렬의 더 큰 부분을 차지하는 것은 단순한 '꿈-내용'이다. 그런 상상의 가장행렬을 따라 유토피아로 행진하려는 사람들은 사회재건을 위한 노력조차 하지 않는다. 그들은 사회학적 몽유병자들이다.

군중심리는 그런 가장행렬에 집착한다. 왜냐면, 우리가 또다른 맥락에서 살펴봤다시피, 군중은 진화가 미래의 군중지배를 보장해준다고 믿기 원하기 때문이다. 그래서 군중은 구체적 문제들을 해결할 필요가 없어지는 것이다. 필요한 것은 단지 그런 가장행렬의 질서를 유지할 공식 계획표 같은 것을 소유하는 일뿐이다. 바꿔 말하면, 군중은 사회문제의 해법이 단 하나밖에 존재할 수 없으므로 그것만이 불가결한 해법 — 군중이 제시할 수 있는 유일한 해법 — 이라고 확신하기 마련이다.

이런 사고방식은 사회문제의 본질을 완전히 오해한다. 삶의 모든 실천딜레마와 마찬가지로, 단일한 문제로 가정되는 사회문제가 현실화되는 까닭은 단 하나의 요인이 아닌 여러 요인이 존재할 수 있다는 것이다. 그런 경우 해법은 직업선택 문제와 같은 것이다. 예견될 수 있는 선택 가능성들의 모든 계열은 한정된 선택범위에 속한다. 우리가 선택한 것을 제외하면 다양한 종류의 미래들이 동등하게 존재할 수 있다. 우리가 그렇게 한정된 어떤 지점에 개입하는 행위는 곧 우리가 선택 가능성들의 계열들 중 한 계열을 현실화시키는 행위이다. 하지만 그런 개입행위는 결코 모든 계열에서 동시에 이루어질 수 없다. 개입행위들 각각은 새로운 딜레마들만 초래할 따름이고, 그런 딜레마들 사이에서 우리는 다시금 선택하고 개입할 수밖에 없다. 군중인간이 공허한 가장행렬에 동참하는 까닭은 주로 이처럼 예측 불가능한 딜레마들의 끔찍한 계열과 마주치고야 마는 필연성에서 도망치기 위한 것이다.

오늘날 혁명적 군중사고방식의 쓸모없음에 대한 나의 지적은 우리의 사고방식과 에너지를 조금이나마 바람직한 결과들을 낳을 수 있는 경로들로 이끌기 위한 노력의 일환일 따름이다. 우리는 혁명용 나팔만 가지고 사회를 구제할 수 없을 뿐더러 옛 질서만 가지고 예리코 성채를 무너뜨릴 수도 없다. 그렇다고 우리에게 완전히 새로운 출발점도 주어지지 않는다. 문명은 깡그리 일소될 수도 없고, 그것의 모든 것이 재차 시작될 수도 없다. 문명은 변화를 위한 작업들을 끈질기게 수행할 수밖에 없는 환경을 구성한다. 물론 그런 변화들 자체가 문제일 수도 있는데, 그 문제는 기적에 대한 믿음이 아닌 존 듀이가 말한 "창조적 지성"으로써 다루어야 할 것이다. 그런 변화들은 알려진 모든 관련사실을 이해해야만 성취될 수 있는 것들이 분명하다. 그런 변화들은 새로운 적응들이고, 그런 일련의 적응들은 중대하고 급진적인 변화를 이끌어낼 수 있을 것이다. 왜냐면 그렇게 중대하고 급진적인 변화야말로 사회적으로 노력하여 달성해야 할 명확한 정책목표로 설정할 수 있는 용기를 우리에게 선사할 것이기 때문이다. 그러나 세상에는 두 가지 다른 사고방식이 존재하는데, 하나는 신념을 유력한 가설로 삼는 사회적 사고방식이고, 다른 하나는 소기의 목표를 달성하면 해결되기 마련인 구체적 문제들을 무시하는, 즉 옛 독재폭정을 새로운 독재폭정으로 교체하는 요술에 의존하여 요정나라로 입장하기를 꿈꾸거나 창공에서 느닷없이 새로운 세계를 단번에 끌어내리기를 꿈꾸는 군중들의 습성을 추종하는 사고방식이다.

혁명군중의 사고방식은 "창조적 지성"이 아니다. 그것은 요술쟁이의 주문, 즉 『아라비안나이트 *Arabian Nights*』에 나오는 "열려라 참깨"와 같은 사회적 요술공식의 일종이다. 또한 그것은 "알라딘의 램프"의 철학 같은 것이다. 이로써 우리는 이 단원에서 행해진 논증을 요약할 수 있다. 혁명이념은 군중에게는 하나의 상징이다. 그것은 생존투쟁의 고통에 대한, 사회적 열등감에 대한, 문명이 억압한 욕망들에 대한 보상기능을 담당한다. 그것은 괴로운 현실을 피하는 상상의 도피처이고, 이기적 자아가 피신처를 찾는 신세계이며, 군중들을 몽유병자들처럼 행동하게 만드는 강박적 영향력들의 저변에서 작용하는 방어기제이다. 그것은 열세한 군중이 스스로를 신격화한 것, 열세한 군중의 지배의지를 선험적으로 표현하고 정당화하는 것이다. 그것은 군중의 단결을 유지하는 데 이용되는 방식과 똑같은 일반화 방식들을 통해 성립된다. 그것은 옛 군중에 대항하여 싸우는 새로운 군중에게 피상적인 감격과 위안을 제공한다. 왜냐면 그것은 옛 군중이 예리코 성채 주위를 행진하며 나팔을 불어대던 그날 흔들었던 깃발들에 써넣은 몽상들과 똑같은 것이기 때문이다.

제 8장

혁명결과 : 반동적 군중독재

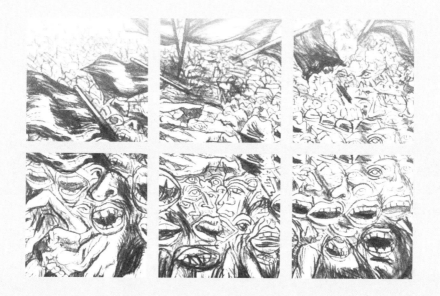

앞 단원에서 우리는 혁명선전선동심리를 충분히 살펴봤다. 이제부터는 혁명이 터지는 순간에 발생하는 일들을 주목해보기로 하자. 앞에서 우리는 사회통제권력을 행사하던 옛 군중의 자리를 새로운 군중이 성공적으로 자치할 때 혁명이 발생한다는 사실에 관해서 비교적 길게 논의했다. 혁명이 발생하면 가장 먼저 해방감정과 자유감정이 생겨난다. 이어서 황홀한 감격, 선의(善意), 색다르면서도 거의 신비스러우리만치 관대한 행위가 잠시 지속된다. "민중의 새로운 날"을 찬양하는 연설과 웅변도 봇물처럼 쏟아진다. 모두가 "동지"가 되고 중요인물이 된다. 모두를 신뢰하는 기분이 만연한다. 마치 부활절 아침 같은 그런 심리상태는 전반적으로 며칠이나 — 사람들이 굶주림의 고통을 못 견딘 나머지 대화를 중단하고 지루한 일상으로 복귀할 수밖에 없을 때까지 — 지속된다. 프랑스 혁명기간에 "시민들"이 새롭게 획득한 자유의 짜릿한 희열을 표출하기 위해 거리마다 몰려나와 춤추었다는 사실을 우리는 누구나 익히 안다. 차르 정권이 무너진 직후 페트로그라드[86]에 있던 사람들은 인류의 보편선(普遍善)을 느끼고 인류를 동료로 여기는 기쁨에 젖는, 거의 종교적인 것이라고 할 만한 감격의 증인들이었다.

그런데 진부한 일상생활로 복귀하면서도 새롭고 반가운 시대가 진짜로 왔다는 느낌을 유지하려면 어느 정도의 노력뿐 아니라 추가적 합리화도 실제로 요구된다. 이권이익과 특수한 불만들의 상충들도 혁명들과 관련된 것들로 간주된다. 사람들은 강퍅해지고 트집을 일삼게 된다. 그들은 제정신을 서서히 되찾는다. 그들은 특히 경쟁자들을 포함한 이웃들의 행동들을 관찰하면서 그 행동들 중 어떤 것도 자신들이 어렴풋하게 느끼던 불안들을 해명해주지 못하리라고 확신한다. 이전에 자발적으로 생겨나던 환희와 동지애도 새롭게 재편된다.

86) Petrograd: 러시아 북서부 대도시 상트페테르부르크(Saint Petersburg)의 1919~1924년 식 명칭.

예전에 자행된 권력남용들에 대한 응징도 요구된다. 권력을 상실한 옛 지배군중은 어쩌면 구성원들이 맞이할 운명을 예감하고 반(反)혁명을 도모함으로써 돌파구를 찾을지 모른다. 그러면 아직 혁명의 영향을 받지 않는 공동체들의 지배군중 속에 남아있는 동일한 부류의 구성원들 사이에서 의기투합을 요청하는 선전선동이 진행될 것이다. 그 와중에 반역을 획책하는 비밀스러운 음모와 의심이 곳곳에 만연한다. 민중은 자신들이 신봉하는 혁명원칙들의 과장된 표현들에 의존하여 그 원칙들에 대한 신앙을 유지할 뿐 아니라 대의(大義)에 대한 충성심을 과시할 것이다. 그런 집단에서 가장 광신적이고 비타협적인 구성원들은 자신들의 과잉헌신 덕분에 지배권을 획득할 것이다. 그들의 지배권은 바로 군중사고방식의 논리를 따라, 사실들을 이해하고 판단할 능력을 점점 잃어가면서도 영향력은 점점 더 강해져서 극심한 열의를 가진 자들에게 넘겨진다. 그렇게 지배권이 넘겨지는 경우는 흔히 발생하는데, 예컨대, 미라보 계파의 지배권은 당통 계파와 카리에 계파로 넘겨졌다가 마라 계파와 로베스피에르 계파로 넘겨졌고, 밀류코프 계파의 지배권은 케렌스키 계파로 넘겨졌다가 트로츠키 계파로 넘겨졌다. 그 과정에서 민중이 마치 천국에 산다는 듯 아무 행동도 하지 않는다는 사실의 불가피한 폭로를 막으려고 참신한 방어논리를 저마다 과대하게 수립할 수밖에 없다. 명백한 의미로부터 점점 더 멀어지는 혁명은, 러시아 원정에 나선 나폴레옹이 봉착한 것과 같은 극복 불가능한 장애물에 봉착할 때까지 꾸준하게 지속되려면, 더욱 엄격한 기준들에 의존할 수밖에 없다. 그래서 다수자들은 유토피아를 현실적으로 달성하겠다는 헛된 희망을 마지못해 포기하고, '우리가 현실적으로 거둔 성과가 바로 유토피아이다'고 생각해버리는 것으로 — 혹은 미래의 어떤 단계로 진보할 때까지 이상의 완전한 실현을 유보하는 데 이바지할, 또다른 어떤 허구 메커니즘들로 — 만족하는 수밖에 없다. 또한 혁명적 변화 덕분에 가장 큰 이익을 챙기는 자들을 그런 합리적 타협안(허구)들에 동의하도록 설득함으로써 혁명지도자들이 주도권을 차지하기도 쉽다.

지금까지 혁명지도자들은 그들만의 독재정치를 개시하고 강행했다. 그런 독재정치는, 반드시 "혁명을 지속해야" 할 기간에도, 자유세계라는 혁명의 꿈을 스스로 부정하는 것이었다. 결국은 혁명군중의 유력한 파벌의 수중으로 넘겨지고 말 그들의 독재정권은 다수자들에 대해 스스로를 정당화한다. 독재정권은 혁명강령에 대한 만장일치의 찬성을 공언하고 요구하지만, 그 정권의 존재 자체가 혁명강령에 대한 근본적 거부를 의미한다. 그런 독재집단은 사회가 비교적 평화롭고 균형 잡힌 상태로 안정을 되찾아가는 시기를 틈타 핵심세력으로 자리 잡는다.

따라서 혁명은 자유세계라는 오래된 꿈을 실현하지도 않을 것이고 실현할 수도 없을 것이다. 혁명결과들은 새롭게 득세한 군중, 옛 믿음들에 대한 새로운 진술들, 옛 재산소유권자들을 대신하는 새로운 재산소유권자들, 옛 독재폭정들의 새로운 이름들로 정리될 것이다. 혁명의 파도들이 문명을 몇 차례나 휩쓸고 지나간 역사를 돌이켜본 사람은, 그 파도들의 결과들 중 하나가, 우리 모두에게 행사되는 군중사고방식의 지배력을 강화함과 동시에 군중심리의 최종판결에 맡기는 일들의 범위를 확장한 것임을 알게 될 것이다.

현대인이 옛 시대에는 — 극소수를 제외한 누구에게도 — 알려지지 않았던 자아감각을 조금이나마 지닌 것은 틀림없지만, "현대적 이념들" 속에는 그런 자아감각과 더불어 언제 어디서나 갈등하는 의식적 자아의 완전한 군중통념체계가 존재한다. 지금의 군중사고방식이 아직도 탈피하지 못한 상투적 형식들의 보급과정에 과거의 혁명군중들이 행사한 영향력을 정확하게 측량하기는 거의 불가능할 것이다. 하지만 그들의 영향력이 대단했다는 것은 누구나 짐작할 수 있을 것이다.

앞에서 언급된 결과들을 차치하면 혁명운동들이 역사에 남긴 것은 아주 미미했으리라고 나는 생각한다. 전체적으로 보면 혁명들이 민중의 진보를 돕는다는 통념은 날조된 듯이 보일 수 있다. 자유, 지식, 윤리가치들, 예술이나 과학, 인간존중심, 입법이 진보하는 곳에서는 독창적 개인들이 그런 진보들을 성취하고, 그들의 개인적 영향력이 그렇게 진보한 것들을 주도적으로 보급하지만, 그들의 영향력은 각자 경험으로 새로운 가치들을 재창출할 능력을 지닌 개인들을 제외한 누구의 찬성도 결코 얻지 못한다.

우리는 군중으로서 새로운 이념을 받아들일 때마다 곧바로 그것을 표어와 일시적 유행어로 변질시켜버린다. 유행주의(流行主義, faddism)는 급진주의도 아니고 진보의 징후도 아니다. 그것은 획일성을 원하는 열정 혹은 **군중심리의 보수주의**를 대변하는 특징이다. 그것은 변화이기는 하되 무의미한 변화이다.

종교자유는 종교개혁의 결실이라고 흔히 말해진다. 이 말이 사실이라면 그 결실은 간접결과이고, 종교개혁자들이 분명히 원치 않았던 결과이다. 그들이 추구한 자유는 오로지 그들의 특수한 선교활동을 위한 자유였을 따름이다. 이것을 증명하는 예들은 풍부하다. 칼뱅이 세르베투스[87]와 재세례파[88]에게 자행한 탄압, 루터의 종교개혁을 지지한 독일 중동부 작센 지방 농민들의 반란에 반대한 루터의 태도, 잉글랜드에서 가톨릭교도들에게 자행된 박해, 크롬웰의 통치기간에 발생한 모든 역사적 사건, 미국에서 식민지시대부터 미국독립일까지 — 내가 믿기로는 펜실베이

87) Michael Servetus/Miguel Serveto(1511 ~1553): 에스파냐의 의학자 겸 신학자. 의학적으로는 혈액의 폐순환설(肺循環說)을 주장했고, 신학적으로는 예수의 신성과 성령 등을 부정함으로써 프로테스탄트와 로마가톨릭교회에 의해 이단으로 단죄되어 제네바에서 칼뱅주의(Calvinism)자들에게 처형당했다.

88) 再洗禮派(Anabaptist/Rebaptizer): 16세기 종교개혁의 급진파운동 혹은 좌파운동에 참가한 기독교 집단인데, 성인세례(成人洗禮)를 주장했다. 그 당시 기독교법은 재세례를 사형에 해당하는 범죄로 규정했다.

니아 주에서 시작되었을 — 퀘이커교[89]와 다른 모든 "이단"에게 자행된 박해가 그런 예들이다.

그런 일들은 **부르주아의 종교**인 프로테스탄티즘[90]이 한 집단의 수중에 떨어졌을 때도 발생했다. 그 집단은, 그들이 속한 종교군중의 이해관심사들과 무관하게, 응용과학의 발전 덕분에 가장 큰 이익을 챙겨갈 실질적 수혜자들이 될 운명에 있었다. 물론 응용과학과 교양과학 — 즉 인문과학 — 을 명확히 가르는 구분선을 긋기는 힘들다. 과학들의 인문정신이 일정한 자유를 획득했어도, 종교개혁 전체는 현실적으로 르네상스에 대항한 반동운동이었던 것이 사실이다. 더구나 프로테스탄트 교회가 지금도, 최소한 공식적으로는, 과학문화의 자유정신에 저항한다는 것은 명백한 사실이다.

현대세계는 이탈리아 르네상스의 자유정신에도, 제퍼슨[91], 프랭클린[92], 페인[93], 링컨[94], 잉거솔[95], 토머스 헉슬리[96], 다윈[97], 스펜서[98] 등의 가문들과, 종교적 군중심리에 용감하게 저항하고 그 심리가 집착하는 추상통념들을 뿌리부터 용감하게 침식한 고독한 개인들의 노력으로 종교와 사상의 자유를 얻을 수 있었다. 정치적 자유도 이런 개인들에게 진 빚이기는 마찬가지다.

오늘날 세계에서 가장 자유로운 잉글랜드

89) Quakers: 형제회(Society of Friends) 또는 형제교회(Friends church)로도 별칭되는 이 기독교집단은 17세기 중반 잉글랜드의 선교사 겸 설교자 조지 폭스가 식민지 아메리카에서 창시했는데, 기존 기독교의 교리, 성직자, 교회형식들이 없어도 하나님을 내면적으로 직접 깨달을 수 있다고 주장했다. 그들은 16세기 말과 17세기 잉글랜드에서 발생한 퓨리터니즘[Puritanism: 청교도주의]의 극좌파에 속한다.

90) Protestantism[개신교(改新敎)]: 16세기초반 북유럽에서 중세 로마가톨릭교의 교리와 제례에 반발하여 태동한 기독교파들 일체의 총칭.

91) 제퍼슨(Thomas Jefferson, 1743~1826)은 미국독립선언문을 기초했고 미국의 제3대 대통령을 역임했다.

92) 프랭클린(Benjamin Franklin, 1706~1790)은 미국의 과학자 겸 외교관 겸 정치가로서 아메리카 식민지의 자치문제를 놓고 잉글랜드 관리들과 토론할 때 식민지 대변인으로 활약했고, 독립선언서 작성에 참여했으며, 미국독립전쟁 때 프랑스로부터 경제적군사적 원조를 얻어냈고, 그의 사후 2세기간 미국의 기본법이 된 미국헌법의 골격을 만들었다.

93) 페인(Thomas Paine, 1737~1809)은 잉글랜드 태생 미국 철학자로서 미국독립전쟁에 중대한 영향을 끼친 『상식 Common Sense』과 『위기 Crisis』, 프랑스 혁명과 공화주의 원칙을 옹호한 『인권 Rights of Man』과 종교의 사회적 위상을 해설한 『이성시대 The Age of Reason』를 집필했다.

94) 링컨(Abraham Lincoln, 1809~1865)은 미국 남북전쟁에서 승리하여 연방을 지키고 노예를 해방시킨 미국의 제16대 대통령이다.

95) 잉거솔(Robert Green "Bob" Ingersoll, 1833~1899)은 미국 남북전쟁에 참전한 정치도사로서 19세기 중엽 미국에서 자유사상을 위한 사회정치운동이 전개되던 이른바 "자유사상의 황금시대(Golden Age of Freethought)"에 웅변가로도 활약했고, 특히 불가지론을 주장하여 "위대한 불가지론자(The Great Agnostic)"라는 별명을 얻었다.

는 18세기의 혁명적 군중운동을 결코 현실적으로 경험하지 않았다. 그런 군중운동 대신에 점진적 재건과정이 빚어내는 변화들을 경험했다. 오늘날 잉글랜드가 위협적 사회혁명의 문제들에 대처하고 그것들을 해결할 가능성도 바로 그런 기회주의적 재건과정에 있을 것이다. 러시아의 사회주의와는 대조적으로 잉글랜드의 사회주의는 성공에 대한 희망을 뒷받침하는 많은 근거들을 지녔다. 잉글랜드에서 급진적 운동을 전반적으로 주도하는 자들은 운동의 성공을 거의 기대하지 않으면서도 현실주의적이고 실용주의적으로 생각할 수 있고, 군중추상통념들에 대한 굴복을 거부할 수 있는 자들이다. 영국노동당은 오늘날 사회주의단체들 중에서 군중심리의 영향을 가장 적게 받았다. 로치데일 공정개척자조합[99]은 민중이 경제문제해결책으로서 협동조합을 원할 경우 제한적이고 실천 가능한 노선들을 따르는 협동조합이 그 해결책이라는 것을 증명해보였다. 그 결과 조합원들은 예리코의 기적 같은 것에 대한 믿음을 중단했다. 잉글랜드 노동조합운동은 그런 종류의 단체가 군중사고방식을 초월할 수 있고 정치인처럼 구체적 행동정책에 따라 구체적 문제들의 원인에 대처할 수 있는 만큼 성공할 수 있다는 사실을 증명했다.

혁명심리에 관한 기존논의들 덕분에 우리는 그토록 자랑되어온 "프롤레타리아 독재" — 러시아의 소비에트 혁명이 광신한 군중을 위한 몇 가지 새로운 표어들을 공급해온 이념 — 에 관한 의견을 감히 제시할

96) 토머스 헉슬리(Thomas Henry Huxley, 1825~1895)는 잉글랜드의 생물학자로서 철학과 종교를 연구하고 진화론과 불가지론을 옹호했다.

97) 다윈(Charles Robert Darwin, 1809~1882)은 잉글랜드의 자연학자로서 자연선택설에 기초한 진화론을 설파했다.

98) 스펜서(Herbert Spencer, 1820~1903)는 잉글랜드의 사회학자 겸 철학자로서 다윈의 진화론을 응용하여 생물학·심리학·윤리학을 종합한 철학체계를 수립했고 사회유기체설을 주창하면서 진화론적 사회발전론을 설파했다.

99) Rochdale Group: 이것은 1844년 잉글랜드 북서부 랭커셔 주의 소도시 로치데일[현재 잉글랜드 북서부의 대도시주(大都市州) 그레이터맨체스터 북동부에 있는 행정구역]에서 동맹파업에 실패한 28명의 방직공장 직공들이 결성한 근대적 소비조합형 협동조합으로서 조합공개, 1인1표주의 표결방식, 이용실적에 따른 이윤배당, 출자자에 대한 이자제한, 정치적·종교적 중립, 시가에 준한 현금거래, 교육촉진 등을 골자로 하는 로치데일 원칙(Equitable Society of Rochdale Pioneers)을 내세워 성공을 거둔 이래 협동조합운동의 주류로 발전하여 여러 나라의 협동조합들에 영향을 끼쳐왔다.

수 있다고 나는 생각한다. 어떤 관점에서 보면 프롤레타리아 독재가 바람직할 수도 있다는 주장은 차치하더라도 — 노동자들이 노동한다는 단순한 사실이 어떻게 그들의 지배력을 증명하는지, 그러니까 말(馬)들도 노동만 하면 지배력을 획득할 수 있다는 것인지, 나는 모른다 — 과연 프롤레타리아 독재가 가능하기는 할까? 나는 불가능하다고 생각한다. 러시아에서 레닌의 일시적 지배가 노동계급의 지배라고 불리기는 어려울 것이다. 볼셰비키 선전기관은 우리가 현재 "자본주의 사회"의 폐단을 없애려면 그런 노동계급의 독재가 절대로 필요하다고 주장할 것이다. 더구나 그 기관은 그렇게 조직된 노동자들의 독재가 비(非)민주적인 것일 수는 없다고 주장하는데, 왜냐면 그런 독재가 이루어지면 기득재산은 폐지될 것이고 모두가 각자의 생활에 필요한 노동을 할 수밖에 없어서 모두가 노동계급에 속하게 될 것이므로 프롤레타리아 독재는 결국 모두의 독재, 즉 만인독재(萬人獨裁)에 불과해지기 때문이라는 것이다.

여기서 혁명을 존속시키는 것이 만인독재라고 가정하면, 각자에 대한 그런 만인독재는 아무를 위한 자유도 아니다. 그것은 인간이 스스로의 주인이 될 수 있는 일말의 여지도 남기지 않을 것이다. 바리사이주의[100]와 영적(靈的) 생활이 다르듯이 각자에 대한 만인독재와 자유도 다르다.

더구나 그렇게 상상된 만인독재권력을 만인이 평등하게 공유하리라는 것을 과연 무엇이 증명하겠는가? 그리고 우리가 만든 것이 고작 새로운 특권계급 — 사회주의자의 탈무드[101]는 언제나 노동자들의 과업은 특권계급을 영원히 타도하는 것이라고 선언해왔다 — 에 불과하다면 어쩔 것인가? 노동자들이 아직도 현재 지배계급에 대항하여 권력투쟁을 벌이는 대항군중이라면 당연히 하

---

100) Pharisaism: 바빌로니아에서 포로생활을 하던 유대인들이 이스라엘로 귀향하여 예루살렘에 유대교 신전을 재건하면서 시작된 이른바 제2성전시대(第二聖殿時代, 서기전515~서기70) 후반기에 팔레스타인에서 융성한 유대교의 한 종파인 바리사이파(Pharisee派)가 엄격히 고수한 종교적 형식주의

101) Socialist Talmud: 이것은 『공산당선언』과 그 노선을 따르는 사회주의 저술들의 비유적 통칭일 것이다.

나의 공의(公義) — 즉 자본계급에 대한 반대 — 로 결속될 것이다. 그러나 노동자들이 승리하면 만인이 노동자가 됨으로써 더는 어떤 반대자도 존재하지 않을 것이다. 노동자들의 다양한 요소들이 하나로 결속되어버리면 반란군중은 이제 존재하지 않을 것이고 "계급의식"도 무의미한 것이 되어버릴 것이다. 노동자들 자체도 노동계급이 승리했다는 이유로 더는 **하나의 계급으로서** 존재하지 않을 것이다. 그렇게 노동자들의 다양한 요소들이 하나의 공의로 결속되고 나면 남는 것은 무엇일까? 아무것도 남지 않는다. 노동자들의 결속력도 사라지고, 그런 결속력을 생산한 투쟁도 중단된다. 이제 남은 것은 인류를 결속시키는 인도주의 원칙밖에 없다. 결속은 경제적 사실이기를 그치고 순전히 "이데올로기적인" 것으로 변한다.

따라서 '만인은 노동자이다'는 가설에 의거하면 노동자들의 독재는 그 노동자들이 아닌 보편적 인간성에 기초한 독재이다. 그것이 또다른 어떤 공통인간성 — 예컨대, 모든 인간은 이족동물(二足動物)이라든지 코를 가졌다든지 모든 인간의 혈액은 순환한다든지 하는 사실 — 에 기초한 것이라면 진정한 만인독재와 매우 비슷하게 보일 것이다. 그런 독재의 순수한 프롤레타리아적 성격이 무의미해지면, 처음에는 자본계급에 대항한 노동계급 전체의 투쟁이던 군중투쟁은 득세한 노동자집단 안에서 벌어지는 일련의 내부 투쟁들로 변질된다.

러시아의 경험이 지금도 증명하는 것은 '만약 소비에트 정권이 전국적 산업파산을 자체적으로 막으려면 특별히 교육된 사람들이 산업활동과 정치활동을 전담해야 한다'는 것이다. 장기간의 교육은 대규모 사업들을 성공리에 관리하는 데 필수적인 것이고, 대규모로 조직된 산업, 교육, 정치사업들을 관리하려면 더욱 불가결한 것이 된다. 그러면 특별히 유망한 젊은이들은 유년기를 포기하면서까지 관리직들을 차지하기 위한 준비에 열을 올리지 않을까? 아니면 필수교육을 받음과 동시에 일상 과업들을 수행할 수 있을 만큼 야심만만하고 강인한 소수의 강자들이 그런 관리직들을 장악하지 않을까? 어느 경우든 **지식계급**이 발달하기 마련이다. 이 새로운 지배계급이 특권계급에 등극할 수 있는 모든 기회를 이용하기를 주저하리라고 과연 누가 상상하겠는가?

이런 질문들에 대해 "그러나 개인자본이 철폐된 마당에 과연 어떤 기회가 있을 수 있겠는가?"라는 반문이 제기된다. 그런 기회는 충분히 있을 수 있는데, 역사적으로 개인재산을 소유하는 특권을 누리지 않았던 지배계급들도 존재했기 때문이다. 중세유럽의 성직자들이 그런 계급이었는데, 그들의 지배력은 오늘날 상인계급들의 지배력에 버금갈 정도로 유효하고 지속적인 것이었다. 그렇다고 여기서 당장 결론을 내릴 필요는 없다. 소비에트 공화국에도 착취의 기회가 풍부하게 존재할 수 있기 때문이다. 노동자들의 결속력이 사라지면 자기중심적 상인집단들이 저마다 그 협동공화국의 지배층이 되기 위한 경쟁에 뛰어들 것이다. 어느 집단이든 자신들이 소유한 모든 경제적 이점(利點)을 이용하여 다른 집단들 위에 군림하려고 애쓸 것이다.

예컨대, 철도산업이나 석탄산업 같은 전략산업들에 종사하는 노동자들이 파업을 지속함으로써 사회전체를 굶주리게 만들면 그들이 요구할 수 있는 어떤 것을 현실적으로 획득할 수 있음을 알아차릴 것이라고 가정해보자. 다른 산업들에 종사하는 노동자들에 대한 의리는 그런 야심적 행동에 대한 견제작용을 하지 못할 것이다. 앞에서 살펴봤다시피, 군중은 언제나 구성원들이 저지르는 그런 반(反)사회적 행동을 상호적으로 정당화하는 메커니즘들을 이용하여 사회통제권력을 완화하려는 무의식의 목적에 부합하도록 형성된다. 경제적이고 심리적인 모든 이유로 각 산업에 종사하는 노동자들은 각자 속한 특수한 집단이 사회혁명의 결과들 중 가장 큰 몫을 챙길 수 있도록 애쓰는 군중들로 조직화될 것이다. 그런 상황에서 철도산업이나 다른 전략산업에 종사하는 노동자들이 현재 사회의 착취자들로 성토되는 자본가들만큼 무자비하게 사회를 착취하지 않도록 예방할 수 있는 것이 과연 있을까? 그런 것이 있다면 그것은 오직 동일한 지배력을 획득하려고 애쓰는 서로 다른 군중들의 경쟁뿐이다. 그렇게 경쟁하던 군중들도 때가 되면 일시적으로 타협할 것은 빤한데, 그 결과 사회통제권력은 더 강력한 소수의 노동조합들 ― 그리고 그들의 지도자들 ― 에게 분배될 것이다.

특히 수많은 미숙련노동자들을 고용할 수 있는 직업군에 속하는 잘 조직된 노동단체의 수중에 산업권력이 떨어지면 기존 자본가들의 산업권력보다 훨씬 더 유력한 무기가 된다는 사실은 파업을 통해 익히 증명되었다.

그러므로 새로운 독재는 사회혁명에 연달아 필연적으로 등장할 수밖에 없고, 그런 독재의 특혜를 입는 소수자들은 예전의 특권계급들이 군사력과 개인재산의 위력을 사용했듯이 사회의 산업권력을 사용할 것이다. 따라서 새로운 지배세력도 다른 지배세력들과 똑같이 착취를 일삼을 것이고 군중사고방식 특유의 상투어들로써 자신들을 정당화할 것이다. 이른바 프롤레타리아 독재라는 것도 자세히 살펴보면 프롤레타리아 계급에 속하는 한 파벌이 나머지 다른 파벌들에게 자행하는 독재로 판명된다. 그런 수단으로써 사회를 구원하겠다는 꿈은 단순한 **군중통념**에 불과하다.

제 9장

군중자유와 군중지배

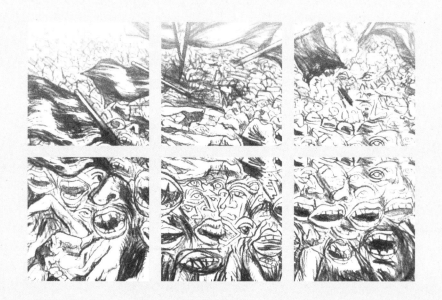

모든 정치철학이 최근까지 제기해온 질문을 집약하면 이렇다. **누가 지배할 것인가?** 이 질문과 비교하면 지배형식을 묻는 질문의 중요성은 상대적으로 떨어진다. 군중들은, 그들이 신봉해온 정치적 신념과 무관하게, 권력을 가지면 거의 동일하게 행동한다. 그들이 권력을 행사하는 정치조직의 특수한 형태들은 부수적인 것들에 불과하다. 그들은 똑같이 자화자찬하고, 추상원칙들로 자신들을 얼기설기 치장하며, 열세한 군중들을 착취하고, 체면치레하느라 잔꾀를 부리며, 지도자나 관리자가 되기 위해서라면 아첨과 협잡도 불사한다. 마키아벨리의 『군주론 *Il Principe*』(1532)에서 찬양되는 군주나 도스토옙스키의 『카라마조프 형제들 *Bratya Karamazovy*』(1880)에 나오는 대심문관은 체사레 보르자[102]나 태머니홀[103]의 지도자나 미국 민주당 전국위원회 의장이나 니콜라이 레닌 같은 인물이 되려는 야심가들을 위한 본보기로서 전혀 부족하지 않을 것이다.

루소가 살던 시대부터 군중들은 모든 전제정치는 소수의 야심가들이 지닌 결백한 인간애의 소산들이었다는 확신을 고집해왔다. 물론 역사적으로 그런 경우가 몇 차례 있기는 했지만, 그런 종류의 전제정치들은 결코 오래 지속되지 않았다. 대부분의 경우 전제군주는 지배군중의 도구 겸 공식상징에 불과했다. 그의 행위들은 그를 지지하는 군중의 행위들이라서 그를 지지하는 군중이 없어지면 그는 터키의 마지막 술탄[104]처럼 곧바로 폐위되고 만다.

102) Cesare Borgia(1475~1507): 교황 알렉산데르 6세의 서자(庶子)로서, 로마냐 공작 겸 교황군 총사령관이 되어 부친의 권력을 강화하고 이탈리아 중부에 자신의 공국을 세우고자 했다. 특히 그의 과감하면서도 영리한 정책들에 감명을 받는 마키아벨리는 『군주론』에서 그를 새로운 '군주'의 본보기로 인용했다.

103) Tammany Hall: 18세기말 미국에서 자선사업 및 후원을 명분으로 삼은 사교단체로 출발하여 1800년경부터 1930년대까지 뉴욕시 민주당을 지배한 파벌로 구성된 중앙위원회로서 태머니로 약칭되기도 한다. 이 단체는 특권계급에 이용되기도 부정부패사건을 일으키기도 하여 보스정치와 독직(瀆職)의 대명사가 되었는데, 예컨대, 가난한 백인남성의 선거권확대를 주장하고 특정한 소수민족과 소수종교집단에 호소하며 빈민들에게 선심용 선물을 나누어주고 경쟁당파의 지도자들에게는 뇌물을 공여하는 등의 활동들을 통해 정치적 지배력을 행사했다. 특히 뉴욕에서도 악명 높은 부패정치인의 대명사로 꼽히던 '보스' 윌리엄 트위드가 이끌던 시절 이 단체의 부정부패는 극에 달했고, 향후 이 단체의 이름은 도시의 정치적 부정부패와 같은 의미로 통용되기 시작했다.

104) 술탄(Sultan)은 오스만(투르크)제국[Osman(Turk) Empire, 1299~1922] 황제의 칭호이다. 여기서 '터키의 마지막 술탄'은 오스만제국의 마지막 황제 메흐메트 6세(Mehmet Ⅵ, 1861~1926: 1918~1922 재위)를 가리킨다.

고대 로마의 황제들은 로마군대 평의회를 대표하여 옹위된 "걸어 다니는 대리인들"에 불과했다. 로마에서 비록 황제들은 옹위되거나 폐위될지라도 그들을 옹위하고 폐위할 수 있었던 로마군대는 계속 군림할 수 있었다. 로마군대가 페이건[105]이던 시절에는 온건한 마르쿠스 아우렐리우스 황제조차, 기독교도들을 학살한 네로 황제의 전철을 밟았다. 그러나 로마군대가 대부분 스스로 기독교도로 개종했을 무렵에는, '기독교도들은 인간의 피를 마시고 당나귀 대가리를 숭배하며 문란한 성관계를 일삼는다'는 식의 허구들이 더는 로마인들의 애국심을 선동하는 효과를 발휘하지 못했고, 콘스탄티누스 1세 황제는 하늘에 뜬 십자가의 환상들을 보기 시작했다. 더구나 서양문명에서 가장 절대적인 군주가 틀림없는 교황도 오직 성좌선언(聖座宣言, ex-cathedra)을 통해 — 즉 "교회자체"로서 — 말하는 경우에만 "절대로 오류를 범하지 않을" 수 있다. 그런 교황의 절대무오류성(infallibility)은 곧 교회의 절대무오류성으로 여겨졌다. 모든 군중은 저마다 나름대로 절대무오류성을 주장한다. 폭군 로베스피에르도 프랑스에서 그를 지지하는 특수한 혁명군중이 존속하는 동안에만 존속할 수 있었다.

105) pagan: 지금까지 한국에서 이 단어의 번역어로서 채택되어온 "이교도(異敎徒)"는, 이 단어의 파생어 "페이거니즘(paganism)"의 주요 번역어인 "이교(異敎)"와 함께 많은 오해의 소지를 낳았다. 왜냐면 본시 "중동지역에서 태동한 이른바 '3대 유일신교(唯一神敎)' — 유대교, 그리스도교, 이슬람교 — 와 그것들의 신자들이 아닌 다른 종교들 — 비(非)유대교, 비(非)그리스도교, 비(非)이슬람교, 고대의 다신교(多神敎), 샤머니즘, 토테미즘 등 — 과 그것들의 신자들"을 총칭하는 "페이거니즘"과 "페이건"이라는 단어들을 단순히 "이교"와 "이교도"라고만 번역하는 것은 특히 3대 유일신교의 관점만 반영하는 것이기 때문이다. 그렇다고 모든 경우에 이처럼 3대 유일신교의 관점만 반영하는 "이교"와 "이교도"라는 번역어를 대신하여 "비(非)○○교"나 "비(非)○○교도"라는 식으로 번역할 수만도 없는 까닭은 번역과정뿐 아니라 독자들이 번역문을 읽는 과정도 지극히 번거로울 수밖에 없을 것이기 때문이다. 따라서 이 번역서에서는 "페이건"과 "페이거니즘"이, 화자(話者)나 주체의 종교적 관점이 개입된 인용문이나 문장들에 사용되었을 경우에는 "이교도"와 "이교"라는 번역어를, 저자의 객관적 견해나 사실들이 서술된 문장들에 사용되었을 경우에는 '특정 종교들의 편파적 관점'을 피하면서 본뜻을 충분히 살림과 동시에 이해 가능성과 가독성을 높이기 위해 원래 단어를 번역하지 않고 그대로 사용했음을 밝혀둔다.

이탈리아의 기독교 설교자 겸 종교개혁자 사보나롤라의 운명도 비슷했다. 그는 설교단에서 그를 지지하는 군중이 원하는 설교를 하는 동안에만, 그리고 그를 지지하는 군중이 우월한 세력을 유지하는 동안에만,

절대권력을 행사하며 플로렌스를 지배할 수 있었다. 영국의 스튜어트 (Stuart) 왕조(1371~1714), 독일의 호엔촐레른(Hohenzollern) 왕조(1415~1918), 오스트리아 헝가리의 합스부르크(Hapsburg) 왕조(1273~1918), 러시아의 로마노프(Romanov) 왕조(1613~1917)도 모두 신권(神權)을 내세웠지만 그들이 다스리던 국민군중들의 살아있는 상징들에 불과했다. 그 왕조들은 군중의지를 성공적으로 재현하지 못하는 순간부터 사라져갔다.

따라서 일반적으로 **군중이 있는 곳에 전제정치가 있다**고 말해질 수 있다. 전체정치는 한 명의 대리인 혹은 다수의 대리인들을 통해 실행될 수 있지만 거의 언제나 동일한 원천 — 군중 — 에서 비롯된다. 군중지배는 군주정치에도 공화정치에도 존재한다. 지배군중의 구성원들은 국가형태가 변하면 따라서 변하겠지만 그들의 기질은 거의 변하지 않을 것이다. 보수적 지식인들은 민주주의 정치는 순진하고 단순한 군중들이 지배하는 정치라고 가정하는 습성을 지녔다. 문제는 군중지배가 다른 헌법을 가진 국가들에서보다 민주주의 헌법을 가진 국가에서 더 절대적인 것이냐는 것이다. 미국의 헌법과 닮은 민주주의 헌법들의 목표는 어떤 군중도 사회를 통제하는 위상을 굳히지 못하게 함으로써 지배계급이 되지 못하게 예방하는 것이다. 그러나 지금껏 그런 목표를 달성하기 위한 노력의 결과들을 감안하면, 그런 노력이 군중지배로부터 우리를 해방시켰다고 말하기는 힘들다. 그것은 오히려 서로 의심하는 군중들의 수(數)만 증가시켰다. 서로 의심하는 군중들 중 어떤 군중도 확실한 우세를 점하는 데 충분할 정도로 강대한 다수세력을 장기간 유지하지 못했다. 이른바 "금주법"으로 통칭되는 미국 수정헌법 제18조(The Eighteenth Amendment)가 미국의회를 통과하여 발효될 때(1920)까지 전개된 사건들은 '비록 소수일지라도 단호한 결의를 품은 군중이 애호하는 교리들을 사회 전체에 관철하기는 참으로 쉬움'을 증명한다. 이런 종류의 사건은 과거보다 미래에 훨씬 더 많이 발생할 것이 틀림없다. 따라서 다양한 노동자집단들이 하나의 "프롤레타리아"군중으로 충분히 통합되어버리면 그들이 어떤 과격행위를 감행하든지 아무것도 그것을 예방하지 못할 것이다.

우리는 지금 사회화(社會化)시대를 통과하는 중이다. 이 시대의 모든 징후는 사회적 국가나 산업공화국 같은 것의 수립 가능성을 보여준다. 현재 개인들이 소유한 자본 중에서 공공영역으로 이전될 자본의 비율을 예상할 수 있는 사람은 하나도 없다. 이런 이전과정을 견제할 만한 것이 있을지도 의심스럽다. 사회화 추세는 흐르는 물 같아서 물길 하나가 막히면 곧바로 다른 물길을 뚫기 시작한다. 이 추세 안에서 진행되는 진로변경을 경계할 필요는 전혀 없다. 만약 비(非)군중인간들이 공동선을 위해 산업을 더 조화롭고 더 현명하게 관리할 수 있다면, 그런 변화는 국가를 발전시킬 수 있을 것이다.

이 대목에서 최대자유 및 그것의 실천결과와 더불어 고도의 사회민주주의뿐 아니라 심지어 공산주의마저 공존할 수 있는 사회가 건설되었다고 상상해보자. 그 사회에서 우리는 무엇보다 먼저 군중사고방식과 군중행동방식부터 극복해야 할 것이다. 그 사회의 구성원들은 국가를 순수한 행정기관으로만 간주할 것이다. 그들은 한정된 실천목적들을 달성하기 위한 조직을 결성하고, 지금의 기업들이나 협동조합들과 매우 유사하게 그들의 지도자들과 관리자들을 오직 지도력 및 관리능력만을 기준으로 삼아 선출할 것이다. 정치제도들은 어떤 특정한 집단이 다른 집단들을 누르고 득세하여 사회구성원들을 휘어잡지 못하도록 만들어질 것이다. 당파심은 사라질 것이다. 개인들의 사사로운 습관들에 대한 사회통제를 완화하려는 모든 노력이 시도될 것이다. 이웃들을 단속하려는 고질적 지배욕에 사로잡힌 자들도, 자신의 심리적 열등감을 사실로 받아들이지 못하고 그런 열등감을 보상하느라 끝내 군중들을 만들어 내고 마는 자들도 각자 할 일에나 열중하는 데 만족할 것이다. 경찰권력은 생명을 보호하고 산업활동을 속행하는 데 요구되는 최소한의 것으로 축소될 것이다. 사회구성원들은 지금보다 더 자발적으로 협동하고 더 자주적으로 의사결정을 할 것이다. 그들은 옹졸하고 관료적인 전제정치를 혐오할 것이고, 독립적으로 판단함과 동시에 전문가들의 조언과 권위를 기꺼이 수용할 것이다. 그들은 모든 시대의 약자들을 위해 지배층에 반대하는 투쟁을 해온 인간들 ― 자유정신의 소유자들과 타고난 자주적 인간들 ― 에게 실무관리를 맡길 것이다. 실용적 가치들과 충돌하는 모든 교리들과 통념들은 일소될 것이다.

물론 이런 사회개념은 완전히 유토피아적인 것이다. 그것은 군중들로서 행동하고 생각하는 사회에서는 실현할 수 없다. 우리가 현재의 군중사고습성들을 가지고 산업을 사회화시키는 과정은 기껏해야 군중독재의 기회를 증가시키는 과정을 의미할 따름이다. 지배군중에게 장악된 산업의 상태는 그야말로 허버트 스펜서가 말한 "다가오는 노예상태"일 것이다.

그래서인지 지금껏 국가는 과대하게 성장하여 관료국가로 변해왔다. 해가 갈수록 온갖 종류의 위원회들이 늘어난다. 공공기관들의 채무는 파산지경에 달할 때까지 누적된다. 그런 추세와 정비례하여 각종 세금들도 증가한다. 각종 법령법규들의 수도 증가하여 법규나 조례나 규제법을 한 건이라도 어기지 않으면 숨도 제대로 쉴 수 없을 지경에 이른다. 모든 입법의회는 온갖 개혁주의 군중들이 파견한 직업적 로비스트들의 포위공격에 시달린다. 온갖 종류의 참견꾼들이 그들만의 이익에 부합하는 방향으로 법률이 제정되고 집행되도록 야료를 부린다. 각종 검열제도 및 검열기관의 수량(數量)과 파렴치는 증가한다. 금지법령은 전쟁수단

같은 위선적 압력을 행사한다. "악덕금지"를 외치는 무지하고 무분별한 단체들은 문학과 예술을 유린한다. 주정부(州政府)와 연방정부를 막론한 국가정부는 그 국가가 1세기 전에 탈피했다고 생각되는 증오스러운 "외국인 배척 및 선동방지용" 법률들을 다시 제정할 요량으로 '자유를 위한 전쟁'이라는 명분을 이용한다. 수많은 비밀경찰들과 자발적 "보안관들"은 모든 시민을 정부에 불만을 품은 불온분자들로 의심하기를 꺼려하지 않는다. 이미 확립된 정치관행들의 중대한 변화를 호소하는 모든 주장은 불온한 선동으로 간주된다. 국민들의 사사로운 정치적 견해들을 조사하기 위한 기관이 설치된다. 존경받는 시민들은, 그들이 반(反)사회적 견해를 가졌다는 얼토당토않은 소문이나 황당무계한 풍문을 빌미 삼아 그들을 조사하는 악명 높은 "조사위원회들"의 — 그리고 무책임한 언론들의 — 공개적 비방에 시달린다. 대통령의 행위들에 대한 비판은 오직 정치적 여당의 당원들에게만 허용된다.

스스로를 자랑스럽게 여기는 미국에서는 물론 러시아에서도 성장을 거듭한 첩보기관의 어리석음과 무책임함은, 독일에 대한 전쟁의 중단을 지지하는 서명운동에 내가 서명한 후부터 몇 개월간 겪은 웃기고 사소한 경험들로도 예증될 것이다. 전쟁기간에도 몇 개월간이나 속행된 쿠퍼유니언 공개토론회에 참석한 대규모 청중들은 성실성과 관용을 보이며 나의 견해를 경청했다. 물론 내가 노골적으로 드러내는 미국주의(Americanism)에 그들 중 다수는 언제나 동의하지 않는다는 사실을 나는 알았지만, 쿠퍼유니언 공개토론회는 대단히 많은 외국인들과 노동자들이 참석했는데도 비(非)미국주의적인 것으로 해석될 만한 어떤 폭동이나 시위도 돌발하지 않은, 미국에서도 드문 공개토론회들 중 하나였다. 어쩌면 20년간 드러나지 않게 실적을 쌓아온 쿠퍼유니언 부설 국민연구소가 특유의 교육방법을 엄격히 고수하고, 모든 종류의 군중선동을 완전히 넘어선 차원의 공개토론회들을 지속함으로써 국민들에게도 상당히 현실적인 공헌을 해왔다고 누구나 느낄 것이다.

그러나 교육과정에서 내가 맡은 과제는 특별히 선발된 우수학생집단을 대상으로 하는 지식이론에 관한 강연이었다. 그 강연의 제목은 「자유인들의 사고방식」이었고, 강연안내책자에는 나의 강연이 퍼디낸드 쉴러 교수의 철학적 저작들을 교재로 삼아 인문주의 논리를 탐구하는 과목으로 소개되어있었다. 그 책자의 출판은 어느 인쇄업자에게 맡겨졌는데, 우리는 그가 정체불명의 기관원 몇 명으로부터 그 책자를 인쇄하지 말라는 경고를 받았다는 사실을 나중에 알았다. 퍼디낸드 쉴러가 옥스퍼드 대학교 코퍼스크리스티칼리지의 철학과 교수이고, 영어권 세계에서 가장 유명한 철학저술가들 중 한 명이며, 말년의 윌리엄 제임스가 주도한 이른바 "아메리카 학파(American School)"의 견해들과 실제로 동일한 견해들을 지녔다는 사실에도 불구하고, 정부기관원들 — 아니면 정체불명의 기관원들 — 이 자신들은 **그 쉴러를 독일인으로 생각한다**는 이유로 그 책자의 출판을 반대하는 사태까지 발생했다. 그것은 우리의 지식의 자유란 정치적으로 전혀 무의미한 것들까지도 일일이 신경써야 하는 자유임을 단적으로 보여주는 사태이다. 그러나 우리는 그런 세상에 산다고 낙담하거나 짜증내지 말아야 한다. 그런 긴장의 시간은 즉각적 반작용을 필연적으로 유발하기 마련인 지독한 과잉검열들의 지속시간만큼이나 짧기 마련이기 때문이다.

그래도 제기되는 질문이 있다. 민주주의 정치조직은 다른 형태의 정치조직들보다 자유에 더 많이 공헌하는가? 대다수 사람들은 "자유"와 "민주주의"를 거의 동일한 의미를 지닌 용어들로 생각한다. 자유란 투표권을 소유하고 모든 유권자에게 마음대로 발언할 권리를 부여하는 것이라고 생각하는 사람들은 "자유"와 "민주주의"를 동의어들로 믿어마지 않을 것이다. 그러나 18세기 식 군중통념들을 단순히 반추하는 것보다 더 많은 것들을 생각하는 사람들에게 위 질문은 다음과 같은 질문으로 수정될 것이다. 민주주의 정부는 다른 형태의 정부들보다 군중행동에 더 많이 공헌하는가? 군중과 대중들을 동일시하는 사람들과 르봉은 이 질문에 선험적으로 긍정적 답변을 할 것이다. 나는 이것이 아무 고민 없이 즉흥적으로 답변할 수 있는 질문이라고는 믿지 않는다. 이 질문은 이론에 대한 것이라기보다는 사실에 대한 것이다. 이론적으로만 보면, 우리가 앞에서 강조했듯이, 나는 군중이란 흔히 말해지는 보통사람들이 아닌 특수한 형태의 심리적 행동이라고 생각하므로, 민주주의란 언제 어디서나 군중의 지배를 받기 마련인 것이라고 주장할 논리적 필연성은 전혀 없는 듯이 보일 것이다. 더구나 우리는 앞에서 민주주의 사회가 아닌 다른 형태의 사회들도 군중지배에 시달릴 수 있다는 것을 알았다. 일부 귀족주의 필자들이나 부르주아 필자들이 표출하는 민주주의에 대한 강력한 반감(反感)은 군중지배에 대한 공포감 같은 것이라기보다는 그들이 속한 군중이 아닌 다른 군중에게 지배권력이 넘어가는 꼴을 보기 싫어하는 불쾌감이리라고 나는 생각한다. 적어도 이론적으로만 보면, 민주주의는 자치와 개인자유를 최대로 요구한다. 현대 민주주의가 어디서나 전제정치로 급속히 퇴행한다는 사실은 민주주의 자체의 소산이라기보다는 현대에 점점 강해지는 군중행동성향의 소산일 것이다. 어떤 민주주의 이상(理想)들은 군중사고방식과 군중행동의 원인들이라기보다는 오히려 결과들일 수 있다. 그런 이상들이 오늘날 군중들에게 유력한 선전선동용 표어들을 제공하고 그들의 권력의지를 정당화하는 진부한 논리들을 공급하는 데 편리한 도구들이라는 것은 부정될 수 없을 것이다. 이 대목에서 내가 말하고 싶은 것은 군중이 독재적으로 생각하고 행동할 수 있는 범위의 확장을 민주주의가 직접 주도하기보다는 **간접적으로 용납**했다는 것이다.

　민주주의 정치와 그것보다 더 독재적인 정치형태들을 비교할 때 중요한 것은 이처럼 개인에게 행사되는 군중지배력의 범위나 영역이다. 물론 인류는 대폭적인 개인자유를 서로에게 결코 허용하지 않을 것이다. 생존투쟁을 치르는 누구나 자신의 이웃들을 자동인형들처럼 만들어버리면 유리한 고지를 점할 수 있기 때문이다. 이런 방법을 이용하는 사람은 타인들의 행동에 적응하기도 쉬울 것이다. 우리가 주위 사람들을 설득하거나 강제하여 완전히 기계적인 행동만 하도록 규제할 수 있다면 우리는 그들이 미래에 할 행동을 매우 정확히 예측할 수 있을 것이고 그런 행동이 취해지기 전에 미리 대비할 수도 있을 것이다. 우리는 누구나 예측 불가능한 요소를 두려워하는데, 특히 우리 이웃들의 행동만큼 예측 불가능한 것도 없다. 인간의 예측 불가능성을 제거할 수만 있다면 사회는 절대로 안전할 것이 거의 확실하다. 그래서 우리는 규칙을 만들어 구성원들의 이탈과 혼란을 막으려고 노력한다. 규칙을 강조하는 이런 경향들 대부분은 물론 필요한 것들이다. 규칙이 없으면 사회질서나 도덕질서도 전혀 존재할 수 없을 것이다. 퍼디낸드 쉴러도 증명했듯이, 규칙성은 실제로 문명이 공인한 가치들의 원천이자 방위수단이다.

　사회구성원들의 이탈을 막는 과정은 사회질서를 유지하는 데 필요한 것보다 훨씬 많은 노력과 시간을 요구한다. 그런 과정은, 정신적으로 병들고 도덕적으로 비겁하게 사육된 동물 같은 사람들, 살면서 습득한 몇 가지 알량한 꼼수들 대신에 독창적인 어떤 생각들을 요구하는 새로운 상황에 직면하면 짐승으로 돌변하거나 완전히 무기력해져버리는 사람들, 자신들이 고기를 전혀 먹지 못한다는 이유로 살찐 사람들이 생존경쟁에서 자신들을 능가하지 못하도록 모두가 소화불량환자처럼 굴어야 한다거나 모두가 자신들을 본받아서 위장병을 앓아야 한다고 우겨대는 심술쟁이들, 자신들이 과음과 폭음을 일삼아서 술집출입을 금지당하거나, 어떤 영화를 보지 못하거나, 최신서적을 읽지 못하거나, 부지불식간에 불쑥불쑥 치솟는 음란한 욕정을 못 참아서 해수욕장에 가지 못한다는 이유로 자신들의 왜곡된 딜레마들을 모두가 지켜야 할 도덕적 기준들로 설정해야 한다고 우겨대는 사람들의 생존뿐 아니라 지배권마저 보장할 수 있을 때까지 고수된다.

이런 사람들은 모든 사회에 엄청나게 많이 존재한다. 이들은 언제나 "우애", 체면유지, 인생행로를 방해하는 유혹의 제거, 믿음과 행동을 위한 일률적 기준들을 강조한다. 군중들은 저마다 다수자들이 되어 자신들보다 약한 어린양들을 자신들의 교회로 포섭하려는 욕망을 공유한다. 군중은 언제 어디서나 변함없이 그런 종류의 욕망에 부역하면서 그것에 대한 지지를 얻으려고 노력한다. 취약한 어린양은 자신의 생존가치들을 언제나 공인된 군중통념들의 용어들로 표현한다. 어떤 군중도 자신들이 신봉하는 추상원칙들을 부인하지 않으면 그 어린양을 실질적으로 포섭할 수 없다. 앞에서 살펴봤다시피, 실제로 우리를 가장 먼저 군중인간들로 만드는 것은 바로 우리의 본능이 지닌 그런 취약성이다.

그러므로 인간들에게 허여되는 자유의 분량은 군중이 열중하려는 일의 건수(件數)에 따라 달라질 것이다. 그 과정에서 작용하는 것은 관성법칙이다. 단 한 명의 대리인을 통해 군중의지가 발휘되는 군주국가들에서 군주는 그 자신과 그를 지지하는 군중의 생존에 필요한 일들에 대해서만은 절대자가 될 수 있다. 그런 일들에 대해서만은 "그는 아무 과오도 범할 수 없다." 따라서 그가 내린 결정들에 대한 이의제기도 거의 혹은 완전히 불가능하다. 하지만 그가 자신의 권위와 직결되는 일들에 반대하는 세력을 철저히 탄압하는 데 주력하면 그에게는 다른 일들을 돌볼 여력이 거의 남지 않는다. 그래서 군주권력은 흔히 상대적으로 적은 건수의 일들에만 제한적으로 행사되는데, 왜냐면 현재진행중인 모든 일을 군주 혼자서 모두 처결할 수 없기 때문이다. 군주는 자신이 통제할 수 있는 범위에 속하는 일들에 대해서는 무자비한 폭군이 될 수 있지만, 그가 그 일들의 추이를 순순히 따르고 그 일들도 표면적으로 순조롭게 진행되기만 한다면, 그는 그 모든 일에 관심을 쏟으려고 하지 않을 것이다.

민주국가들의 사정은 다르다. 민주국가들의 권위는 결코 무자비하게 행사될 수 없는 반면에 그 국가들에서 — 법률은 흔히, 자국민들에게 강요하기보다는 국가가 "정의를 수호한다"는 사실을 알리려는 의도로 제정된다 — 규제되리라고 추정되는 일의 건수는 군주국가들에서보다 훨씬 더 많다. 주권이 보편적인 것이라면 모든 주권자는 입법자가 되어야 하고 이웃들에 대한 규제자가 되어야한다. 입법권력이 모든 곳에 현존하면 그 권력의 수많은 눈들이 행하는 감시를 벗어날 수 있는 것은 전혀 없을 것이다. 모든 종류의 결함, 파벌이익, 집단요구사항, 계급편견은 국내법의 일부가 될 것이다. 민주국가는 인간을 차별하지 않고, 법앞의 평등이라는 교리를 벗어나는 어떤 예외도 용납하지 않을 수 있다. 모든 정치단체는 자기단체에 속한 여느 다양한 집단들도 입법화를 요구할 수 있는 갖가지 법안들 일체를 처리해야 하는 무거운 부담을 짊어진다. 그 결과 모든 군중은 자기편 군중의 딜레마들을 다른 모든 군중에게 강요할 수 있는 이례적인 유인동기와 기회를 얻는다.

다수파는 왕위를 찬탈할 뿐 아니라 인간의 가능한 모든 생각과 행동을 자파(自派)의 권위에 예속시키려는 경향을 보인다. 모든 개인적 습관 및 견해는 공공관심사들이 된다. 관습은 이제 그것들을 규제하지 않는다. 모든 것은 군중심리의 논리로 합리화된다. 공공정책은 모든 인간의 개인적 양심이 현관문을 열어주기를 기다린다. 그로 인해 우리가 개인적으로 누릴 수 있는 위안거리들도 모조리 사라질 것이다. 선전선동에 동원될 수 없거나 입법을 위한 로비활동에 유용될 수 없는 모든 것은 사멸한다. 우리가 우리의 개인적 독립성을 조금이라도 보존하려면 우리는 스스로를 다른 여느 군중들과 같은 군중으로 조직하여 거리로 몰려나가서 한 목소리로 함성을 질러야 할 것이다.

여기서 우리는 성문헌법의 진정한 논거뿐 아니라, 내가 생각하건대, 그 헌법에 포함시켜야 할 것과 포함시키지 말아야 할 것을 결정하는 데 도움이 될 심리적 원칙도 발견한다. 헌법의 목표는 개인에 대한 다수파 군중의 지배를 가능케 할 만한 일의 건수를 제한하는 것이다. 내가 깨달은 것은 헌법조문 뒤에 숨어서 특수한 경제적 특권들 지키려는 착취적 기득권자들이 헌법소원을 남용하는 경우가 잦다는 것이다. 하지만 그럴지라도 민주국가의 국민들은 **정확히 그리고 오직 과거에 존재했을 어떤 군주가 자신의 개인적 목적들을 달성하는 데 이용했을 몇 가지 이권이익만** 노리는 다수파의 지령에 복종하는 경우에만 자유로울 수 있다. 어떤 개인이나 집단이 자행하는 우연한 착취에 맡겨질 수 없는 정치적·경제적 관계들도 있다. 물론 기필코 착취를 자행할 사람도 있을 것인데, 왜냐면 그런 관계들을 이용할 수 있다고 확신한 타인들도 조만간 착취를 자행할 것이기 때문이다.

국민들은 착취자들의 포위공격에 항상 노출되어있는 자신들의 평소 생활 중 다소 규제된 측면들과 관련하여 개인자유는 존재할 수 없다는 것을 깨달았기 때문에 민주주의자들은 그런 측면들에서 소수파의 전체 정치를 다수파의 전제정치로 교체했던 것이다. 하여간 국민들이 자유를 포기해야할 필요성 때문에 광범하게 확대되는 전제정치를 대신할 약간의 보상들이 이루어지지만 각 개인들은 그런 보상들을 거의 공유하지 못한다. 그렇기 때문에 **다수파의 전체정치를 제한하기 위한** 모든 노력이 이루어져야 한다. 그리고 다수파가 간섭할 수 있는 일의 건수를 제한하는 한계선이 최대한 단호하고 신속하게 그어져야 할 것이다. 왜냐면, 우리가 앞에서 살펴봤듯이, 모든 우세한 군중은 자신들이 장악할 수 있는 모든 것을 억지로 살리려고 들 것이기 때문이다. 다수파가 헌법으로 엄격히 제한된 영역을 넘어서 그들의 전제정치를 확대할 수 있다는 사실을 알아차리는 순간부터 아무것도 그들의 전제정치를 막지 못할 것이다. 따라서 전제정치는 귀족정치보다 더 사악한 것으로 여겨진다. 특히 전제정치는 다름 아닌 참주(僭主)들의 인원수를 증가시키기 때문에 더 용납할 수 없는 것이 된다. 소수의 참주들이 사방에서 국민들을 엿보고 감시하는 국가도 민주국가가 될 수 는 있겠지만, 그 국민들은 각자 개인적으로, 어느 날 선택의 순간을 맞이하면, 한 명의 참주를 선택할 수밖에 없으리라고 나는 생각한다. 물론 그렇게 선택된 참주도 가끔은 딴 데로 눈을 돌리고 국민 개개인을 적어도 담배 한 개비 피울 동안만큼은 자유민으로 내버려둘지 모른다.

진정한 민주주의자들은 정부기관을 매우 집요하게 면밀히 감시할 것이다. 정부기관은 우리를 죄악에서 구원하지 못한다. 정부기관은 언제나 최선인(最善人)들이 아닌 최악인(最惡人)들의 도덕적 딜레마들을 재현한다. 그 기관은 우리에게 자유를 주지 못한다. 기관이 우리에게 증여하거나 부여할 수 있는 것은 기관이 처음에 우리한테서 받아간 것밖에 없다. 정부기관이 제대로 기능하는 데 필요한 어떤 권력들과 특권들을 부여한 사람들이 바로 우리 국민들이다. 우리는 정부기관을 위해 존재하지 않는다. 통치기관이 우리를 위해 존재하는 것이다. 우리는 정부기관의 종복이 아니다. 정부기관이 우리의 종복이다. 정부기관은 기껏해야 유용하고 필요한 하나의 기계, 우리 각자가 스스로를 지키는 데 이용하는 하나의 기계장치에 불과하다. 그것이 가진 권한들과 위엄들도 다른 여느 기계들이 가진 것들과 다름없다. 기계가 기계법칙들을 준수해야 하는 — 그렇지 않으면 기계가 작동하지 않을 것이므로 — 이유와 똑같은 이유로 정부기관도 법률들을 준수해야 한다.

실제로 민주주의자들은 정부기관 자체보다는 오히려 다양한 군중들을 경계할 것이 분명하다. 왜냐면 그런 군중들은 자신들 특유의 전제정치를 모든 국민에게 강요하면서 모든 국민의 사생활을 침해하기 위해 언제나 정부기관이라는 기계장치를 이용하려고 애쓰기 때문이다. 군중은 그런 식으로 정부기관을 이용하여 통치범위를 확대함으로써 자신들의 구성원들에게 강요하는 것들과 똑같은 규제들을 모든 국민에게도 강요하며 모든 개성을 말살해버린다.

윌리엄 마틴 컨웨이는 다음과 같이 말한다.

오늘날 민주주의 정치는 조직화된 소수정파들에 의존한다. 저마다 이런저런 면에서 선호하는 후보에게 투표하기로 결심하는 독립적 일반인 수백만 명에 의존하는 민주주의 정치와 닮은 정치는 무엇일까? 군중전제 정치는 그것이 민주주의 정치보다 더 낫든 더 나쁘든 상관없이 종말을 맞이할 것이다. 우리는 세계에서 우리가 아는 것과 같은 어떤 혁명도 발견하지 못할 것이다.

그래서 우리는 군중은 타고난 본능에 따라 구성원들의 자유를, 한두 방면이 아닌 모든 방면에서, 줄이려 (이왕이면 아예 없애버리려) 하고 또 언제나 그리하기 마련이라는 결론을 내릴 수밖에 없다. 군중의 욕망은 구성원들의 개성을 말살하고 그들을 모조리 군중양상에 꿰맞춰 군중이익들을 위해 희생하고 헌신하며 살아가는 군중단위들의 조건으로 환원해버린다.

내가 받아보는 석간신문에 이런 군중지배를 잘 예시하는 탁월한 기사가 실렸다. 그 기사는 나라가 전쟁을 치르는 상황에서 국내 일부 지역 숙련공들 중 평소 지나친 음주 때문에 정규적 노동능력을 발휘하지 못하는 자들이 중대한 문제로 등장했다고 밝힌다. 전쟁기간에는 자유를 제한하는 수많은 조치들이 일반적 동의를 얻어서 시행될 수 있다. 그 결과 이런 술꾼들의 음주를 제한하기 위한 행정명령들을 제정될 수 있다. 그렇게만 된다면 술꾼들의 명단을 작성하여 그들의 음주를 금지할 수 있으리라는 의견도 등장한다. 하지만 그런 조치들은 군중의 활동방식들이 아니다. 군중이 볼 때 군중의 모든 구성원은 서로 다를 바가 없다. [군중이 볼 때] 종류와 성격을 불문한 모든 기준은 모든 계급에게, 아울러 모든 공공건물을 위시한 술집, 음식점, 호텔에도 똑같이 적용되어야 한다. 과연 이보다 더 부조리한 경우가 어디 있겠는가? 글래스고[106]의 총기제작공이나 선박제작공의 과음을 막으려면 애스퀴스[107] 씨도 애서니엄 호텔에서 점심을 먹을 때 백포도주를 마시지 말아야 한다!

우리는 바야흐로 개인에 대한 군중지배가 가속화되는 시대를 살아간다. 만약 글래스고 숙련공들의 음주를 제한하려고 애스퀴스 씨가 런던에서 술을 마시지 않겠다면 애스퀴스 씨의 식사도 제한해야지 않겠는가? 그가 입는 옷들의 모양과 가격도 제한해야지 않겠는가? 그가 사는 저택의 크기와 구조도 역시 제한해야지 않겠는가? 그는 자녀들에게도 정부가 교육하라는 온갖 복잡한 지식들을 최소한이나마 가르쳐야한다. 그는 자신의 하인들도 가장 박식한 의사의 진료를 받도록 보장하고, 쓸데없는 것으로 알려진 약물들을 행정적으로 관리하겠다는 보장도 [국민들에게] 해주어야 한다. 만약 군중이 그리한다면 모든 어머니와 유아는 부모의 부양능력과 무관하게 담당 관리들의 명령을 따라야 할 것이다. 결국 우리 모두는 유아기부터 성년기까지 삶의 모든 방면에서 그들의 명령들을 따라야 할 것이다. 자유는 명백히 사라지겠지만, 군중이 개인보다 많은 일들을 더 잘하기 때문에 그런 것은 아니다. 오히려 군중은 개인보다 못하다. 군중은 개인의 지식능력을 결여했다. 이 모든 제한의 궁극원인은 개성을 말살하고 통제하려는 군중욕망이다. 모든 군중의 본능은 개인을 지배하고 포박하고 제압하여 그들의 노예로 만들어 그의 모든 삶을 그들에게만 헌신하도록 만드는 것이다.[108]

민주주의에 대해 흔히 제기되는 비판은 민주주의가 너무 많은 자유를 허용한다는 것이다. 그러나 이 비판의 정반대가 진실에 더 가깝다. 내가 생각하건대, 민주적인 미국에서 "다수파의 전제정치"에 대한 관심을 가장 먼저 호소한 사람은 토크빌[109]이었다. 아마도 국가의 습성들과 제도들에 관한 가장 포괄적이

106) Glasgow: 영국 스코틀랜드 남서부의 항구 도시.

107) Herbert Henry Asquith(1852~1928): 영국의 정치가로 자유당 집권기간에 수상을 역임(1908~1916)했다.

108) 윌리엄 마틴 컨웨이, 『평화기간과 전쟁기간의 군중 The Crowd in Peace and War』(LONGMANS, GREEN, AND CO., 1915), pp. 168~171.

109) Alexis de Tocqueville(1805~1859): 프랑스의 정치학자·역사학가·정치가로 『미국의 민주주의 De la démocratie en Amerique』(4권, 1835~1840)를 집필했다.

고 명석한 연구들 중 하나는 예민한 관찰력을 지닌 이 프랑스 청년의 저서에서 찾아볼 수 있을 것이다. 그가 미국을 방문했을 때는 미국이 정치적으로 독립한 지 반세기가 지났을 무렵이었다. 미국의 민주주의에 대한 그의 견해들은 지금도 유효해서 그것들 중 다수는 지금도 적용할 수 있는 것들이다. 그는 결코 적대적 비판자가 아니었다. 그는 관찰한 많은 것들을 칭찬했고, 심지어 그가 미국을 방문할 당시(1830년대)에도 그는 '미국인들은 직접 만든 법률을 지키며 살아가기 때문에 자유롭다'는 말을 허구로 생각하지 않았다. 내가 다소 길게 인용한 아래 글들은 그의 대표저서『미국의 민주주의』제14장과 제15장의 내용들인데, 집필될 당시와 마찬가지로 지금도 여전히 옳다.

이른바 자유국가라는 미국에서도 어쩌면 날씨나 농사에 관한 것들을 제외한 평범한 개인들에 관한, 국가나 시민들이나 공직자들에 관한, 그리고 공공사업이나 개인사업을 막론한 모든 것에 관한 자유로운 비평과 연설은 누군가에게 상처를 줄 수 있다는 이유로 허용되지 않는데, 그래서인지 미국인들은 마치 그 모든 것을 생산하는 데 합의하기라도 했다는 듯이 서로를 기꺼이 변호해줄 것이다.

미국인들은 가장 작은 행정구역을 다스리는 수장(首長)의 권위에도 군소리 없이 복종한다. 이것은 국민생활의 사소한 부분들에까지 통용되는 진실이다. 미국인은 대화할 줄을 모른다. 그는 모임에서 연설하듯이 말한다. 그런 미국인이 만약 오로지 자신의 용무에만 몰두해야할 운명을 짊어진다면 그는 살아갈 의욕의 절반을 상실할 것이고 그의 삶은 견딜 수 없이 비참해질 것이다.

미국에서 다수파의 도덕적 권위는 한 명의 개인보다 단합한 다수자들의 지식과 지혜가 더 낫다는 통념에서 비롯된 것이다. 그래서 평등이론은 사람들의 지식능력에도 적용된다.

구체제[110] 프랑스는 '국왕은 어떤 과오도 범할 수 없다'는 격률을 고수했다. 미국인들은 다수자들에게도 이 격률이 동일하게 적용된다고 생각한다.

미국에서 모든 정당은 때로는 다수파의 권리들을 그들에게 유리하도록 행사할 수 있으리라고 기대하기 때문에 그 권리들을 기꺼이 인정한다. 그래서 미국의 다수파는 절대군주의 것들이나 거의 다름없는 막강한 실권과 여론주도권을 행사한다. 어떤 장애물도 그들의 진군을 가로막거나 지연시킬 수도 없을 뿐더러 그들에게 짓밟히고 무시당한 사람들의 불평불만을 그들로 하여금 경청하고 배려하도록 만들 수도 없

110) 舊體制(앙시앵레짐, ancien régime) : 프랑스혁명이 발생하기 이전 프랑스 정치체제들의 총칭.

다. 이런 사태는 다수파 자신들에게도 해롭고 미래도 위험에 빠뜨리는 것이다.

다수파는 의회의 중심을 차지하는 유일한 세력이므로 다수파의 모든 계획은 가장 뜨거운 환호를 받으며 채택된다. 그러나 다수파의 관심이 다른 데로 돌려지자마자 이 모든 환호도 사라져버린다.

명예 자체만큼 귀하거나 그것만큼 신성한 권리들을 부여받는 권력은 세상에 없기 때문에 나는 명예야말로 통제받지 않는 가장 탁월한 권위라는 데 동의할 것이다.

나의 의견에 비춰보면 현재 미국 민주주의 제도들의 중요한 병폐를 유발하는 것은 유럽인들이 흔히 지목하는 그 제도들 자체의 취약성이 아닌 그것들의 억제할 수 없는 강력함이다. 나는 전제정치에 대항하는 인간들이 찾는 안전장치들이 과소할까봐 걱정하지 않듯이 미국을 지배하는 자유가 과다할까봐 걱정하지도 않는다. 미국에서 개인이나 정당이 과오를 범하면 그 개인이나 정당은 누구에게 과오를 시정해달라고 의뢰할 수 있을까?

미국에서 이념이 실행되는 과정을 면밀히 살펴보면 다수파의 권력이 우리 유럽인들에게 익숙한 모든 권력을 훨씬 능가한다는 것을 뚜렷이 인식할 수 있다. 현재 유럽의 절대군주들은 대부분 그들의 권위에 적대적인 여론들이 그들의 왕국뿐 아니라 궁정에서도 비밀리에 유포되는 것을 예방하지 못한다.

미국에서는 그렇지 않다. 다수파가 의사결정을 하지 못하는 동안에는 토론이 계속되지만 그들이 의사결정을 했다고 발표하는 순간부터 모두가 침묵한다.

나는 정신의 독립성과 실질적 토론의 자유를 미국만큼 적게 허용하는 국가를 모른다. 미국에서 다수파는 의사표현의 자유를 엄청나게 높은 장벽들로 막아버린다. 작가는 이런 장벽들 안에서만 원하는 글을 쓸 수 있지만, 그가 장벽들을 벗어나기만 하면 재난이 그를 엄습한다. 물론 그가 공개처형을 당할 위험에 처하지는 않겠지만, 끊임없는 악평과 핍박에 노출된다. 그의 정치적 이력도 영원히 끝장난다. 심지어 그에 대한 신망을 포함한 모든 보상도 거부된다. 그의 것과 비슷한 생각을 하는 사람들도 생각을 발언할 엄두를 내지 못하고 그를 침묵 속에 방치한다. 일상생활마저 힘들 정도의 압박감에 오랫동안 시달린 그는 진실을 말했다는 자책감에 휩싸인 듯이 침묵 속으로 빠져든다.

족쇄들과 사형집행인들은 조악한 도구들이다. 그러나 문명은 스스로 전제국가를 완성했다. 한 명의 절대군주가 통치하는 전제국가에서 육체는 영혼을 말살하려는 폭력에 시달리지만 영혼은 폭력을 견디고 더 높이 상승한다. 그런 폭력은 민주적 공화국들에서는 채택되지 않는다. 하지만 그런 국가들에서 육체는 자유롭게 방치되지만 영혼이 노예가 된다.

미국의 지배세력에 대한 조롱은 용납되지 않을 것이다. 가장 사소한 비난도 그들의 감정을 상하게 하고 분노를 자극한다. 진실에 토대를 둔 가장 가벼운 농담도 그들을 화나게 만든다. 모든 언사는 찬양에 예속되어야 한다. 아무리 고명한 작가도 그의 동료시민들에 대한 경의와 찬양을 게을리 하지 말아야 한다.

다수파는 끊임없이 자화자찬하며 살아가는데, 그래서 미국인들이 이방인들로부터만 혹은 경험으로부터만 배울 수 있는 어떤 진리들이 존재한다. 미국인들이 아직도 위대한 작가들을 보유하지 못했다면 그 이유는 바로 이런 사실들 — 의사표현의 자유 없이는 문학천재는 존재할 수 없다는 사실, 그리고 미국에는 의사표현의 자유가 없다는 사실 — 에서 비롯된다.

미국 민주주의를 우호적으로 연구한 학자의 저서(『미국의 민주주의』)에 수록된 위 글들은, 자유에 관한 미국인들의 실없는 소리들에도 불구하고, 사려 깊은 외국인들이 미국에서 받았던 첫인상을 잘 보여준다. 더구나 토크빌은 이 저서를 집필하기 훨씬 전에 군중사고방식이 지금 우리가 목도하는 바와 비슷한 발달상태에 도달했다고 썼다. 오늘날 전제정치는 오직 다수파 군중만 자행하는 것은 아니다. 정당한 수단을 동원하여 자신들의 의견에 찬성하도록 모든 구성원을 설득할 때까지 기다릴 줄 아는 인내력을 겸비한 모든 종류의 다수파 군중은 무기로 사용할 만한 장점을 소유하는 시점에 근접하는 순간부터 모두에 대한 압제를 강행하기 시작한다.

민주적인 미국에서 자유는 첫째, 투표할 자유, 둘째, 상업적 이윤을 추구할 자유, 셋째, 선전선동할 자유, 넷째, 지식책임과 도덕책임을 지지 않을 자유처럼 보일 수 있다. 그런데 이 "자유들" 각각은 군중행동의 특징적 형식들에 불과하다. 우리가 가장 자랑스럽게 여기는 현대적 권리인 "투표"는 거의 언제나 군중사고방식에 좌우되므로 개인적 뽑기놀이만큼이나 하찮은 일이다. 이른바 유권자들은 정치적 영향력을 가진 상인들이 거의 확고히 장악한 지역들로 떼를 지어 몰려가서 표를 몰아주곤 한다. 선거운동기간에 행해지는 군중형성을 위한 모든 야비하고 기만적인 선거운동은 그 자체로 잔존가치를 지닌다. 반면 현실적 선거쟁점들은 각 당파의 운동원들이 벌이는 선전선동에 파묻혀 망각되어 아예 인식되지도 않는다. 투표로 뽑히는 후보자들은 그들이 열망하던 공직에 적합한 능력의 소유자들이라기보다는 오히려 빌리 선데이 전도사처럼 군중을 모으는 재주를 가진 능력의 소유자들일 뿐만 아니라 선거쟁점을 완전히 허위진술하고 주로 정치광고용으로 떠들어대는 딜레마의 나팔수들이다. 그리하여 투표권은 경쟁군중들이 서로에 대한 전제정치를 강행하는 데 동원할 수 있는 매개수단으로 변하기를 거듭한다.

상업적 이윤을 추구하고 돈벌이 경쟁에서 남보다 앞설 수 있는 자유는 민주주의 국가에서는 흔히 "기회"라고 말해진다. "개인주의"라는 말의 대중적 용법만큼 현대인을 배반하는 것은 없다. 오늘날 대중이 이해하는 개인주의는 천재적이고 독창적인 개인이 되기 위한 철학이 아니라 무언가를 얻기 위한 철학, 조변석개하는 욕심에 휘둘려 타인들에게 미칠 효과를 아랑곳하지 않고 개인적 목적들을 달성하는 데 이용하기 위한 철학이다. 그런 사이비개인주의는 가장 치명적인 정신의 순응주의와 어리석음과 야합하여 가장 고약한 이기심과 착취를 부추긴다. 그런 사이비 "개인주의"도, 내가 지적했다시피, 군중통념이다. 왜냐면 그것의 원흉은 단지 사물들을 소유했다는 사실만을 기준으로 개인의 우수성을 따지는 값싸게 위장된 이상이기 때문이다. 그것만큼 역설적(逆說的)인 통념이 실제로 옛 군중의 "평등" 통념이라는 것은 첫눈에 알아볼 수 있다. 그 통념은 경제력 차이를 낳았고, 그런 차이 못지않게 중요한 결과도 낳았다. 그 결과란 모든 인간이 자신은 사회적 우월성을 획득하는 데 필수적인 경제적 능력을 지녔다는 허구를 품을 수 있게 되었다는 것이다. 따라서 사회적 우월성은 개인적 우월성과는 거의 무관한 것이다. 사회적 우월성은 외부적인 우연한 성공의 결과에 불과하다. 이런 의미에서 한 개인은 여전히 "다른 개인만큼 훌륭해"질 수 있다.

이런 경쟁적 투쟁의 반대편에서는 대항군중의 집단주의적 이상이 성장해왔다. 하지만 그런 투쟁에서도 정신은 보편적으로 평등하다는 허구가 유지된다. 경쟁적 투쟁이 개인들의 투쟁에서 폭력단들의 투쟁처럼 변질되는 동안에도, '개인의 가치는 환경의 결과이므로 누구나 획득할 수 있는 것'이라는 통념은 계속 유지된다. 프롤레타리아들의 대다수는 현재 증오스러운 자본가들이 독점하는 낙원의 땅으로 기어들어갈 수 있는 긴노린재[114] 같은 의상을 걸치고 싶어 한다. 점점 강해지는 산업민주화 추세는 아마도 가까운 미래에 이렇게 돈벌이할 자유를 차폐해버릴 것이다. 뉴욕에서 꽤 유명한 어느 사회주의자는 '자유는 신화이다'라고 선언한다. 민주화 운동이 정치적인 것이든 사회적인 것이든 군중현상인 한에서 그의 선언은 옳다. 그런데도 사회주의 선전선동자들은 언제나 "자유"를 요구하지만, 정작 그들이 요구하는 자유는 그들이 선전선동할 자유에 불과하다. 이 자유가 바로 현대 민주주의가 허용하는 셋째 자유이다.

민주주의의 이름으로 어디서나 요구되는 "언론출판의 자유"가 개인적 의사표현의 자유는 결코 아니다. 그것은 다양한 군중들이 표어들과 선전물들을 출판하고 광고하는 데 필요한 공간에 대한 요구에 불과하다. 군중들은 저마다 자기편 군중을 위해서는 이 자유를 요구하면서도 다른 편 군중들에게는 용납하지 않으려고 애쓰는데, 특히 어디에나 존재할 수 있는 비(非)군중에게는 자기편과 다른 편을 불문한 모든 군중이 일치단결하여 자유를 용납하지 않는다. 청교도들은 "인간의 양심대로 신앙할 권리"를 퀘이커교도들에게나 자연신교도들에게나 가톨릭교도들에게는 용납하지 않았다. 미국 공화당의 당원들은, 자신들이 "흑인노예폐지론자들"이었을 때는, 윌리엄 로이드 개리슨[115]이 편집하던 신문 《해방자》를 탄압하려는 모든 시도를, 헌법이 모든 국민에게 보장한 자유들을 침해하는 폭력으로 간주했을 것이다. 하지만 오늘날 그들은, 맥스 이스트먼[116]이 편집하는 동명의 잡지 《해방자》의 발간에는 별다른 관심

---

114) hinch bug: 노린재목(Heteroptera) 긴노린재과에 속하며, 곡류와 옥수수에 큰 해를 입힌다고 알려진 곤충인데, 그 모습이 마치 화려한 턱시도나 망토를 걸친 듯하다. 여기서 사용하는 "긴노린재 같은 의상(chinch bug fashion)"이라는 표현은 결국 자본가들을 상징하는 비싸고 화려한 의복들의 비유적 총칭이라고 할 수 있다.

115) William Lloyd Garrison(1805~1879): 미국의 유명한 노예폐지론자, 언론인, 사회개혁자. 1831년에 그가 창간한 《해방자 The Liberator》(1831~1865)는 노예폐지론을 주장하는 대표적 신문이었다. 그는 미국에서 노예들의 "즉각 해방"을 주창했고 아메리카 반(反)노예제도협회(1833~1870)의 창립에도 동참했으며 여성참정권보장운동에도 크게 이바지했다.

113) Max Forrester Eastman(1883~1969): 미국의 문학·철학·사회평론가, 시인, 정치활동가. 청·장년기에는 사회주의를 지지했지만 말년에는 자유시장경제를 지지하는 반공주의자로 변했다. 1918년에 여동생 크리스털 이스트먼과 함께 사회주의 월간지 《해방자 The Liberator》를 창간하여 편집장으로 활동했다. 이 잡지는 1922년 후반부터 미국공산당 기관지로 발행되다가 1924년에 노동당 산하 "노동조합교육동맹"의 기관지 《레이버 헤럴드 The Labor Herald》와 같은 노동당 산하 "소비에트 러시아의 친구들(Friends of Soviet Russia)"의 월간지 《소비에트 러시아 픽토리얼 Soviet Russia Pictorial》과 함께 《월간 노동자 The Workers Monthly》로 통합되었다.

114) Andrew Jackson(1767~1845): 미국의 제7대 대통령.

115) 빅터 버거(Victor Luitpold Berger, 1860~1929)는 미국사회당 창당멤버이자 밀워키에서 시작된 이른바 "하수도 사회주의(Sewer Socialism)"운동(1892~1960)을 정착시키는 데 협력한 중요하고 유력한 사회주의 언론인으로서, 미국 하원의원에 당선된 최초의 사회주의자였다. 1919년에는 반(反)군국주의적 의견을 표명했다는 혐의로 기소되어 유죄판결을 받고 2차례나 하원의회 출석을 저지당하기도 했다. 유진 뎁스(Eugene Victor Debs, 1855~1926)는 미국노동조합지도자 겸 정치인으로서 국제노동조합과 세계산업노동조합의 창설자들 중 한 명인데, 미국사회당 대통령 후보로 여러 차례 선출되었다.

116) Theodore Herman Albert Dreiser(1871~1945): 미국의 소설가 겸 언론인. 사회적 불의와 불평등을 고발하는 소설을 주로 집필했다. 특히 1915년 펴낸 반(半)자서전적 소설 『"천재" The "Genius"』는 주인공의 성욕을 노골적으로 표현했다는 이유로 출판된 지 얼마 지나지 않아 판금(販禁)되어 1923년까지 해금되지 않았다.

을 보이지 않는다. 토머스 제퍼슨 시대에 "자코뱅주의"자들로 비난당하던 민주당원들은 자신들의 당파적 선전선동을 제한하던 이른바 "외국인 배척 및 선동방지용" 법률에 반발하여 "1776년 정신" ― 미국독립선언문에 담긴 정신 ― 에 호소했다. 하지만 오늘날 이른바 "미국화를 위한 선전선동" 경쟁에서 공화당원들을 앞서려고 애쓰는 민주당원들은 토머스 제퍼슨이나 앤드루 잭슨[114]이 발안했을 국가보안법을 사실상 지지하는 입장을 취한다. 사회주의자들은 빅터 버거와 유진 뎁스[115]가 애국주의적 군중통념들에 위배되는 의견들을 표명했다는 혐의로 유죄판결을 받았았을 때 '자유는 죽었다'고 확신했다. 그러나 시어도어 드레이서[116]가 미국에서는 보기 드물게 뛰어난 소설들 중 한 편이 판금조치를 당했을 때, 내가 기억하기로는, 사회주의자들은 뉴욕 메디슨스퀘어가든에서 열린 어떤 항의집회도 참석하지 않았다. 나도 브루클린 그린포인트의 길모퉁이에서 자유애호자들로 자처하는 사회주의자들을 상대로 적어도 3시간 넘게 "개리 학교"[117]에 관한 진실을 설명해주려고 진력했지만 헛수고로 끝나고 말았다. 미국의 각급 의회들에서 활동하는 정치인들이 명백히 부자유한 미국 수정헌법 제18조(금주법)에 속아서 그것을 통과시킬 즈음 나의 관심은 쿠퍼유니언 청중의 대다수를 차지하는 사회주의자들이 그 조항에 대해서 느끼는 방식을 간파하는 데 쏠려있었다. 내가 예상한대로 사회주의자들은 그 조항을 개인자유에 대한 용납할 수 없는 침해로, 미국 청교도들의 위선과 독선을 예증하는 전형적 표본으로 간주했다. 하지만 그들은 전체적으로는 '그것이 노동계급의 불만감을 더욱 증폭시킬 테니 볼셰비키 선전선동에도 유익하다'는 이유로 그것을 찬성했다. 그것이 바로 군중이 지배하는 민주주의 사회의 자유이다. 그것은 결국 **군중들이 군중들로서 존재할 자유**(liberty of crowds to be crowds)에 불과하다.

117) Gary schools: 미국 북동부 인디애나 주 서북단의 호반도시 개리에서 20세기 초반 공립교육발전에 크게 이바지한 교육개혁이 실시된 학교들의 총칭. 개리의 교육장 윌리엄 A. 워트(William Albert Wirt, 1874~1938)는 1906년 이른바 "소대(小隊)학교, 또는 노동·학습·놀이 학교(Platoon, or Work-Stduy-Play Schools)"를 설립하여 저소득층 어린이들의 교육기회를 높였다. 이런 개리 식 교육체계(Gary system)는 1917년 뉴욕에서 정치 쟁점으로 부각되었지만 1918년 이것을 반대하는 후보가 뉴욕시장에 당선되면서 포기되었다. 미국의 진보적 문필가 겸 "좌파지식인" 랜돌프 본(Randolph Silliman Bourne, 1886~1918)은 『개리 식 학교 The Gary Schools』(1916)라는 저서에서 개리 식 교육과정, 교육방법, 교육조직 등을 소개하기도 했다.

오늘날 민주주의 사회의 넷째 자유는 도덕책임과 지식책임을 지지 않을 자유이다. 이런 자유를 완성시키는 주술은 자치정부를 법률기관으로, 양심을 관료주의적 참견꾼으로, 개인적 관용을 군중독재로 대체해버린다. 파게는 민주주의를 "무능력에 대한 숭배"와 "책임에 대한 두려움"이라고 별칭했다. 그가 심하게 오판하지는 않았더라도 이런 별칭들은 민주주의 자체보다는 오히려 '군중이 군림하는 민주주의'에 적용되는 것들이다. 민주주의의 원래 목표는, 민주주의 철학사상가들이 그것을 이해하는 바에 한정해보면, 전통의 족쇄로부터 천재성을 해방시키고 자치능력을 최대로 실현하며 모험 같은 삶을 영위하는 것이었다. 그러나 군중들은 민주주의를 이해하지 못한다. 모든 군중은 민주주의를 단순한 책략 같은 것으로 여기고 그들 마음대로 다룰 수 있다고 통념한다. 앞에서 우리는 이런 군중심리가 우리 스스로를 "속이기" 위한, 우리의 자존심을 높이는 가장 편리한 길을 아주 도덕적인 길로 보이도록 과장하기 위한, 개인의 권리를 보편적 정의 같은 것으로 만들기 위한, 타인들 위에 군림하려는 우리의 의지를 마치 비(非)개인적 원칙에 헌신하는 것처럼 보이도록 장식하기 위한 수단이라는 것을 알았다. 그러므로 우리가 알다시피, 군중은 보편적 순응주의를 고집한다. 즉 군중의 선(善)은 모두를 동일하게 만드는 것을 의미할 따름이다. 무의식적 권력의지는 군중통념들의 추상(抽象)과 기존체계로 도피함으로써 스스로를 권력의지가 아닌 것처럼 보이도록 위장한다. 책임의 부담감은 절대진리에 대한 허구를 품은 집단으로 전이된다. 르 봉은 군중들의 무책임감이라는 사실을 지목했지만, '익명의 인간무리로 이루어진 군중에 속한 개인은 정체성을 상실할 수 있다'는 사실에서 그런 무책임감이 비롯된다고 생각했다. 무의식 심리학은 나의 생각이 더 나은 설명이라는 것을 우리게 증명해주었지만, 무책임감이라는 사실은 군중사고방식이 민주주의 제도들에 미치는 모든 영향 속에 잔존하고 또 명백히 존재한다. 군중의 이상사회는 모든 개인이 착취당하지 않도록 그리하여 유혹당하지 않도록 ― 그리하여 **개인의 자아에 휘둘리지 않도록** ― 보호받는 사회이다. 그러나 이 시대 민주주의의 전체적 추세는 공허한 상태로 전락하는 중이다. 우리 모두는 공인된 도덕적 딜레마들에 대한 최소한의 비판적 분석도 하지 않으며 우리의 가치도 무시하고 스스로 아무 노력도 하지 않으며 아무 생각도 하지 않고 그저 도덕적으로만 존재하도록 가공될 판이다. 그런 식의 도덕적 존재방식은 의지를 단순한 자동행위로 환원한다. 그것은 선택과 불확실성의 여지를 일절 남기지 않으며 누구라도 조이고 기름 치면 동일한 속도로 작동시킬 수 있는 기계들의 도덕적 존재방식과 똑같은 것이다. 그래서 군중들은 저마다 자기편의 도덕통념들을 국법으로 만들려고 노력한다. 그 결과 법전은 기존의 다양한 군중취미들을 취합해놓은 선집(選集) 같은 것이 되어버린다. 그리고 도덕책임은 끝내 입법자들, 위원회들, 조사관들, 검사들, 관료들에게 전가된다. 그래서 아무리 부패한 정부의 검열이라도 그것을 "통과한" 것이라면 무엇이든 우리가 완벽한 책임감을 가지고 탐닉할 수 있다. 우리의 방침을 선택할 권리와 필요성은 법률이 금지하는 터부들의 체계로 대체되지만, 그 체계는 흔히 사회에서 가장 비열하고 소심한 — 자신들의 뒤틀린 성욕과 싸우지 않고는 누드화(nude畵) 한 편도 제대로 감상하지 못하거나 신앙을 버리지 않고는 어떤 중요한 사상도 생각하지 못하는 부류에 속하는 — 인간들의 생존가치들을 대변하지는 않는다.

이 네 가지 자유가 민주주의 사회의 지식진보와 예술자유에 미치는 효과는 뚜렷하므로, 군중심리의 메커니즘들을 이해하는 사람은 그 효과를 정확히 예측할 수 있을 것이다. 다른 어느 곳에서보다 미국에서 의사표현의 자유가 적게 허용된다는 것을 알았다는 토크빌의 말을 아무도 의심하지 않을 것이다. 그 이유는 작금 미국의 현실을 보면 명백히 알 수 있다. 민주주의 국가라는 미국에서 천재는 자유롭지 못하다. 천재는 자신이 존재할 권리마저 비소(卑小)한 군중인간들에게 구걸할 수밖에 없다. 그는 각종 허가권을 쥔 행정관의 집 창문 앞에서 모자를 벗어들고 구걸하듯 서있어야 하고, 그의 천재성도 그토록 무딘 인간들에게 사용가치가 있는 것처럼 보이는 경우에만 그나마 발휘될 기회를 겨우 얻을 수 있다. 그는 스스로를 단 하나의 독창적 머리를 가진 인물보다는 여러 개의 머리를 가진 인물로, 천재적 인물보다는 유용한 인물로, "이 비소한 인간들"의 자연스러운 주인이 되기보다는 하인으로 위장하며 순응주의자처럼 굴어야 한다. 그는 자신을 광고해야 하되 그 광고가 예언이 되면 안 될 것이다. 그는 얼간이들에게 아첨하고 선심을 쓸 수는 있으되 그들보다 높은 자리에 오를 수는 없을 것이다. 요컨대, 민주주의는 모든 곳에서, 비유하자면, 삼손의 두 눈을 뽑아버리고 그의 찬란한 금빛머리칼을 잘라낸 다음에 그를 옥수수가루처럼 분쇄하여 팔레스티나인(人)[118]들의 배를 채워주는 역할이나 수행할 따름이다.

19세기 초부터 지금까지 우리의 자유로운 현대사회들이 선호해온 사람은 주로 사업가, 정치협잡꾼, 무역업자, 대중편견들의 재발견자였다. 그런 편견들은, 예컨대, 키츠는 실연당한 아픔을 못 이겨서 죽었다느니, 셸리와 바그너[119]는 망명했다느니, 베토벤과 슈베르트(Franz Schubert, 1797~1828)는 버림받아 굶어죽었다느니, 다윈은 죽어서 지옥불길 속에 떨어졌다느니, 토머스 헉슬리는 교수직을 박탈당했다느니, 쇼펜하워는 엘리트 집단에서 추방당했다느니, 니체는 고독해서 슬펐다느니, 휘트먼[120]은 소수의 잉글랜드인 찬미자들한테 생계비를 구걸해야 했던 반면에 자유로운 미국에서는 그의 시(詩)들이 외설스럽다는 이유로 판금되었다느니, 에머슨은 인생의 절반이 넘게 재직한 대학에서 **기피인물**이었다느니, 잉거솔은 그의 천재성에 걸맞은 정치적 직위에 오르지 못했다느니, 앨런 포[121]는 평생 가난하게 살다가 죽었다느니, 시어도어 파커[122]는 지옥에 떨어졌다느니, 퍼시벌 로웰과 사이먼 뉴컴[123]은 미국의 대중들에게 거의 알려지지 않은 채로 살다가 죽었다느니 하는 따위들이다. 거의 모든 예술가, 작가, 대중강연자는 처음부터 그들의 천재성을 억제하여 통속적이고 서민적이며 불성실한 어

---

118) Philistine: 기독경전에서 블레셋인(人) 또는 불레셋인(人)으로도 지칭되는데, 이들은 서기전 12세기 이스라엘 민족이 팔레스티나[팔레스타인(Palstine)]에 당도할 무렵 에게 지방에서 팔레스티나 남해안지역으로 이동하여 정착한 민족인데, 기독경전에서 "교양 없고 잔인하며 속물적인 사람들"로 묘사된다.

119) John Keats (1795~1821)는 영국의 낭만주의·탐미주의·예술지상주의 시인, 셸리(Percy Bysshe Shelley, 1792~1822)는 영국의 낭만주의·이상주의 시인, 바그너(Wilhelm Richard Wagner, 1813~1883)는 독일의 낭만주의 작곡가이다.

120) Walt Whitman(1819~1892): 미국의 저널리스트·에세이스트·시인으로 매우 혁신적인 시들을 창작했다.

121) Edgar Allan Poe(1809~1849): 미국의 시인 겸 소설가로서 독창적 작품세계를 창조했다.

122) Theodore Parker(1810~1860): 미국의 유니테리언(Unitarian: "삼위일체"를 인정하지 않는 기독교의 일파) 신학자·목사·학자로서 반노예주의 운동에 참여한 사회개혁가이기도 하다. 기독교의 전통교리를 논박하면서 인간의 자연경험과 정신적 통찰에서 비롯되는 신에 대한 직관적 지식과 합리주의적 과학을 동시에 강조했다.

123) Percival Lawrence Lowell (1855~1916)은 미국의 사업가·작가·수학자·천문학자인데, 특히 일본과 조선을 여행하고 각종 여행기를 집필하여 당시 미국에 거의 알려지지 않았던 두 나라를 미국인들에게 소개하기도 했다. 사이먼 뉴컴(Simon Newcomb, 1835~1909)은 캐나다 태생 미국의 천문학자·수학자로서 천체들이 일정기간 자치하는 위치를 계산한 천체력 및 천문상수표를 만들었다.

릿광대들처럼 굴어야만 대중적 인기를 얻을 수 있는 자들로 이해된다.

그런 한편에서 철강공장주들과 철도산업계의 왕들은 가끔 미미한 사업실적을 거두어도 터무니없이 막대한 보상을 받고 모든 사람이 그들에게 허리를 굽힌다. 왜냐면 민주주의 사회의 모든 곳에서 우세하고 가장 진지한 관심을 모으는 "상업주의"를 저버리는 사람의 정신도, 물질주의의 무게를 상쇄할 정신적 가치들을 추구하는 사람의 정신도 기껏해야 순진한 감상벽(感傷癖)에 불과할 것이기 때문이다.

그래서 만약 셰익스피어, 보카치오, 라블레, 몽테뉴, 카사노바, 괴테, 도스토옙스키, 입센, 톨스토이, 루소, 아우구스티누스, 밀턴, 니체, 스윈번, 로세티, 플로베르 같은 천재들 중 한 명이라도 오늘날 살아서 걸작을 집필하고 있다면, 그는 이른바 "악덕예방협회" 같은 사회집단에 의해 즉각 침묵을 강요당할 것이고 우리의 순수를 파괴하고 공공도덕들을 타락시킨 자로 낙인찍혀 공개적인 모욕과 조롱에 시달리리라는 것은 거의 확실하다. 우리의 인격을 감시하는 자들은 천재들이 남긴 고전들을 집요하게 뒤적거리면서 우리에게 해로운 영향을 줄 듯해 보이는 대목들을 끊임없이 삭제하고 있다. 지금껏 기독교경전의 우편배포가 제한 없이 허용되어온 유일한 까닭은 아무나 그것을 읽고 이해하기는 어렵다는 통념 때문이라고 나는 자주 생각한다.

이것과 동일한 군중사고습성은 미국에서 지식적 호기심의 결핍을 초래하는 중대한 원인이다. 우리가 앞에서 살펴본 군중심리의 본성을 감안하면, 군중들이 중대한 역할을 담당하는 민주주의 사회에서는 토크빌이 묘사한 상황들이 만연할 것으로 예상된다. 일견하기에도 모든 미국인의 심리는 "똑같은 틀에 찍혀 만들어진" 듯이 보인다는 토크빌의 진술에는 대단히 중요한 진실이 담겨있다. 미국인들의 정신적 변화는 이 군중과 저 군중이 견해차를 보이는 문제들과 관련된 경우에만 권장될 것이다. 그리하여 순응주의 정신이 만연할 것이다. 지식적 지도력은 필연적으로 "옹졸한 정신"의 소유자에게 넘겨지고 말 것이다. 이념들이 맹렬히 충돌하겠지만 그것들도 결국은 군중통념들이 되어버릴 것이다.

사람들이 다르게 여기는 의견들도 사실 대부분은 판에 박힌 진부한 것들이다. 그것들은 사회 메커니즘들의 선택과는 유관하지만 가치판단들과는 거의 무관하다. 그것들은 거의 하나같이 '인류는 사회환경을 외부적으로 조작하는 주술(또는 마술)을 통해 구원될 수 있다는 통념'을 공유한다. 그것들은 낙관주의, 이상주의, 인도주의를 넌더리나도록 천편일률적으로 공언하지만, 정작 이런 용어들의 의미는 거의 모른 채로 그렇게 한다.

내가 지금 염려하는 사람들은 제1차 세계대전이 터지기 전 약 15년간 미국의 대학들이 제조한 완제품들이라고 여겨지는 모든 청년이다. 이 청년들을 교육받은 자들로 간주하려면 참으로 관대한 상상력이 필요하다. 그들이 학교에서 각자 속한 공동체로 가져온 지식적 관심은 실로 미미하기 그지없다. 그들은 지식활동도 거의 자극하지 못했다. 공부습관과 자주적 생각습관을 거의 습득하지 못했다. 그들은 기껏해야 직위투쟁에 유리한 몇 가지 정보만 교육받았을 뿐이다. 그들이 "받았다"는 교육은 어슴푸레하게 기억된다. 그들 자신의 것들로 소화하지도 못한 잡다한 정보들을 제외한 그들의 지식은 비록 평균인의 지식보다는 많을지언정 본질적으로 평균인의 것과 다를 바가 거의 없다. 모든 주제에 관한 그들의 사고방식도 군중사고방식과 똑같이 피상적이고 똑같이 의심스러운 것이다. 미국 민주주의를 대변하는 정신습성들을 오늘날 가장 잘 반영하는 것들이 아마도 이른바 "베스트셀러" 소설,《새터데이 이브닝 포스트》[124], 셔토쿼[125], 축음기, 영화 따위들일 것이다.

거의 모든 미국인이 글을 읽을 줄 아는데, 왜냐면 "학교[126]"는 민주주

의의 자유를 위한 보루이기"때문이다. 그러
나 문맹률이 낮아지면서 문학과 지식의 기준
들도 덩달아 낮아졌고, 진실을 말하지 못하는
소심증은 더 심해졌으며, 말초감각을 자극하
는 선정적 상투어들을 원하는 열망은 더 강해
졌다. 만약 '정치적으로 자유로워지려면 먼저
정신적으로 자유로워져야 한다'는 것이 사실이

124) *Saturday Evening Post*: 주로 인기 작가들의 소설을 연재하는 대중적 잡지로 1897년 창간되어 1969년까지 주간지로 발행되었고 계간지로 잠시 전환되었다가 1971부터는 격월간지로 바뀌었다.

125) Chautauqua: 20세기 초중반 미국에서 유행한 강의와 오락을 겸하는 여름철 야외 문화강습회들의 총칭.

126) schoolhouse: 이것은 특히 '초등학교'를 의미한다.

라면, 이런 의문도 제기될 수 있을 것이다. 미국의 공교육기관들은 과연 자유에 얼마나 이바지했는가? 혹은 공교육기관들이 엄청나게 비인간적인 체계들과 진부하고 상투적 교육방법들에 의존함으로써 오히려 배움에 대한 흥미 전체를 잃게 만들고 지식적 호기심을 둔화시키며 자주적 사고습관들을 말살하는 데만 주로 성공을 거두지는 않았는가? 어쨌건, 군중기질의 지배를 가장 강하게 받는 공공기관은 아마도 공교육기관일 것이다. 공교육기관의 목표는 학생을 선량하고 단조로운 시민으로 만들고 필히 알아야 할 공공관심사만 생각하도록 가르치는 틀에 맞춰 찍어내는 것인 듯하다.

나는 몇 년 전에 평균적인 고등학교졸업자들의 정신습성들에 관한 소규모 설문조사를 실시한 바 있다. 조사대상은 고등학교를 졸업한 지 1년 된 20명 남짓의 대학생들이었다. 물론 그렇게 적은 인원수로 실시한 조사결과들에 중요하고 일반적인 의미를 부여하기 힘들다는 것은 분명했지만, 그 결과들도 나름대로 가치를 지닌 만큼 간략하게나마 결론을 내려볼 수는 있었다. 조사에 응한 대학생들은 대체로 11년간 학교를 다녔다. 나는 그들이 최소한의 일반적 문화지식을 알고 우리의 정신적 유산에 속하는 상식들에 관한 몇 가지 의견 정도는 표현할 수 있으리라고 생각했다. 설문지에 제시된 질문들은 이런 것들이었다. 미국의 독립선언문과 헌법의 차이는 무엇인가? 쌍떡잎식물은 무엇인가? 다윈이라는 이름은 당신에게 무엇을 의미하는가? 윌리엄 제임스에 관해 들어본 적이 있는가? 투르 전투[127]의 의미는 무엇인가? 토머스 제퍼슨은 누구인가? 이 질문들을 포함하여 모두 20문항이 제시되었다. 가장 관대하게 채점한 경우까지 포함한 평균점수는 44.6점에 불과했다. 그나마도 한 학생이 69점을 받은 덕분이었다. 그렇다고 우리가 공교육기관의 졸업자들에 관해 너무 심각하게 생각할 필요는 없을 것이다. 하지만 내가 아는 가장 총명한 대학졸업자들 중에서 미국 동부의 대형 교육기관을 졸업한 청년은 카를 마르크스가 문헌학자였다고 믿었다. 미국 서부의 한 대학교를 졸업한 또 다른 청년은 밀로의 비너스[128]가 두 팔 없이 태어난 이탈리아의 백작이었다고 생각했다. 내가 아는 저명한 의사는 의과대학에서 강의를 할 정도로 학문적 수련을 쌓은 분인데도 몇 킬로미터 높이 상공의 은하수 너머에 천국이 있다고 믿었다. 이런 경우들은 예외적인 것들이 틀림없지만, 그래도 대학교육을 받은 사람들 중에서 인문교양의 정신을 진정으로 이해하거나, 우리의 대학들에서 인문학들을 가르치는 이유를 한 번이라도 숙고해본 사람이 과연 몇 명이나 될까? 또한 음악작품이나 미술작품이나 문학작품이나 철학서들을 명확히 판단하고 비판할 수 있는 사람이 과연 몇 명이나 될까? 나의 경험에 비추어 확신컨대, 나와 비슷한 경험을 해본 다른 공교육교사들도 이런 통탄스러운 사태에 관해 똑같은 증언을 할 것이다. 그런 진심어린 지식관심은 미국으로 이주해온 유대인들의 전유물이나 다름없지만 미국에서는 거의 찾아보기 힘들뿐 아니라 미국의 젊은이들 전체가 아예 결핍한 듯

127) Battle of Tours: "푸아티에 전투" 또는 "투르-푸아티에 전투"라고도 한다. 732년 프랑크 왕국 메로빙거 왕조(476~750)의 궁정장관 샤를 마르텔이 프랑스의 투르와 푸아티에에서 우마이야 왕조(Umayyad dynasty: 옴미아드 왕조)(661~750)의 이슬람 군대를 무찌른 전투. 프랑크 군대가 이 전투에서 승리함으로써 서유럽으로 세력을 확장하던 이슬람의 기세가 한풀 꺾였다.

128) Venus de Milo: 서기 전 130~100년경 고대 그리스에서 제작된 가장 아름다운 조각상으로 유명한 밀로스의 아프로디테(Aphrodite of Milos)의 로마식 명칭.

이 보인다. 이런 사태의 의미는 그것을 초래한 원인만큼이나 심각한 것이다. 바야흐로 지배군중의 순응주의 기질 때문에 미국인들은 지식지도력을 상실해가고 있다.

물론 우리는 지금 미국에 교양을 갖춘 사람의 수가 적더라도 앞으로 젊은 "지식인들"의 집단이 늘어나리라고 기대할 필요가 있다는 사실을 간과하면 안 될 것이다. 그러나 무엇보다도 심각한 문제는 전체 인구에서 그들이 차지하는 비율이 참담하도록 낮다는 것이다. 다음으로 심각한 문제는 지식자유주의는 마치 지식 각성의 중요한 의미가 경제적인 것에 있다는 듯이 행동한다는 것이다. '군중들의 나라'인 미국에서 지식인도 또 다른 할일을 가진다고 말하는 것, 그리고 노동운동이든 다른 어떤 운동이든 새롭게 나아갈 길을 찾기 전까지는 진부한 군중딜레마들을 극복하지 못하리라고 말하는 것. 이것은 노동계급에 대한 비방이 아니다. 더구나 우리의 이른바 '지식주의'는 중류계급들의 사고방식에서 통용되는 전통적 군중통념들을 진부한 프롤레타리아의 군중통념들로 단순히 대체하는 데 과중한 관심을 기울여왔다.

앞에서 지적된 모든 사실은 군중지배가 필연적으로 초래하는 결과들이다. 군중들 속에는 개인의 독립성이 존재할 수 없으므로 현실적 자유도 존재할 수 없다. 군중심리 메커니즘들은 의식적 개인성을 적대시한다. 그래도 선동표어들은 독립적으로 생각하는 개인을 통제하지 못한다. 그런데 오늘날 지식자유는 실제로 그 자유를 박해하는 불길 속에서도 질식사하지 않지만 요람에서는(즉 초기에는) 너무나 자주 질식사해버린다. 그렇지만 인간정신의 창조충동들이 자유롭게 노니는 곳에서는 필연적으로 발생할 하나의 사건일 '새로운 가치들의 실존'은 현재 군중심리를 당혹스럽게 만든다. 그래서 교육은 "민주주의를 위한 안전장치"가 되어야 마땅하다고 통념된다. 그 결과 교육은 독창적 개인의 발견이 되지 않도록 그리하여 새로운 정신의 창조과정이 되지 않도록 면밀히 감시되어야 할 것으로 통념된다. 현세대 청년들의 정신적 독창성은 이미 너무 지나치게 발달했다는 진술을 나는 자주 듣는데, 나는 오히려 이 진술에서 진실의 요소를 발견한다. 그렇다고 해서 내가 이기심의 어떤 측면들은 교육으로 견제될 필요가 없다는 의견에 동의하는 것은 아니다. 물론 사회생활을 가능하게 할 만큼 견고한 지식토대가 조성되기는 해야 할 것이다. 그러나 문제는 이 과업이 너무나 순조롭게 수행된다는 것이다. 군중이 애호하는 인간은 비범한 인간이 아니라 단지 유용한 인간일 따름이다. 군중은 기술(技術)을 권장하는데, 왜냐면 당장 사용되든 나중에 사용되도록 요구되든 하여간 기술 자체는 기존의 군중가치들을 전복시키지 않기 때문이다. 군중에게 성찰은 "사악한 것"인데, 왜냐면 성찰은 의심을 낳고 의심은 비(非)군중행동이기 때문이다. 그래서 교육은 정신자유를 향한 통로가 되기를 중지한다. 교육은 군중의 생존가치들로 꿰맞춰진 쳇바퀴에 청년의 정신을 얽매기 위한 수단이 된다. 이렇게 부자유한 교육은 청년에 대한 노년의 복수(復讐)이자 청년을 온순하게 길들이는 수단이다. 이런 순화용 교육은 군중이 지배하는 세상에서 성공하기 위한 규칙들을 가르치는 한편으로 유소년기의 자연스러운 고지식함을 이용하여 지혜의 상징을 끔찍한 허례허식의 장막으로 가려버린다. 그 장막을 걷어버릴 용기도 호기심도 결코 지니지 못한 평균적 정신의 소유자는 죽을 때까지 그 사실을 의심하지 않고 얼간이 같은 정신노예로서 살아갈 것이다. 이런 교육과정에서는 모든 "위험한" 생각은 변질되고 삭제된다. 학생은 자신의 독창적 지성에 활력을 부여할 만한 모든 정신적 충격으로부터 교묘히 차단당한다. 고전어들을 가르치는 목적도 학생을 "훈육"하는 것이다. 그리스 문학을 공인된 방식으로 6~7년간 공부한 학생은 『그리스어 문법 Greek Grammar』 규칙들 대부분을 반복하여 암기할 수 있고 스스로를 교양인으로 자부할 수 있지만, 정작 그 학생은 현대 아테네 출신 구두닦이보다 그리스어를 모르거나 뉴욕의 그리니치빌리지에서 1년간 생활한 이탈리아 볼로냐 출신 점원보다 영어를 모른다. 그리고 무엇보다 중요한 문제는 이런 교육과정은 모든 그리스 문학에 묘사된 아름답고 자유로운 비기독교인들의 삶을 일말이라도 접할 수 있는 기회를 학생들에게 결코 허여하지 않는다는 것이다.

석유매장지역에 대한 지질조사방법, 시멘트공장을 짓고 가동하는 방법, 독가스 제조방법, 감염된 편도선을 제거하는 방법, 박테리아 배양법 따위를 배울 만한 재능을 가진 학생에게만 과학이 가르쳐지는데, 그런 과학을 배우는 학생은 비극적 사실을 스스로 감당하는 데 유용한 '생명의 기원이나 영혼의 불명성에 대한 대중적 믿음들'을 포기해야 할 것이다. 역사, 경제학, 정치학을 학생들의 독립적 사고력을 자극하는 방식으로 가르치는 선생들은 고등교육기관들의 이사회들을 구성하는 실용적 사업가들에 의해 해고당하기 십상이다. 그런 사업가들은 인문사회과학들이 청년들의 애국심을 고취하는 데 이바지해야 마땅하다고 통념하기 때문이다. 그 결과 평균적인 교사나 대학강사는 경찰이나 호텔지배인보다 더 적은 보수를 받는데, 이런 상황을 초래하는 무의식적 원인은 처음부터 끝까지 군중심리와 결부된다. 그래서 우수성이나 "지식인연하는 태도"를 향한 저학력자의 원한감정이 정당화된다. 그럴수록 지배적 군중통념복합체의 완결성이 위태로워질 여지는 줄어든다. 또한 생동하는 독립적인 정신들의 지식추구를 가로막고 그들의 관심을 다른 분야들이 제공하는 풍부한 상장들과 상금들로 돌려버리는, 그리하여 기질적으로 이리저리 눈치만 보며 오락가락하기 마련인 무기력하고 소심한 자들에게 교육과업을 맡겨버리는 이런 식의 교육이 지속될수록 지배적 군중통념복합체가 침식될 여지도 줄어든다.

지금까지 나는 군중지배에 관해 논의하면서 흔히 이 주제를 다룰 때 대표적으로 언급되는 정치적·사회적 조직들의 메커니즘들은 고찰하지 않았다. 물론 더욱 실용적이고 공정한 사회제도들과 정치조직들의 필요성에 대한 관심을 다른 데로 돌릴 의도는 내게 없다. 이런 것들은 우리가 완성해야 할 것들이다. 그러나 궁극적으로 우리를 자유인으로 만들거나 노예로 만드는 사실들은 정신적인 것들이다. '우리가 정신자유를 획득하지 못하면 정치적으로나 경제적으로 자유인들이 되지 못한다'는 말은, 비록 진부하게 들릴지라도, 모든 관심이 외부적 조직형성에 쏠려 있는 오늘날에는 특히 강조될 필요가 있다.

지금까지 어떤 전체정치도 장기간 강제로 유지되지 못했다. 모든 전제정치는 맹목적으로 받아들여진 통념들의 전제정치로 시작되고 마감된다. 바로 그런 통념들이 군중의 의식적 생각을 구성하고, 전제정치도 궁극적으로는 심리적 메커니즘의 일종인 군중에서 발원하는 것이다. 물론 미국헌법이 — 실제로 더욱 자유로운 개인들이 수정할 수 있는 것은 틀림없을지라도 — 미국의 민주주의로 하여금 자유를 실현하지 못하게 방해하는 것은 아니다. 미국의 민주주의가 자유를 실현하지 못하는 까닭은 미국에서 '의사표현의 자유', '지성의 기민성과 명석함', '토대들에 대한 비판적 생각'이 권장되지 않기 때문이다. 특히나 오늘날 우리를 괴롭히는 군중들의 인원수만 추가하기를 원할 따름인 다양한 혁명군중들 사이에서 더 큰 자유를 기대하기는 힘들다. 그러므로 급진파와 반동파와 단순한 관망파를 막론한 우리 모두가 문제시하고 탓해야 할 것은 다름 아닌 우리 자신들과 우리의 군중사고방식일 것이다.

제 10장

군중사고방식을 치유할 수 있는
인문주의 교육

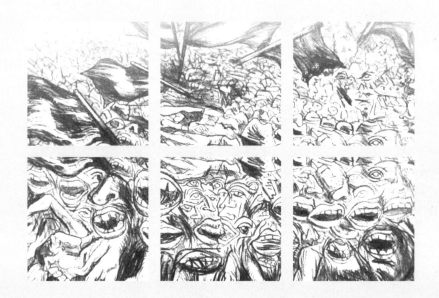

자유를 보장하기보다는 오히려 다른 지배형식들을 보장하는 것이 민주주의의 본질이자 본성이라는 것을 우리는 앞에서 알았다. 물론 그런 심리학적 탐구가 우리로 하여금 민주주의 개념에 대한 반론을 제기하도록 강요했다는 것을 의미지하는 않는다. 민주주의가 인간협력의 실천적 장점들과 정신적 장점들을 ― 올바른 방식으로 실현하는 작업에 우리가 착수하기만 한다면 ― 동시에 향상할 수 있다는 것은 부정될 수 없을 것이다. 그러나 군중행동은 역사시대 전체에 걸쳐서 나타났다. 따라서 오직 민주주의만 군중행동을 조장했다고 말할 수는 없다. 현재 군중심리의 발달이 민주주의 제도들의 발달과 나란히 이루어졌다는 것도 단순한 역사적 우연의 일치에 불과할 수 있다. 물론 민주주의는 실제로 새로운 종류의 군중들에게 우세를 점할 수 있다는 희망을 심어주었다. 그 결과 민주주의는 다양한 현대적 군중들의 자기정당화를 위한 사이비종교 같은 것으로 변질되었다.

　자유롭고 인간적인 공동생활을 실현하는 공식은 오늘날 극심한 소음을 내며 우리의 귀를 멀게 만드는 기존의 만병통치약들과 선전선동들에서는 발견되지 않을 것이다. 그렇다고 우리가 지금 속해있는 사회질서가 우리가 획득할 수 있는 최선의 것도 아니다. 현재 우리가 속한 사회질서는 그것에 속한 인간들이 모든 변화에 대항하여 현상유지를 염원할 수 있는, 다시 말해서, 현재 지배군중들의 지속생존을 가능하게 만드는 질서에 불과하다. 기존의 많은 사실들은 지배군중들이 자기방어용으로 떠들어대는 진부한 구닥다리 의견들의 허위성을 증명해준다. 사회를 구원할 수 있는 단일한 공식은 존재하지 않는다. 그래서 제정신을 차린 인간은 그런 공식 같은 것에 대한 믿음도 거부할 것이다. 물론 이것이 그가 사회여건들을 개선할 의도로 제안된 어떤 계획의 실천 가능성들에 대한 적극적 검토를 거부할 것이라는 말은 아니다.

우리가 최우선적으로 그리고 최대로 노력을 기울여야 할 일은 **우리의 생각을 자유롭게 하여 군중심리에서 민주주의를 해방시키는 일이다.** 군중 강박관념복합체라고 할 수 있는 군중심리를 벗어나는 길은 용감한 자아분석과 지식탐구를 요구하는 고독한 길이다. 그 길은 소크라테스, 프로타고라스[129], 아벨라르[130], 에라스무스[131], 몽테뉴, 세르반테스, 새뮤얼 버틀러[132], 괴테, 에머슨, 휘트먼, 윌리엄 제임스가 걸었던 길이기도 하다.

바로 이런 견지에서 나는 보수주의자들 중에도 나의 의견에 내심 동의할 사람들이 있으리라는 것을 안다. 그들은 "그런 일의 첫 대상은 개인이여야 한다"고 말할 것이다. 그렇다면 우리가 해야 할 일의 첫 대상은 어떤 개인일까? 위와 같이 말하는 보수주의자들의 대다수는 자신들이 아닌 다른 어떤 개인을 첫 대상으로 삼는다. 그들은 비(非)기독교인에게 복음을 전파하고 빈민을 구제하며 볼셰비키주의자를 미국화하려고, 즉 타자들을 자신들과 같게 만들려고 애쓴다. 다시 말해서 그들은 다른 개인을 자신들의 군중에 편입시키려고 애쓴다. 그러나 내가 첫 대상으로 삼고자 하는 개인은 바로 나 자신이다. 어떻게든 내가 개인성을 획득할 수 있다면 그것은 내가 개인, 단일인(單一人), "독립적 인간"이 된 덕분일 것이다. 따라서 독립적 개인이 되는 길은 위험할 뿐 아니라 당장에는 다소 고독한 길이기도 하다. 그러나 진정한 문제는 실천심리학적인 것이다. 신경증환자가 정상인이 되려면 신경증을 극복해야 하듯이 우

129) Protagoras(서기전 490~서기전 420): 고대 그리스의 철학자. 그는 플라톤의 대화편 『프로타고라스 Protagoras』에서 미덕을 가르치는 소피스트(sophist)로 묘사된다.

130) Pierre Abélard(1079~1142): 프랑스의 스콜라철학자, 신학자, 논리학자. 그는 특히 프랑스의 대수녀원장이자 작가 겸 학자이던 엘로이즈(Héloïse d'Argenteuil, 1101~1164)와 전설적인 사랑을 나누고 편지들을 교환한 인물로도 유명하다. 그는 영국의 『체임버스 인물사전 Chambers Biographical Dictionary』에서 "12세기의 가장 명민한 사상가이자 가장 대담한 신학자"로 묘사된다.

131) Desiderius Erasmus Roterodamus(1466~1536): 네덜란드의 르네상스 인문주의자, 가톨릭교 성직자, 신학자로서 북유럽에서 『신약전서』를 최초로 편집했고, 종교개혁 시대의 정치·종교·사회의 악습들을 풍자적으로 비판함으로써 르네상스 정신을 촉발한 『우신예찬 Moriae encomium』(1509)을 집필했다.

132) Samuel Butler(1612~1680): 잉글랜드의 시인 겸 풍자작가. 특히 호전적인 청교도들의 광신, 자기과시, 지식적 오만과 위선 등을 대담하게 공격한, 영어로 쓰인 풍자시의 백미로 꼽히는 『휴디브라스 Hudibras』(1663~1673)를 집필했다.

리도 군중자아를 극복해야 한다. 신경증환자가 신경증을 극복하려면 그의 무의식까지 파고들어가서 원인을 찾아야 하고, 그의 의식적 행동의 의미가 그의 무의식적 욕망과 관련된 것임을 알아야 한다. 그리고 그는 그토록 힘겨운 난제를 해결해야 한다 — 즉 그는 **자아가 지닌 현실적 가치를 인정**해야 한다.

군중심리를 극복하는 방식도 신경증을 극복하는 방식과 거의 동일하다. 심리분석이 신경증환자에게 그의 신경증에 숨은 의미를 밝혀준다는 단순한 사실 덕분에 치료 가치를 지닌다면, 우리가 앞에서 시도한 바와 같은 군중행동분석도 우리의 정신에 대한 군중의 지배력을 파괴하는 데 일조함으로써 기존의 엉터리 치료법들에서 민주주의를 어느 정도 해방시키는 데 도움이 될 것이다.

군중사고방식을 대변하는 표어들과 교리들의 배후에서 작용하는 "인간본성의 가증스러운 고집불통" — 즉 "인간본성의 원시적 측면" — 을 간파할 수 있는 사람은 중대한 도덕적 장점을 획득할 수 있다. 그럴 수만 있다면 적어도 그토록 "가증스러운 고집불통"은 우리를 더는 좌우할 수 없을 것이다. 우리는 그것을 백일하에 드러내어 조명할 때 비로소 가장 위대한 승리를 거둘 수 있었다. 우리는 적어도 의식적으로는 본성의 원시적 측면과 싸울 수 있으므로, 어쩌면 군중사고방식을 바람직한 목적들로 유도한다면 우리의 유용한 종복이 될지도 모른다. 물론 인간본성의 원시적 측면을 경건한 것이라고 우리가 권장한다면, 우리는 결코 바람직한 결과를 얻지 못할 것이다. 각성은 신경증환자에게도 군중인간에게도 고통일 수 있지만 그것이 가져다주는 이득은 우리의 자부심을 격동시킬 만한 가치를 지녔다. 이기적 자아는 예전보다 더 잘 이해될 때 자신을 더욱 뚜렷이 의식하므로 다시금 고도로 개인화되고, 타자들의 요구들에도 더 잘 적응하므로 더 충실하게 사회화된다. 이렇게 사회화되는 의식적 개인의 자아가 바로 참된 민주주의의 목표요 희망이다.

이런 자아분석은, 타자들이 우리를 이해하지 못했던 만큼, 그리고 우리가 타자들에게 우리를 이해해달라고 원하지 않았던 만큼, 우리 스스로를 이해할 수 있는 선물을 우리에 줄 수 있을 것이고, 그 결과 우리로 하여금 타자들을 이해하도록 해줌으로써 우리를 있는 그대로 타자들에게 이해시킬 수 있을 것이다.

우리가 욕심을 마음대로 채우기를 중단하고 스스로에게나 서로에게 거짓말을 중단할 때, 그리고 우리의 숨겨진 나약성을 이따금 우쭐하게 만들어준다는 이유로 탐닉하는 군중허례허식을 포기할 때 비로소 자유로워질 것이다. 그리하여 일반통념들의 체계들에서 현실도피처를 찾는 일을 우리 모두가 중단할 때, 그리고 일반적으로 용인되는 원칙들과 이상들을 부끄러운 짓들을 위장하고 엄폐하는 방어수단들로 이용하기를 중단할 때 비로소 사회문제들을 해결하기 시작할 수 있을 것이다.

그리하면 야심을 품지 않은 개인들, 통속적 딜레마들을 무시할 수 있고 군중선전선동에 무관심한 개인들, 철학적 관용, 비판적 의심과 탐구심, 진심 어린 동료의식을 발휘할 수 있고 공동목적들을 달성하는 데 자발적으로 협력할 수 있는 개인들, 폭도군중을 웃음으로 대할 수 있고 그들을 이해하면서도 그들에게 포섭되지 않는 자유정신의 소유자들이 증가할 것이 틀림없다.

이 모든 나의 말이 죄를 뉘우치고 회개하라는 구닥다리 복음의 말처럼 들릴 가능성은 농후하다. 그리고 어쩌면 그렇게 들리기도 할 것이다. 그래도 우리는 다르게 생각해야 하고 우리의 생각과 마음을 바꿔야 한다. 민중은 널따랗게 뚫린 신작로, 넓은 문, 군중의 길에서 인간적 행복 추구를 거듭 반복해왔지만 그런 길들은 언제나 파멸로 귀결되는 막다른 골목들에 불과했다. 그러므로 우리는 이제 다른 길, "엄밀하고 좁은

길"을 찾아야 한다. 군중의 길에서는 스스로의 주인이 되지도, 사회적 행복을 누리지도 못한다. 군중들에 속한 모든 개인은 생각을 하지 않는다. 그들은 편집병자가 하는 생각을 제외한 다른 어떤 생각도 하지 않는다. 그들을 서로 협조하지 않는다. 그들은 **오로지 집착하고 단결할 뿐이다.** 물론 우리는 모두가 하나의 공통집단에 합류하여 혼합되기 전까지는 서로를 이해하고 기억한다. 그러나 오늘날 달콤한 낙관주의와 따스한 우애에 젖은 군중은 질척질척하게 서로 집착단결한 집단이어서 그 집단에 속한 개인이 자아를 완전히 의식하고 되찾기는 힘들다. 홀로 상승하지 못하는 사람들은 "하나의 거대한 집착단결체"에 모든 것을 용해시킴으로써 협동공화국으로 녹아들어가기를 기대한다. 내가 염려하는 것은 이렇게 질척거리는 민주주의이다. 물론 민주국가 미국에도 용해되지 않는 단호한 개인들이 분명히 잔존할 것이다. 또 어딘가에는 아무리 심대한 탄압을 받아도 그것을 찢어버릴 날카로운 예기(銳氣)를 품은 개인들, 여전히 강건한 개인들, 꿰뚫어볼 수 없는 심층들과 찬연하고 단단한 각면(刻面)면들을 가진 개인들이 분명히 존재할 것이다. 그들이 바로 민주주의 희망이요 굳건한 심지의 소유자들이다.

교육이 변해야 교육의 수혜자들도 증가할 것이다. 그리고 이것이 바로 야바위꾼이 되지 않으려는 모든 교육자의 과업이다. 우리에게 필요한 것은 더 많은 교육일 뿐 아니라 전혀 다른 종류의 교육이다. 그래서 쓰레기 같은 광고, 신문, 인기소설, 선전선동문만 탐닉하는 고학력자들에게보다는 차라리 거짓을 증오하는 저학력자들의 공동체에 더 많은 희망을 걸어볼 수도 있을 것이다.

이 단원에서는 우리의 전통적 교육체계들을 살펴볼 것이다. 하지만 그것들은 민주주의의 정신습관들과 매우 밀접한 관계를 지닌 것들이니만치 여기서 그것의 중요성을 지나치게 강조하면 곤란할 듯하다. 왜냐면 전통적 교육방법들은 독립적 판단력보다는 오히려 군중사고방식을 더 자주 고무해왔기 때문이다. 그 결과 생각은 행동과 괴리되었다. 지식은 달성되어야 할 목적들에 대한 선견지명과 그것들을 달성하기 위한 활동을 이끄는 의식적 지침으로 이해되는 경우보다는 서로 무관한 사물들을 베끼는 과정으로 통념되는 경우가 더 많았다. 학습활동은 외부로부터 주입되는 정보를 수동적으로 암기하는 과정 같은 것으로 취급되었다. 학습주제는 일체의 경험과 두절되어 격리되었고, 그 결과 통념들을 쉽사리 사물 자체들로 간주하여버린다. 또한 통념체계들은 일상적 문제들과 거의 결부되지 못한다. 그리하여 오늘날 교육이 피교육자들을 위해 사전에 준비하는 것들은 군중심리가 구체적 현실을 피하는 도피처로 삼는 진부하고 상투적인 논리체계들일 뿐 아니라, 간접적으로 전해들은 진리를 전혀 다른 근거에 의거하여 수락함으로써 군중인간의 순응주의적 습성을 조장하는 교육계획들이기도 하다.

과학마저 이런 기질에 편승하여 가르쳐지면 지성자유(知性自由)를 파괴할 수 있다. 존 듀이의 말대로 과학이 인간들의 생각들을 변화시키는 데 지대한 역할을 해왔을지라도 말이다.

단지 기술적 분야만 괄목하게 진보시켰을 따름이라는 것은 인정되어야 할 것이다. 또한 기술진보도 인간목적들의 속성을 변화시키는 데보다는 기존욕망들을 충족시키는 데 더 효과적인 수단을 제공해왔을 따름이다. 예컨대, 모든 면에서 그리스 문명에 버금갈 만한 현대문명은 어디에도 없다. 과학은 아직 너무 미숙해서 상상력과 감정의 처분에 맡겨질 수 없다. 인간들은 자신들의 목적들을 더 빠르고 확실히 실현하기 위해 활동하지만 그 목적들도 대개는 여전히 과학적 계몽보다 더 우선시되는 것들로 남아있다. 이 사실은 과학을 단지 우리의 손발 같은 신체기관들의 연장에만 머물지 않도록 함으로써, 습관적으로 상상하고 느끼는 태도를 변화시키는 방편으로 사용할 책임을 교육에 부과한다.

그래서 과학을 교육적으로 활용하는 문제는 인간사(人間事)를 자주적으로 이끌 책임에 대한 믿음을 겸비한 지성을 길러내는 것이다. 교육을 통해 과학방법을 습관화한다는 것은 곧 눈대중하는 습관을 탈피한다는 것 그리고 눈대중하는 습관에서 비롯된 기계적 절차를 탈피한다는 것을 의미한다.

과학이 형식적이고 기술적인 일련의 연습들로 가르쳐질 수 있다는 것은 유감이지만 진실이기도 하다. 이런 사태는 세계에 관한 지식 자체가 목적으로 설정될 때마다 발생한다. 그럴지라도 교양함양을 위한 교육의 실패는 잘못된 교육적 태도의 증거이다.[133]

133) 존 듀이, 「민주주의와 교육 Democracy and Education」(The Macmillan Company, 1916), pp. 262, 267~268.

정신을 자유롭게 만드는 새로운 교육은 과학방법들로 이루어질 것이다. 그렇다면 우리는 정신을 자유롭게 만드는 것에 주목해야 한다. 정신은 허공에도 존재하지 않고 "순수개념들"의 세계에도 존재하지 않는다. 자유로운 정신은 기능하는 정신이며, 어떤 내면갈등의 방해도 받지 않고 활동하는 정신이다. 생각은 단순히 신학적 교리를 자연과학적 정설로 교체하는 방식으로는 자유로워지지 않는다. 그리하다가는 과학 자체를 사이비종교로 만들어버릴 수 있기 때문이다. 군중선전선동은 흔히 이런 종류의 사이비과학적 허튼소리로 채워진다. 기술훈련을 통한 전문화는 단지 고도로 훈련된 인간밖에 생산하지 못한다. 그런 인간은 예정된 동작신호만 주어지면 미리 학습한대로 명령받은 기술만 단순히 구사할 따름인 순수한 반사작용밖에 하지 않는 유형의 인간이다.

그런 인간은 예기치 못한 순간을 맞이하면 다른 동물들과 마찬가지로 어찌할 바를 모를 것이다. 서커스단의 개들이나 말들이나 뿔도마뱀들도 그런 식으로 신호를 따라 똑같이 행동할 수 있도록 훈련될 수 있다. 오늘날 우리의 학교들에서 실시되는 이른바 과학적 훈련의 대부분도 이런 서커스 훈련과 같은 종류에 속한다. 그런 훈련은 자유로 귀결되기보다는 베르그송이 "자유를 무찌른 기계주의(機械主義)의 승리"라고 부른 것으로 귀결된다.

자유를 위한 수단이 되어야 할 과학 — 즉 교양과학 — 은 실천적 응용과는 동떨어진 순수이론만으로 추구될 수 없다. 계산적 공리주의도 과학지식을 주어진 목적들 자체와 그것들의 가치가 인간경험을 풍부하게 만들지 여부를 고찰하지 않으면 우리에게 자유를 선사하지 못할 것이다. 과학지식에 의미를 부여하는 것은 인문적 관심이다. 과학은 인문주의 정신에 따라 가르쳐져야한다. 과학은 모든 지식에 내재하는 인문적 관심의 속성을 무시할 수 없다. 그것을 무시하는 것은 우리와 현실의 관계들을 절단하는 것이다.

그러면 이제부터 인문주의를 참조하면서 인문학들을 고찰해보기로 하자. 오래전부터 과학교육과 고전문학 및 예술 교육을, 마치 두 교육이 양립 불가능한 원칙들을 함유하기라도 했다는 듯이, 대립시키는 전통적 교육습성이 존재해왔다. 존 듀이는 다음과 같이 말한다.

인문학들은 자연과학들의 반대편이 놓이면 곤란을 겪는다. 그것들은 오로지 문학과 언어학으로만 환원되는 경향을 보이면서 "고전들"에 대한 연구로, 즉 이제 더는 말해지지 않는 언어들에 대한 연구로, 침잠하는 경향을 보인다. 역사적으로 "인문학들"과 오로지 그리스어 및 라틴어에 관한 지식만을 동일시하는 교육관행보다 더 아이

러니한 것은 없을 것이다. 그리스와 로마의 예술과 제도들은 우리의 문명에 그것들을 알 수 있는 가장 풍부한 기회들이 항상 존재하게 만들 정도로 중대한 공헌들을 했다. 하지만 인문학들은 그것들을 가장 뛰어난 것들로 섬기기 위해, 일반대중이 교육을 통해 접근할 수 있는 주제의 존재 가능성들을 고의적으로 무시하면서, 윗사람에게 아첨하고 아랫사람에게 뻐기는 비열하고 옹색한 ― 배타적 기회 덕분에 훈장이나 상장 같은 특별한 표식들을 우연히 획득할 수 있는 교육받은 계급의 ― 속물근성을 배양하는 경향을 보인다. 지식의 속성은 인문학적인 것인데, 왜냐면 지식은 과거 인간의 생산물들에 관한 것이라기보다는 인간의 지성과 인간의 교감능력을 자유롭게 하는 것이기 때문이다. 이런 결과를 달성하는 모든 주제와 내용은 인문학적인 것들이지만 이 결과를 달성하지 못하는 모든 주제와 내용은 아예 교육적인 것들조차 되지 못된다.[134]

134) 앞 책, pp. 268~269.

문제는 우리의 전통적 교육자들에게 가장 큰 두려움을 안겨주는 것이 바로 고전연구를 통해 얻어지는 고대문명에 대한 올바른 지식의 기능이라는 데 있다. 윌리엄 제임스는 고전연구를 통해 얻은 미덕은 "우리가 선인(善人)을 보면서 그를 선인으로 알아볼 수 있는" 능력이라고 말한 바 있다. 그런 미덕을 얻은 학생은 명석하게 판단하고 평가할 수 있는 능력을 가질 수 있으며, 가치들을 판별하는 평가자로 성장할 것이다. 그는 호불호를 명확히 구별하는 예리한 능력을 습득할 것이고, 그런 덕분에 자주적인 판단기준들을 수립할 수 있을 것이다. 그는 자주적으로 생각하는 개인이 될 것이고, 그 결과 군중들의 적(敵)이 될 것이다. 르네상스 시대의 인문학자들은 이 사실을 잘 알았기 때문에 그 시대의 군중심리에 반기를 들고 중세유럽의 모든 교리체계를 박살내기 위해 고등인문학(*litterae humaniores*)을 사용했다.

그렇듯 고대의 삶을 연구하는 학생은 더 광범하고 세계적인 정신의 소유자가 될 수밖에 없다. 이제 그는 동시대 군중들을 지배하는 통념들과 고착심리들에 정면도전하는 삶의 방식을 어렴풋이 깨닫는다. 그는 군중이 그를 순종적인 정신의 소유자로 만들기 위해 그에게 가르치려고 애쓰던 것들과 상반되는 가치들을 목격한다. 필연적으로 그의 생각은 군중이 금지되었다고 생각하던 길들을 찾아서 방랑할 수밖에 없다. 거의 모든 고대문학에서 표명되는 지성의 자유, 용기, 삶에 대한 사랑을 숙지한 개인에게는 새로운 일이 발생한다. 그는 가치를 평가하는 자신에게 익숙해진다. 또한 고전들보다 정신을 더 자유롭게 만드는 것은 극히 드물다는 사실을 "깨닫는다."

그러나 문제는 여전히 엄존한다. 그것은 르네상스 시대부터 지금까지 정치도 도덕도 종교도 군중심리의 관심권을 벗어나지 못했다는 것이다. 또한 가톨릭교도나 프로테스탄트나 단순한 합리주의자도 전력을 다하여 학생들의 "깨달음"을 방해해왔다. 군중사고방식에 체계를 부여하는 대부분의 교육전통은 고전들을, 그것들에 함유된 취지들과 거의 상반되는 성격의 정신적 결과들을 산출하는 왜곡된 수단들로 오용해왔다. 교육과정은 '학생이 싫어하는 것을 학생에게 강제로 가르치고 학생의 정신을 다그쳐서 획일적으로 순응시키며 지식의 권위에 학생을 순종하도록 만들어야 한다는 통념'에 따라 최대한 어렵고 지루하게 만들어졌다. 그렇게 교양의 허례허식에만 치중하는 교육과정이 결국 모든 것을 무의미하고 불쾌한 것으로 만들어버림으로써 학생은 교양에 관한 것이라면 결코 아무것도 배우려고 하지 않을 것이다.

나는 앞에서 과학들과 고전들은 "인문주의" 정신을 가지고 접근해야하는 것들이라고 말했다. 인문주의적 방법은 심지어 지식 자체에 대한 재평가과정도 포함한 교육의 모든 주제와 내용으로 확대·적용되어야 한다. 나는 '심지어'라는 표현보다는 차라리 '최우선적으로'라는 표현을 써야 했을 것이다. 물론 여기서 전통적 혹은 "지식주의적" 이론들과 대조되는 인문주의적 지식이론들로까지 범위를 확장하여 논의하기는 어렵다. 그러나 앞에서 우리가 살펴봤다시피, 군중심리의 의식적 생각과정은 대체로 편집병자의 "합리화과정들"과 유사한 추상적이고 독단적인 논리체계들로 이루어지기 때문에, 중요한 것은 어디서나 발견되는 이런 논리체계들에 대한 인문주의의 영향을 주목하는 것이다.

대형 정신병원의 의사로 근무하는 내 친구는 오래전에 이 주제의 어떤 국면들에 관해 나와 토론하면서 건강한 정신생활을 위한 교육의 중요성을 대단히 강조한 바 있다. 그 당시는 정신과의사들이 정신병들과 신경증들을 치료하는 데 분석심리학을 갓 이용하기 시작했을 무렵이었다.

내 친구는 "우리가 치료하는 환자들 중 대다수의 문제는 잘못된 교육을 받았다는 거야"라고 말했다.

"그건 그 환자들이 올바른 도덕교육을 받지 못했다는 말이야?"라고 내가 물었다.

"그렇지. 하지만 내가 생각하는 올바른 도덕교육이란 대다수 사람들이 생각하는 것과 다른 것이네. 그건 교육방법에 따라 완전히 달라질 수 있는 것이지. 이런 환자들 중 다수가 정신적으로는 인습의 노예들이라네. 그들은 인습을 대단히 무서워했어. 인습의 무게가 그들을 짓누르는 거야. 그들은 그들의 충동이나 행동이 그들이 절대적 기준들로 신봉하던 것과 상충한다는 것을 알면 충격을 금하지 못한다네. 그들은 도덕성을 활용하는 법을 모르지. 그들은 그저 자신들을 비난할 따름이야. 그들은 그들의 신경증으로 악화된 어처구니없는 미친 생각들과 화해하려고 온갖 짓을 다한다네. 그런 지경에서 그들을 치료할 수 있는 유일한 희망은 재교육밖에 없어. 너무 늦은 감이 없진 않지만 그래도 의사가 그나마 치료효과를 거두려면 교육자가 되는 수밖에 없다는 말이네.”

심리분석을 치료방법으로 사용하는 일은 사실상 재교육이나 거의 다름없다. 환자는 무엇보다 먼저 자신이 처한 현실을 있는 그대로 직시해야만 한다. 그런 연후에 그는 인습적 통념들을 다양한 인생사들에 적응하기 위한 수단들로 사용할 수 있도록 재평가하는 방법을 학습해야 한다. 바로 그런 교육과정을 인문주의적 교육과정이라고 말할 수 있다. 그 과정에서 환자는 자신의 생각이 기능하는 방식을 배운다. 환자는 자신의 행동경향들을 평가하는 방법을 배우고 자신이 하는 생각들의 주인이 되는 법을 배운다.

이제 우리는 신경증이란 사회통제권력이 관철되는 정언명령 및 추상 통념들과 갈등하는 병적인 자아가 찾는 첫 번째 도피경로에 불과하다는 것을 알았다. 두 번째 도피경로는 그런 인습적 통념들의 의미를 무의식으로 부정하는 것인데, 그것이 바로 우리가 앞에서 살펴본 군중사고방식이다. 또 다른 예를 통해서 확인했다시피, 그런 군중사고방식이 요구하는 교육이란 교육 주체를 그의 사고방식이 내재한 기능적 본성에 익숙하도록 만드는 교육, 그의 주의력을 오로지 결과들로 쏠리게 만드는 교육이다.

앞에서 우리는 ‘폐쇄된 통념체계들에 집착하는 지식주의 철학들’, ‘그 체계들을 절대시하는 절대주의자들’, ‘군중들의 의식적 사고방식’ 사이에 존재하는 결속관계를 주목한 바 있다. 군중은 그런 통념체계들이 이미 만들어진 것들임을 알면 쉽사리 그것들로 되돌아가서 마치 빈 조개껍질에 몸을 숨기는 소라게처럼 그것들에 쏙 숨어버린다.

인문주의자는 사회적 인간일 수는 있어도 군중인간일 수는 없다. 정의, 진리, 자유를 포함하는 모든 지식주의자와 군중의 추상통념들과 같은 일반통념들은, 인문주의자의 눈에는 그것들 자체로 초월적인 것들로 보이기보다는, 경험되는 곳에서만 그리고 한정된 상황들에서만 실제로 존재하거나 존재할 가능성을 지닌 어떤 행동속성들을 묘사해주는 것들로 보일 따름이다. 인문주의자는 그런 거창한 단어들을 외치며 울부짖는 군중에 휩쓸리지 않을 것이다. 형용사들에서 파생한 추상명사들을 찬양하는 함성을 목청이 찢어지게 질러대는 군중을 관찰하는 인문주의자는 그 명사들이 그저 의미없는 단어들에 불과하다는 것 그리고 그것들이 지시하는 현실들도 "알려진 의미 그대로"의 현실들에 불과하다는 것을 알 수 있을 것이다.

중요한 것은 인문주의자는 현실의 구체성을 강조한다는 것이다. 그것은 인간경험의 현실성을 거듭 긍정하는 태도이다. 경험은 선험개념에 비춰보면 이 세계의 당위적 존재양상과 별로 다르지 않을 것이다. 우리는 최후의 유권자가 투표를 하고 결과가 나오기 전까지는 이 세계의 현실이나 미래를 결코 알지 못할 것이다. 여기서 물론 강조되어야 할 것은 개인성의 의미이다. 군중들은 개인성을 일종의 추상원칙으로 인정할지언정 사건들의 궁극적 결과에 관한 개인적 의견을 피력할 수 있는 능동의지로는 인정하지 않는다.

군중사고방식을 교정하는 인문주의의 또 다른 중요한 장점은 인문주의가 지성을 세속적 현실들이나 초월적 현실들의 단순한 복사본이 아닌 행위수단으로 간주한다는 사실이다. 존 듀이는 말한다.

경험하는 자아나 주체가 사건과정들의 중추를 이루는 것이 사실이라면 자아는 지식자아(知識自我)가 되기 마련이다. 지식자아는 사건과정들에 참여하는 특별한 방식 덕분에 정신이 된다. 그 결과 지식자아와 세계 사이에는 중요한 차이가 더는 존재하지 않는다. 그런 차이는 세계 속 인간들의 다양한 존재방식들과 사물들의 다양한 운동방식들 사이에, 맹목적이고 육체적인 존재방식들과 합목적적이고 지성적인 존재방식들 사이에 존재한다.

실용주의 지성이론은 사회의 존재 메커니즘에 이미 주어진 목적들을 달성하는 데 생각을 이용하라는 것이 아니라 오히려 행위를 해방하여 자유롭게 만드는 데 지성을 이용하라고 강조한다. 진정한 지성은 본질적으로 미래를 내다보는 것이다. 실용주의적 지성은 창조적 지성이지 상투적 기계가 아니다.[135]

인문주의는 군중들의 순응기질을 극복한다. 인문주의는 가장 단순한 개념부터 가장 복잡한 개념까지 모든 개념을 기본적 원동력들로 간주한다. 베르그송은 개념들은 달리는

135) 존 듀이, 「철학을 재발견할 필요성 The Need for a Recovery of Philosophy」, 「창조적 지성 Creative Intelligence」(Henry Holt & Company, 1917), pp. 59, 64~65.

모습을 연속으로 찍은 사진들과 같다고 말한다. 그 모습을 아무리 촘촘하게 찍어서 이어 붙이더라도 그의 달리기 운동은 언제나 사진들 사이에서만 이루어질 뿐이다. 따라서 그 사진들은 우리에게 현실 또는 생명운동 같은 것을 보여주지 못하고 단지 그것의 횡단면들, 즉 의식적 생명운동을 물리적으로 구성하는 역할들을 담당하는 횡단면들밖에 보여주지 않는다. 영원히 존재하는 개념들이나 비개인적인 개념들은 존재하지 않는다. 각각의 개념은 오직 생각하는 과정에서만 알려지는 개인적 활동이고 언제나 어떤 목적을 위해 생각되는 것이다. 부분적 견해들의 총합은 현실의 전모 혹은 현실의 진정한 복사본 같은 것을 우리에게 보여주지 못한다. 존재의 전모는 어떤 논리체계로도 환원될 수 없다.

진리는 인간목적과 격리되고 완결되어 자존(自存)하는 것이 결코 아니

다. 내가 앞에서도 말했다시피, 진리(truth)라는 단어는 "참된(true)"이라는 형용사에서 파생한 명사이다. 윌리엄 제임스는 하나의 개념은 우리의 경험 전체와 맞아떨어질 때 진리가 된다고 말한다. 진리는 '효력을 발휘하는 개념에 관해 우리가 말하는 것'이다. 그것은 우리 자신에게 진리로 생각되어야 — 즉 진리로 입증되어야 — 하는 것이다. 그래서 진리는 인간에서 연원한 것, 더 정확히 말하면, 인간이 만든 것이다. 퍼디낸드 쉴러에게 진리는 미덕과 똑같은 것이다. 그것은 경험 안에서 만족스러운 관계들을 맺을 수 있는 재능이다. 혹은 퍼디낸드 쉴러가 즐겨 인용하는 프로타고라스의 유명한 인문주의 강령을 빌려 말하자면, "인간은 만물의 척도이다." 세계의미는 모든 목적에 부응하는 만큼 정확히 우리게도 부응하는 것이다. 세계의미의 논리적 가치와 도덕적 가치는 주어진 것이 아니라 오히려 우리가 활동함으로써 세계에 할당할 수 있는 것이다.

따라서 인문주의자는 그가 의지를 지닌 존재로서 살아가는 구체적 현실들의 한가운데서 고유한 책임을 짊어진다. 그의 과업은 그가 속한 육체적·사회적 환경 안에서 그 환경을 변화시키는 일이고, 그럼으로써 그 자신의 활동과 그와 함께하는 타인들의 활동을 미래에 더욱 풍요롭고 더욱 만족스러운 것들로 변화시킬 것이다.

이 대목에서 제기되는 질문들 — 군중심리에 휘둘리는 사람들과 지식주의 철학자들이 흔히 제기하고, 플라톤이 프로타고라스주의자들에게 던졌던 질문들 — 이 있다. 만약 개인이 만물의 척도라면 공통척도는 어떻게 존재할 수 있는가? 공통척도는 어떻게 합의되는가? 그것은 이 사람에게는 진리일 수 있고 저 사람에게는 아닐 수도 있지 않을까? 그렇다면 외부의 권위와 절대적 기준 없이 그것에 대한 합의를 어떻게 이끌어낼 수 있을까? 퍼디낸드 쉴러와 윌리엄 제임스가 입증했듯이 이 질문들에 대한 답은 명확하다. 그것은 삶은 적응의 문제라는 것이다. 우리 각자는 타자의 환경을 구성하는 부분들이다. 우리의 욕망들이 상충하는 어떤 지점들에서 우리의 가치평가들은 다양해질 수 있지만 우리의 경험은 그런 지점들에서 중첩된다고 말할 수 있다. 그런 지점들에서는 우리 모두에게 공히 유리한 합의를 도출할 수 있다. 우리가 서로에게 습관적으로 적응하여 서로 이해하고 합의하는 하나의 집합체는 개인적이고 도덕적인 삶의 질서를 형성할 때까지 성장한다. 하지만 그런 질서는 아직 형성되는 과정에 있다. 그것은 주어지는 질서가 아니다. 또한 그것은 군중들이 그들의 기치들에 써넣을 수 있는, 그리고 그들이 일반적이고 추상적인 용어들로 표현할 수 있는 어떤 통념에 대한 획일적 복종심을 획득하는 데 이용할 수 있는, 초월적이고 비개인적이며 완결된 복사본 같은 것도 아니다. 그런 삶의 질서는 순전히 실용적인 것이다. 그 질서는 우리를 위해 존재하지 그 질서를 위해 우리가 존재하지는 않는다. 따라서 우리가 어떤 것들은 정의롭고 참되다고 합의해왔으니만큼, 당연히 정의와 진리는 고정되지도 완결되지도 않은 것들이고, 우리의 대뇌가 마비될 정도로 그저 복창만 해대는 순수개념들로서 예찬하고 숭배해야 할 단어들도 아니다.

개인에게 자의식을 선사하는 인문주의적 사유방식의 가장 중대한 덕목들 중 하나는 그것이 오늘날 진행되는 사건들의 세계로 우리를 인도하는 길이라는 것은 의심할 나위없다. 그 길은 오직 자신만의 통념들과 관련된 것들에만 관심을 쏟는, 심리를 위한 허구적 안식처를 조장하려는 사람에게보다는 조화를 달성하려는 사람에게 영감(靈感)을 준다. 삶이 우리에게 요구하는 조화는 완벽한 합리체계의 조화가 아니다. 그것은 오히려 건강한 유기체의 모든 부분이 서로 협조할 수 있는 조화이다.

우리가 산산이 흩어져서 에머슨이 말한 "파편인간들"이 되어버린다면, 우리는 특히 그렇게 파편화되었다는 이유로 군중사고방식에 빠지기도 쉬워지리라고 나는 생각한다. 생각과 행동은 그것들을 구성하는 여러 부분이 의식적으로 협조하지 않으면 언제나 어느 정도 자동적이고 강박적으로 이루어질 수밖에 없다. 그 까닭의 일부는 스스로의 삶을 충분히 생각할 수 있는 개인을 도무지 찾아보기 힘든 잡동사니 문명의 상속자들이 바로 우리이기 때문이다. 이렇듯 불완전한 정보들로, 이전 투구하는 관심사들로, 현대인의 생각에 산적되는 화해 불가능한 가치평가체계들로 얼버무려진 집합체 안에서는, 이토록 서로 이질적이고 무관한 것들로 구성된 문명 안에서는 유기적 조화가 이루어질 가능성은 거의 없다.

인생은 단일한 논리체계로 환원될 수 없는 것이다. 더구나 인생은 우리 각자에게는 유기적 전체이므로 우리가 서로 배타적이고 부분적인 인생관들을 단순히 합산하기만 해서는 유기적 조화를 달성하지 못할 것이다.

인문주의의 의미를 파악한 개인에게는 새로운 일이 발생한다. 그는 새로운 방식으로 자아를 의식한다. 그는 자신의 선택들이 현실적 사건들이라는 것을 깨닫는다. 교육의 개념을 정확히 정의한 어느 교육자가 말했듯이, 인문주의의 의미를 파악한 개인의 지성은 뜨겁게 가열된다. 카를 융이라면 틀림없이 인문주의의 의미를 파악한 사람에 대해 스스로 "외향적 인간"이 되었다고 말할 것이다. 군중 속에서는 군중심리 메커니즘을 이용하여 자존심을 높이려고 가능했을 리비도가 이제는 지성의 해협을 통과하여 허구세계를 빠져나와서 외부세계에 천착하는 기능으로 작용한다. 그의 자아는 그가 성취할 수 있는 결과들에 만족하는 가운데, 즉 그의 활동이 거의 완결되고 그의 이익들이 풍요로워지는 가운데 실현된다.

그런 자유정신의 소유자가 자기신념을 유지하는 데 군중의 존재는 전혀 필요없다. 자유정신의 소유자야말로 진정한 사회적 인간이다. 왜냐면 그는 지식판별력을 발휘하여 사회적 관계들과 자신의 가치에 대한 판단들에 주체적으로 접근하기 때문이다. 그가 사회에 제공하는 것들은 복사본이나 모방본이 아니다. 남몰래 위장한 유치한 소망환상도 아닌 새로운 창조력이다. 자유정신의 소유자들이 취할 수 있는 우정 어린 협력 속에서만 자유의 공화국을 만나리라는 기대를 품을 수 있을 것이다.